Une femme

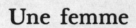

Anne Delbée

Une femme

Presses de la Renaissance
198, boulevard Saint-Germain
75007 Paris

Si vous souhaitez recevoir notre catalogue et être tenu régulièrement au courant de nos publications, envoyez vos nom et adresse en citant ce livre aux

Presses de la Renaissance
198, boulevard Saint-Germain, 75007 Paris

© Presses de la Renaissance, 1982.

ISBN 2 85616 242 8

60 3282-5

A Pierre B.

Les photos du hors-texte sont de Richard Nourry.

La chair et l'esprit

Un jour, j'ai ouvert *L'œil écoute*.

C'était une belle édition, illustrée. Il y avait là des textes magnifiques : « Avril en Hollande », « Jan Steen », « Nicolas Maes ».

Des commentaires comme je n'en avais jamais lu auparavant sur Rembrandt, trois tableaux de Rembrandt.

Paul Claudel avait trouvé encore une façon de décrire un aspect de la peinture espagnole.

Cela s'appelait « La chair spirituelle ». J'étais fascinée. La grande sensualité déployée se mêlait au plus ardent mysticisme.

Et puis, tout à la fin, discret, un texte : « Camille Claudel ». N'importe qui, vous ou moi, aurait pu ce jour-là, plus tôt ou plus tard, ouvrir le livre à cette page.

Qui était-ce ? Cette sœur aimée, trop aimée ?

Cela sautait à chaque ligne, vous agrippait le cœur. Je réentends encore le premier cri du texte. Je l'entends, elle.

« Mon petit Paul ! »

Cela n'a pas cessé depuis de résonner.

Qui était-elle ? Cette « superbe jeune fille, dans l'éclat triomphal de la beauté et du génie, dans l'ascendant, souvent cruel », qu'elle exerçait sur les jeunes années de Paul.

Qui était-elle ?

« Un front superbe, des yeux magnifiques, bleu foncé, cette grande bouche plus fière encore que sensuelle, cette puissante touffe de cheveux châtains, auburn, qui lui tombaient jusqu'aux reins. »

Qui était cette jeune fille qui m'appelait soudain à travers son frère ?

Elle avait aimé Auguste Rodin jusqu'à la folie. Juillet 1913 ! « Dehors, l'ambulance attendait. Et voilà pour trente ans ! »

Je lisais et relisais. Ce n'était pas possible. Elle était morte en 1943. Trente ans d'asile. La longue nuit des Enfers. Non.

Claudel terminait son texte. Neuf pages ! Neuf pages ! Là sous ma main. Dans mon cœur.

« Le reste est silence. »

Brangues, juin 1951.

Eh bien non ! Pas cela. Je ne refermerai pas le livre. Je restais là, je répétais les mots, la belle phrase que clôt la mort d'Hamlet.

Mais elle, on ne la jouait pas depuis quatre siècles. Tout le reste ne serait pas silence. Car ce qu'il y avait de plus remarquable, ce n'était pas qu'elle fût la sœur de Paul, l'amante d'Auguste Rodin, qu'elle fût belle, et « folle »

Non, ce qui pointait là, ce qui me retenait de fermer le livre, c'était cela : elle était SCULPTEUR.

Un sculpteur de génie au XIXᵉ siècle. Paul Claudel décrivait les étranges figures jusqu'à la dernière, Persée, celui qui tue sans regarder. Celui qui tue sans...

14

La belle grande jeune fille aux magnifiques yeux bleu sombre.

« Un air impressionnant de courage, de franchise, de supériorité, de gaieté. Quelqu'un qui a reçu beaucoup. »

Alors, commence une recherche dont ce livre est l'une des étapes. Il y a de cela des années. Car qui peut dire aujourd'hui que tout a été dit sur Camille Claudel ?

Ce livre est un pas de plus vers elle, là-bas enfermée qui appelle, une autre serrure que l'on ouvre. La voilà qui fait signe, qui sourit de ses deux belles mains terreuses,

la voici, celle qui enfantait des formes uniques, le sculpteur Femelle,

le labyrinthe qui mène à elle, je le prends, quitte à me tromper de temps en temps.

Elle est là-bas, elle attend, il n'y a plus un instant à perdre, ce visage là-bas qui crie dans la nuit. à moitié scellé,

Une Femme

Angers, 1982
La Nuit.

L'heure vient

« Trois notes mélancoliques de la cloche. »

PAUL CLAUDEL, *Journal.*

Seule.
Toute petite, toute minuscule, elle vient de poser le
pied sur la grande dalle de marbre blanc et la page
entière a frémi.

L'oreiller. Elle sent le bout de la toile. Elle aperçoit difficilement le tissu. Plus loin ? Non. Juste ce petit espace
près de son œil. La taie qui gratte sous le visage. Elle sent
la griffure du tissu. Autre chose ? Non. Son corps est
comme enseveli. Déjà ! Cet intervalle infime qu'on lui
laisse. Quelques secondes encore. Peut-être.
Elle a bougé la tête. Délicatement. Un effort trop
grand. Elle a cru bouger la tête. Un souffle léger simplement. Sur l'oreiller d'hôpital, une femme cache sa joue.

17

Lentement, elle se replie loin d'eux. Loin du monde. Loin des gifles. Elle s'échappe. Personne ne s'en aperçoit.

Elle retire sa menotte de leurs grosses pattes. Ses deux belles mains battent leur dernière cadence sur le drap sale.

Personne n'est présent à cette heure où la femme meurt.

L'hôpital.

Seule.

Elle embarque. Elle a attendu si longtemps de partir. Le pont qui commence à vibrer. Paul devait l'emmener en Chine !

Deux fois elle avait espéré, tant espéré. Elle prend la décision. Toute seule. Pourquoi attendre toujours leur bonne volonté ? Les hommes de bonne volonté !

Un frêle sourire dessine une fois encore les belles lèvres hautaines, les lèvres un peu gercées, pâlies.

Là sur l'oreiller clair.

L'eau tout entière se ride. Elle jette à bas les passerelles. Camille se hâte. L'embarcation oscille légèrement. Elle attrape les rames. La grande nef déploie ses larges ramures, les grandes ailes blanches frappent maintenant la mer chauffée au soleil troué.

Ce drap. Elle sent le drap rugueux sous les mains. Elle gratte, des heures...

Des heures de travail pour polir le marbre. Silence ! Elle travaille ! Les quatre petites vieilles là-bas qui jacassent et qui jacassent. Sous la mer. Toutes vertes. Camille entend leur gazouillis. Silence, les folles gargouilles !

18

Le long de la bouche. Un coin de salive. Une petite mousse.

L'eau verte sous elle file à grande vitesse. La lumière transperce la mer brumeuse. Elle se tient à l'avant du bateau. Repliée. Réverbérée. Une musique lancinante l'appelle, l'attire là-bas. Personne ne conduit le bateau.

Cette musique, mystérieusement, elle la reconnaît. La petite sirène sur le rocher d'onyx vert. Elle souffle dans la flûte de métal brillant. Perdue au milieu de l'océan. Là. Tout là-bas, elle l'encourage.

Sur l'oreiller. Le visage devient ivoire et les lèvres sifflent.

Camille se rapproche de la mélodie. Plus près. Encore plus près. La musicienne n'est plus là. La lumière devient éblouissante. Camille aperçoit la minuscule flûte en métal abandonnée sur le roc. Elle veut s'en saisir. Aveuglée, elle lâche l'instrument trop brillant.

Près du visage livide, une religieuse est penchée. Elle tient une petite glace à la main. Elle regarde le faible brouillard qui gagne doucement le miroir. Elle reviendra tout à l'heure.

Elle s'avance sur le marbre fier. Elle a posé l'autre pied. Elle glisse, elle glisse sur l'étendue limpide. Ses pieds s'ébrouent sur la plaque glacée, la réchauffent. La salle est toute brillante — les lustres de cristal —, elle valse, éclaboussée de lumière, elle tournoie. Elle tend ses deux bras magnifiques. Sa robe de tulle la nimbe et son cou repose sur un col de dentelle resplendissante.

Elle invite le musicien à l'enlacer. Elle lui chuchote au creux de l'oreille : « Sans commentaires, monsieur Debussy. » Il sourit, penché vers elle, son chapeau clair un peu de côté. Elle le serre contre elle mais elle ne sent

19

plus son corps. De plus en plus diaphane, elle n'a plus entre les mains qu'un simple veston couleur de lune. Monsieur Rodin est là, habillé de gris. Elle l'agrippe. Il semble sourd. Elle lui tire la barbe, — fort. Très fort. Lui aussi a disparu. Elle sent juste sa main qui pèse, qui s'est refermée sur son cœur. Elle essaie de l'enlever, de décrisper les doigts qui s'agrippent. Elle étouffe. Les danseurs l'entourent. Elle leur crie des mots qu'ils n'entendent pas. Elle manque d'air.

Dans le lit. Le corps léger tient peu de place. Le visage d'albâtre a eu une très légère crispation. Les mains s'élancent.

Tous ces habits noirs. Ces gibus sombres — qui claquent comme des balles. Ils s'approchent. Elle repousse. Elle griffe. Elle veut les empoigner. Les corps s'effritent. L'écorce reste entre ses doigts meurtris. Alors, elle se met à courir. Les pierres se dérobent. Elle échappe. Elle se hisse de toute la force de ses treize ans, maîtrise la terre qui roule, la plaque contre son corps. Elle avance, violente, vindicative, volontaire.

Infatigable, elle progresse sur la pente vertigineuse. Avant qu'il fasse jour, elle domine la falaise de ses enfances.

La plage de sable blanc vole sous ses jeunes pieds. L'aube attend pour paraître l'issue du combat. Les cavaliers ont formé cercle. Ils dissimulent leurs visages sous les hauts casques de perles. Leur armure est d'opale. Leurs boucliers de nacre immaculée. Ils se tiennent silencieux. Effroyablement immobiles. Les étendards sans tache claquent dans l'air vide. Sans aucun bruit.

Il se dresse gigantesque — puissant — armé. La grande bête fume, protégée de la cotte compacte aux mailles dures.

Le Géyn de pierre se réveille monstrueusement.

A ses pieds, un avorton de petite fille le surveille. Ses deux yeux bien ouverts. Elle a attendu patiemment. Le temps qu'il termine son lourd sommeil.

Maintenant elle peut l'attaquer.

Elle a les mains nues.

Seule.

Personne n'est là dans la chambre glacée de l'hôpital. Le 19 octobre 1943. L'hôpital de Montdevergues a ce jour-là d'autres malades.

Elle Elle a soixante-dix-neuf ans.

Les enfants de la lune

« Ecoute ! il y a près d'ici une très belle
　　　　　　　　　　　　　[femme...
Une femme dort près d'ici,
Et en ce moment même, la tête appuyée sur
　　　　　　　　　　　　　[son bras,
Elle offre son corps et son beau visage, plein
　　　　　　　　　　　　　[d'une douleur farouche,
A la blanche lumière de la lune
Son nom est Galaxaure. »

PAUL CLAUDEL, *L'endormie*.

Elle a relevé la tête brusquement.
« Cami-i-i-lle. »
La voix de l'enfant au loin ! Elle éclate de rire. Un rire âpre pour cette gamine de treize ans. Elle n'est pas méchante, mais elle veut être seule. La première à pénétrer cette forêt de Tardenois, seule à dévorer le vent qui

galope vers la grande plaine de Champagne, seule à la rencontre des princes, les pierres.

« Cami-i-i-lle. »

La voix de son frère là-bas. Elle hésite un instant — « Mon petit Paul », et sourit tendrement, prise de remords pour l'enfant plus jeune. Il appelle de cette voix aiguë, mi-fille mi-garçon, qui transperce le tympan et étreint le cœur. Il y a toujours l'enfant prêt à se briser. Il essaie sûrement de la rejoindre à travers les champs du père Dambrune. La voici, déjà à l'orée du bois. A grandes enjambées de garçon, dirait sa mère — sa mère ! De rage, elle donne un grand coup dans la terre détrempée qui éclate en mille gouttelettes noires. Elle reprend sa marche, violente. Les galoches s'enfoncent, lourdes dans la terre collante, humide. Cette grosse terre qu'elle pétrit de ses foulées d'adolescente — jeune insolente sans brides — sa crinière brun-rouge glisse peu à peu sur les épaules encore frêles. Un désir soudain de saisir à pleins doigts la boue. La terre sent une odeur âcre, brûlante. Elle lui enserre les mains, l'étreint. La jeune fille la respire, s'en barbouille le visage. Le vent s'est levé, l'orage là-bas qui rage par-delà Reims, la terre amère, fumante comme les crottins que laissent derrière eux les gros chevaux du père Jacquin. Elle se met à crier, l'envie de crier sans fin, d'expulser un désir incommensurable, l'envie d'être sans retenue, indécente. Elle attaque alors la butte de Chinchy. Au pas de course.

Elle veut être la première là-haut, tout en haut du Géyn. La première à dominer le Géant. Regarder l'horizon qui s'étend jusqu'à Paris — c'est ce qu'ils racontent au village : « Pensez donc, Paris n'est qu'à trois heures de Villeneuve. » Même en écarquillant ses yeux qu'elle a pourtant immenses, elle n'a jamais pu entrevoir la ville.

Seule à dominer ce pays énervé par les rafales, seule au milieu du XIXᵉ siècle.

« Cami-i-ii-iii-ille. »

L'enfant derrière elle, à moitié perdu dans le crépuscule. Sa voix plus faible maintenant. Elle hésite — un peu, encore un peu — mais l'heure est si belle, si dangereuse à saisir. « Entre chien et loup. » C'est le loup qu'elle veut rencontrer ce soir, sans personne qui la dérange ou la fasse fuir.

Une sorte de rendez-vous avec ce qu'elle s'est juré tout au secret d'elle-même, lorsqu'elle était couchée la veille au soir dans le lit étroit et froid. Ils dormaient tous. Le silence et elle, qui maintenait à distance le sommeil — le sommeil, elle s'en riait — elle aimait lui mettre un mors, le ralentir ou l'accélérer à sa guise. C'était son meilleur compagnon de lit mais c'est elle qui décidait de se laisser glisser dans ses bras. Justement, hier soir elle ne voulait pas de lui.

Ici, elle n'entend que le vent et ses pas qui craquent à la rencontre des premières aiguilles de pin. Son frère Paul est trop loin maintenant. Les autres doivent se préparer à la soupe trop bouillie. « Les Claudel », comme ils disent au village, avec une petite pointe dans la voix — estime ? haine ? — Camille les a souvent surpris à parler...

« Ils vivent trop repliés sur eux-mêmes. C'est malsain pour les enfants. »

« Et puis ces disputes continuelles... »

« Leur oncle était curé du village. Celui-là, il était pas fier. »

Le village de trois cents feux attise les haines locales.

Heureusement, il y a la forêt, la grosse terre luisante qu'elle retrouve à chaque période de vacances. Et puis les pierres. C'est à elles que Camille parlait hier dans le creux de son lit et le sommeil, comme un amoureux congédié, baissait la tête.

Les pierres hautaines, intouchables. Elles, savent l'avenir. Plusieurs fois centenaires, elles répondent à celle qui chaque soir vient les interroger. Camille se presse, elle court maintenant : insouciante des arbres griffus, elle connaît le chemin et ses pieds hardis arrachent le sol sablonneux maintenant qui se dérobe.

Paul la rejoindra. Il sait où la retrouver. Il avait sept ans, et elle à peine onze ans, la première fois qu'ils se sont échappés de la maison familiale. A moitié rassurés, à moitié bravaches, ils ont parcouru les trois kilomètres qui séparent la cure de la butte, se tenant par la main et ne sachant plus très bien qui conduisait l'autre vers la forêt sombre.

Deux ans déjà, elle n'est plus la petite sauvageonne. Ce soir aussi la maison est loin mais elle est soulagée. Par moments, elle voudrait les fuir définitivement. De là-haut, elle les verra petits, petits, plus petits encore : petite place à côté de la petite maison collée à la petite église qui domine petitement le carré du cimetière... Petites tombes. La mort.

Elle est là. Tapie dans l'ombre. La première qui les précède tous. Antiques vieilles courbées, jeunes déesses orgueilleuses, brisées parfois, agonisantes, maternités oubliées, jeunes gens dressés, les mâles.

Elle, c'est la vieille, rebondie, comme si elle sonnait le graisle, joues gonflées, corps tendu vers le suprême effort. Camille la regarde et se souvient de la chasse à laquelle son père l'avait emmenée. Le cerf acculé, relevant sa jolie tête ; une dernière fois les bois au-dessus des yeux bruns avaient frémi. En face de lui, le gros avec son cor sonnait l'hallali. Son père lui avait expliqué — l'hallali, la mise à mort. Elle regardait alternativement l'épais ventre rouge du musicien soutenu par le cor et le poitrail racé de la bête. Alors elle avait couru et passé ses deux bras autour du cou fumant et poisseux de sueur. Son père avait crié « Camille ! ». Les chiens grondaient, prêts à sauter sur elle. Les chasseurs se taisaient. Le cerf se reposait sur son épaule un moment. Son cœur, elle le sentait encore, tressautait, hors de lui-même. Quelqu'un l'avait emportée. Elle ne savait plus rien. La mise à mort, l'hallali... Souvent elle se redirait le nom comme un appel au loin.

La vieille la regarde. Camille s'est arrêtée une seconde pour reprendre souffle. Malgré ses grosses joues, la vieille semble si menue — si perdue. Camille aime caresser son front ridé. Depuis combien de temps se tient-elle à l'entrée des bois ?

Gardienne éternelle, Mélusine plissée des songes de l'enfance, Camille parfois s'arrête et bavarde un long moment avec elle.

Mais ce soir, elle a à peine le temps de lui envoyer un baiser. Paul est sûrement sur ses talons. Le chemin tourne à droite, à gauche.

Face à face, l'une est tassée, recroquevillée, racoquillée, l'autre au contraire s'élève comme prise dans un tourbillon.

La première semble cacher un horrible secret. Parfois elle se souvient de l'enfant qui l'a laissée, abandonnée, — elle vieillarde maintenant, à tout jamais pétrifiée. Parfois le rayon du soleil l'éclaire. Alors elle se prend à sourire, comme si une nouvelle fois les petits bras roses se tendaient vers elle. Peut-être l'a-t-elle tué, dans un accès de folie. Camille se souvient de l'histoire horrible que raconte Victoire, la vieille bonne, les soirs d'hiver devant la cheminée. Mais non !

En face, heureux, enlacés, les amants. La pierre, fendue en deux, est comme enroulée. La jeune fille se demande souvent : se séparent-ils, se retrouvent-ils — car qui peut dire, si l'on arrête à cet instant le mouvement, la différence entre le baiser qui commence et le baiser qui finit. Ils semblent danser, peut-être chavirer ensemble, presque séparés déjà.

Les pierres. La réalité de cette forêt retrouvée. Les

pierres la regardent. Elle court plus vite. Vers le Géyn. Toujours plus pressée.

Les voilà à mi-chemin. Camille les a surnommées les Bavardes. Elle aime s'asseoir avec elles. Trois, elles sont trois. Elles semblent au courant des dernières histoires du petit village mais parfois Camille les surprend à se raconter des légendes qui ont plus de mille ans.

Voûtées, bosselées, elles parlent et parlent sans limite et sans écho. Ce soir pourtant, elles sommeillent et Camille n'a pas beaucoup de temps.

Elle monte toujours plus haut. La pluie s'est mise à tomber. La gamine ne sent plus rien. Elle avance au milieu de ses compagnes. Le chemin de plus en plus glissant. Camille insensible, elle va. Quelqu'un l'appelle — le cri du Géyn. Le vent heurte de plus en plus fort. Le ciel violet se cisaille par endroits. Le chemin échappe au pied mais Camille sait le poids de la terre qui se dérobe. Les arbres l'aident, rugueux, minces, la peau sombre.

Ici, elle tourne. Là, elle passe sous le vieil arbre qui perd un à un ses cheveux qui cassent avec un bruit sourd. Là encore elle enjambe un monticule de racines entremêlées, nains gris — les gnomes, elle les appelle — ils semblent vouloir la retenir de leurs petits bras coupants, mal dégrossis. Leurs genoux rugueux lui font souvent de légères blessures ou perdre l'équilibre. Ce soir elle les enjambe, superbe, car il est là.

Colossal, blanc, un peu penché comme s'il allait écraser la vallée, dominant tout le reste et ce peuple d'ombres et les silhouettes familières, drapé dans sa houppelande blanche, il la regarde. Le Géant face à Camille. Lumineux tous les deux, la lune éclaire soudain la rencontre ineffable. Dans ce duel, on se demande qui pétrifie l'autre : la petite fille ou la Pierre géante. Les yeux de l'adolescente brillent, bleu sombre, presque noirs comme des bijoux de jais. Elle voudrait en être le maître, le maître d'œuvre — cette œuvre, elle voudrait l'avoir fait naître elle-même de ses mains. On lit dans les yeux de cette enfant une détermination sauvage presque cruelle. Soudain elle s'approche : la Pierre dressée, comme le vieux mâle qui sent la mort s'avançant, ne la quitte pas des yeux. Elle est contre lui, son nez contre les naseaux de la Bête, elle s'appuie contre lui et le caresse lentement, patiemment, longuement.

Comme un voyageur alourdi de son épais manteau qui penche un peu la tête et s'arrête un moment au milieu de sa marche et se souvient — il est là, dressé depuis combien de temps entre les siècles passés et l'avenir. La petite fille regarde la pierre éternelle, la petite fille regarde le Géyn. Elle, droite, lisse, ses treize ans sonores dans le crépuscule ; lui, sourd, secret, indéchiffrable. Elle brave le dieu. Elle veut comprendre. D'où vient cette beauté, cette puissance et la joie qui la saisit, elle si minuscule devant l'autre qui défie jusqu'au Ciel même ?

Le corps sans boursouflures, la mort brutale dans un éclatement tonitruant, elle l'envie jusque dans son agonie. Parfois elle l'a frappé, avec témérité. Alors il se démultiplie en des dizaines de soleils blancs et la raille cruellement, elle, la mortelle. Elle comprend. Elle choisit. Elle sait maintenant ce qu'elle est venue chercher. La réponse est là. Elle ne sera pas celle qui attend.

La pluie s'est mise à tomber, plus drue, plus méchante. La gamine ne sent plus rien. Elle avance au milieu du champ de sable qui recouvre la butte comme ces poudres de sucre qui éclairent le haut des gâteaux. Le vent fait lever le sable autour d'elle. Il souffle malicieusement. Elle semble si fine, sirène échouée sur ce rivage étrange. On raconte qu'il y a longtemps, bien longtemps, la mer venait jusque-là, — plage de sable blanc oublié là aussi, paysage de lune.

Camille va jusqu'à l'extrême bord de la falaise, Camille

domine la plaine, Camille domine le pays tout entier. Elle entrevoit là-bas l'avenir. Son avenir.

Soudain le vent défait le ruban. Les cheveux roulent autour du visage, comme de multiples serpents d'or.

Le visage noir où la boue a coulé se distingue à peine sous le ciel qui s'assombrit. L'orage tambourine. Le ciel est chauffé à blanc. Elle a chaud, chaud de cette course effrénée, chaud comme une amante qui attend.

Si la mer était encore là, elle jetterait ses vêtements pour se plonger dans l'eau. Elle arrache son paletot — la veste qu'elle a volée à son cousin — et laisse sa chemise ouverte. Elle jette ses chaussures comme si elle s'apprêtait à plonger, enfonce ses deux pieds dans le sable humide encore de la pluie, le pantalon trop grand qu'elle a pris aussi à son cousin lui colle les jambes, comme de grandes guêtres. Si sa mère l'avait vue sortir ainsi ! Heureusement la pèlerine cachait tout. Mon Dieu la pèlerine ! Elle a dû tomber quelque part. Camille s'affole trente secondes et puis éclate de rire. L'idée d'avoir laissé ses jupons, sa jupe, ses bottines, son corsage dans le grenier de son cousin la fait rire. Voilà, où est la pèlerine. Camille est heureuse — l'air peu à peu sort de sa gorge — un air étrange, rauque, une vieille comptine...

Voulez-vous manger des cesses...
Quand irons-nous à Liesse.

Peu à peu proche d'une mélopée, d'une sorte de prière... Soudain, elle roule dans le sable comme une chatte pour s'approprier son humidité. Cheveux pleins de sable, guerrier antique, visage boueux, elle se redresse.

« Camille ! »

Paul pousse un cri à la vue de l'apparition. Camille éclate de son grand rire sonore, guttural et lui tend les bras.

« Mon petit Paul !

29

« — Si Maman te voyait, on dirait un basilic !

— Un quoi ?

— *Basilic*. C'est un serpent fabuleux dont le regard a la faculté de tuer.

— Merci Paul ! Tu en sais des choses ! »

Camille le bourre de coups de poing. Les voilà qui roulent ensemble, l'un par-dessus l'autre, — les jeux de l'enfance ont repris. Le sable vole, Camille serre de ses deux bras forts. Elle le dépasse largement d'une tête mais le petit est costaud, violent. Il donne des coups de pied. Rageusement. Camille lui plaque les deux mains au sol et s'aplatit sur lui, chevauchant victorieusement sa victime. Plus rien à faire. Mais qu'est-ce que cette sensation étrange et chaude ?... La chemise de la jeune fille est dégrafée. Camille l'écrase de tout son long, elle-même le nez dans le sable. L'enfant sent le sein chaud, près de sa joue. Il n'a plus envie de rien. Pourquoi se sent-il ainsi vaincu ? Quel moyen a-t-elle employé, cette grande sœur ? Il n'a plus envie de lutter, il frissonne.

« Tu as froid. » Camille le bourre de grandes claques et le frotte vigoureusement pour le réchauffer. Elle le blottit contre elle, ramasse sa veste. Elle recouvre leurs deux corps.

La lune, un peu plus haut dans le ciel. Deux visages d'enfants éclairés par la lune. Deux paires d'yeux bleus, les uns plus sombres, les autres clairs, terriblement clairs.

« Raconte-moi une histoire. »

Camille aimerait mieux se taire, écouter le vent et les arbres qui dansent.

Histoire de l'âne et de la pierre

« Dans un chemin bordé d'herbes bien touffues et de branches cassantes, un chemin plein d'embûches aussi, un âne à la tombée du jour cheminait, distrait, butant ici ou là, broutant les feuilles et rêvant profondément à la jolie carotte qu'il grignoterait en arrivant. En arrivant, en arrivant... Mais où allait-il ? et quelle carotte l'attendait ? Nul ne le savait et lui moins que tout autre.

« Au détour du chemin, une pierre lumineuse, chaude de soleil, le regardait venir. Lisse et blanche, libre de toutes attaches. L'âne était justement en train de tendre le museau vers une jolie libellule qui passait devant son nez qu'il avait fort long lorsque le sabot qu'il avait mignon se posa délicatement à quelques pas de la pierre. Elle lui attrapa aussitôt le bout de la corne juste au moment où la libellule taquine s'était piquée fièrement sur la narine droite. Surpris l'âne s'arrêta et se demanda comment une libellule même aussi charmante pouvait ainsi l'hypnotiser. Les longs cils battirent trois fois d'étonnement et la libellule s'envola. Pourtant le charme agissait toujours. Sa patte était prise. Il fit quelques cabrioles, et que j'te pousse par ici et que j'te saute par là, et une ruade de ce côté-ci et une gambade de ce côté-là. Rien n'y faisait quand tout à coup l'âne s'ébrouant perdit l'équilibre et s'assit sur ses pattes de derrière. L'âne alors réfléchit. Qu'était-il arrivé à sa patte avant ? Il battit trois fois des cils et regarda sa longue patte. Rien. Un nouvel appel des cils ne produisit guère d'effet. Il tira sa patte, mine de rien. Elle résista. Il pencha sa jolie tête, coucha ses longues oreilles et essaya une nouvelle fois de réfléchir.

« — Allons, patte, sois gentille, bouge un peu.

Rien ne se passait et même il lui sembla qu'elle était parcourue de frissons comme si quelqu'un lui caressait le sabot.

« Mais oui, c'était même agréable, très agréable, très très agréable. Alors l'âne allongea l'autre patte, et posa doucement son ventre sur le sol et le bout de ses lèvres entre ses deux sabots.

« Mais qu'est-ce que c'était ? Une carotte blanche ?

31

Sous sa narine, l'âne découvrait la pierre, la belle pierre encastrée, parfaitement adaptée au dessin du pied.

« — Comme tu resplendis, belle pierre ! dit l'âne en fermant à moitié ses yeux d'océan. Est-ce toi qui retiens ma patte ? Non, ne me lâche pas. Tiens, je te donne aussi l'autre sabot, si tu veux.

« — Bonjour, ô bel âne, j'ai arrêté ton chemin car tu allais de-ci, de-là, et j'avais envie de te demander un baiser.

« — Voilà mon baiser, beau soleil. Me permets-tu de rester près de toi ? Car il y fait clair et ta peau est si lisse.

« — Tes lèvres sont douces, ne t'en va pas, mais prends garde à toi. Je suis immuable, intraitable, fatale. On dit de moi que je suis aussi dure qu'une pierre et si mon corps est aigu, mon cœur bat comme un soleil. Mais je fais tomber à volonté.

« — O pierre, prends garde à toi, aussi. Là où j'ai laissé mon empreinte, nul n'y mettra plus jamais le pied car plus jamais n'en bougerai. On dit de moi que je suis aussi têtu qu'un âne.

« Et tous deux enlacés ne se quittèrent plus. Et le soleil descendit comme un corps qui s'abandonne.

« La nuit commença. La pierre avait froid mais l'âne la réchauffait. L'âne avait peur mais la pierre le tenait étroitement.

« Et puis vint l'aube. Quand au petit matin les gens prirent le chemin pour aller en ville, au détour, entre les herbes touffues, ils poussèrent un cri de stupéfaction. Et de saisissement, ils fermèrent les yeux et rabattirent leurs tabliers sur la tête.

« A la place de la pierre, une belle jeune fille d'or blanc et de jais noir. A la place de l'âne un jeune garçon aux grands yeux de saphir.

« Ils étaient nus et leurs doigts à jamais étreints. Aussi ferme que la pierre, aussi obstiné que l'âne, tel était leur amour.

« Mais toi, tu n'es qu'un âne. Non, un coq sans crête ! »

Camille le pousse Les voilà dévalant, roulant dans la pente. L'enfant s'est redressé, furieux, dès que les branchages les ont arrêtés. Furieux et prêt à griffer au visage. Camille regarde Paul. La sœur regarde ce jeune frère. Elle sourit. Camille sourit à un enfant qui a les mêmes yeux qu'elle, un peu plus clairs que les siens. Sa bouche se plisse doucement :

« Mon petit Paul, ne te fâche pas. » Elle lui prend doucement la main. Il fait sombre alentour. Sauf autour d'eux. La lune les éclaire. Deux enfants.

« Ecoute, je vais te confier mon secret. Je voudrais être... je voudrais sculpter ! J'ai vu un livre, des statues, tu sais, comme je fais avec la terre... Je sais maintenant. Je veux être un grand sculpteur ! »

L'enfant la regarde, émerveillé. Sous la lune, les yeux brillent, — une sauvage. Jamais il n'a vu des yeux aussi beaux. Tout le monde le dit au village — les voisins, les cousins, le métayer. Bleu foncé, par moments, violets ou verts, ils changent comme l'eau avec le ciel et toujours cette couleur profonde qui prend au cœur. Sa sœur est belle, vraiment. Les autres personnes ont des yeux morts. Elle, elle regarde. Ses yeux vibrent comme si elle rendait chaque être humain, chaque objet plus resplendissants.

« Qu'est-ce que tu as ? Paul ? Paul ? »

Elle lui a fait peur soudain, avec ce regard, et il s'enfuit, il court.

« Paul, Paul, attends-moi, voyons ! » C'est elle maintenant qui appelle. Pas longtemps. Camille hausse les épaules. Après tout, cette soirée est à elle. De toutes les façons, à quelque heure qu'elle rentre, sa mère ne lui adresse pas la parole. Si, parfois elle la gronde. Et puis que craindrait-elle ? Elle se promène toujours seule.

A la tombée de la nuit, elle est plus forte que tous les

garçons du village qui ont le même âge. Souvent, avec ses cousins, c'est elle qui mène le jeu. Et puis elle a son petit couteau. Elle le garde toujours sur elle. Elle aime écarteler un fruit, râper une matière, voir l'argile s'effriter ou l'écorce se décortiquer. Elle aime aller jusqu'au noyau, puis essayer de reconstruire en partant du centre.

Elle commence à descendre, calmement. Elle se sent à l'étroit dans cette maison familiale. Seul son père pourrait comprendre ce qu'elle ressent ce soir. Mais justement elle n'ose pas lui confier son secret. Si jamais il ne comprenait pas, elle n'aurait plus aucun espoir.

Son père. Le sourire de son père. Elle se trouble dès qu'il la regarde mais elle sent qu'ils se comprennent. Elle n'a que treize ans. Lui s'apprête à fêter ses cinquante et un ans. Mince, de belles griffures au coin des yeux qui les rendent encore plus extraordinaires. Presque dix-huit ans de différence avec sa mère. Elle aime ce visage un peu émacié, et la barbe légère comme surgie de l'ombre, dessinée par Rembrandt, ses yeux dorés... Elle est sûre qu'il a les yeux dorés. Camille s'est arrêtée en chemin. Comment son père et sa mère peuvent-ils vivre ensemble ? Le mariage ! Un dégoût la prend : elle pense au grand lit, elle ne comprend pas. Et voilà qu'elle est née de ceux-ci — de cette mère lourde, épaisse, fermée. Son père... sa bouche qui venait l'embrasser, il n'y a pas si longtemps encore, tout doucement il posait ses lèvres un peu râpeuses sur son front...

Camille a oublié l'heure. Yeux ouverts sur la nuit. Camille regarde la grande trouée noire qui grandit autour d'elle. Elle en surveille les contours. Le don ? Elle connaît le langage des lignes, des courbes, des points. Eux seuls livrent la chair à vif, l'âme recelée des choses comme des êtres. Jamais elle ne se trompe.

« Tu es ma petite sorcière », lui souffle son père à l'oreille. Elle venait de lui décrire le caractère de

Crapitoche le chat, du guide Uhry, de Paillette le journalier. « Il suffit de regarder ! Elle modelait à l'avance leur cœur. Les ombres et les lumières. Tout était là.

Une petite sorcière et son feu follet de père, elle a envie d'aller vers lui. Lui seul doit s'inquiéter — car Paul n'a rien dit. Lorsqu'il rentre, il se tient muet dans un coin ou bien entre dans une grande colère si on touche à une de ses affaires mais il ne répond pas aux questions. Bien au contraire. Plus on lui demandera : « As-tu vu Camille ? » et plus il se taira.

Elle reprend sa pèlerine. « Mon ruban ! » Trop tard. Sans doute est-il resté là-haut sur la plage. Elle n'a pas peur du chemin qui fend la nuit. La butte de Chinchy ou la Hottée du Diable.

Les villageois disent qu'il ne faut pas aller là-bas à la nuit tombée, mais a-t-elle peur du Diable ? Surtout pas du Diable ! Les villageois racontent qu'il met dans son sac les êtres qui restent trop tard sur sa montagne. Alors elle se retourne pour le voir. Elle aimerait le voir. Elle sait qu'il a apparence humaine, elle le devine terriblement humain, banal même, ce qui le rend d'autant plus dangereux alors que les gens redoutent toujours un être difforme et laid. Non, il doit être commun, passe-partout. Alors elle l'appelle et, devant son silence, lui envoie un pied de nez.

« Joue à cache-cache autant que tu voudras. Moi aussi je sais jouer. C'est à qui prendra l'autre ! »

Sa mère a une peur épouvantable de ce monstre, elle fait des prières pour qu'il ne la remarque pas. Pourtant elle ne va jamais à la messe, ils ne vont jamais à la messe. Son père éclate de rire devant les vieilles qui se pressent le dimanche matin mais par gentillesse, personne ne plaisante quand leur oncle le curé venait dîner. Camille marche vite, les deux mains dans les poches du pantalon. Elle n'a plus très chaud maintenant. C'est sûr, ils auront mangé. Tant pis, elle attrapera un bout de fromage et du pain. Peut-être son père lui donnera-t-il un peu de marc de pomme pour la réchauffer. Car elle a tout à fait froid maintenant. Ses vêtements trempés collent. La peur la prend. Elle ne veut pas rester dans cette famille, elle n'est pas comme sa sœur Louise qui, bien que de deux ans plus jeune qu'elle, veut se marier déjà. Elle veut partir, elle veut être une artiste mais comment l'annoncer, comment faire ? Soudain l'avenir est comme un gouffre — le vertige, le vide. La jeune fille se met à courir, à fuir vers la maison, elle galope, son cœur bat — elle n'a que treize ans — c'est trop dur de rêver à Paris déjà !

La rue du village résonne sous les galoches. Il y a encore l'horrible cimetière où elle joue à se faire peur, et l'église terrifiante, vaisseau sombre. Voilà la petite lumière... Dans un instant, il fera chaud. A la cuisine. Alors elle se calme, se redresse. Elle aime la bagarre, l'adversaire, seul le vide l'a effrayée tout à l'heure. Si elle avait pu voir le Diable tout à l'heure, elle n'aurait pas eu peur. Mais il est lâche naturellement comme les autres garçons du village. Lorsqu'ils sont en groupe, alors ils se pavanent, se rengorgent, se panachent. Les coqs ! Les farauds ! Camille leur crie : « Voilà les chasseurs ! » Ils attaquent... Mais elle revoit Fambrune, le fils. Tout seul sur l'étroit chemin. Elle l'avait frôlé... Un petit poulet ! La crête en pâmoison ! Allons, tant qu'ils ne seront qu'une dizaine ! Et encore, il suffit de les regarder droit, sur leur front mauvais, entre leurs paupières repliées. N'est-elle pas le basilic !

Camille pousse la porte. La mère relève la tête et se met à hurler. Tout le monde relève la tête. Victoire, Paul, Louise, l'oncle... Alors Camille crie : « J'ai vu le Diable ! »

Elle éclate de rire. Elle s'appuie à la porte, couverte de boue noire, elle a tressé ses cheveux. Mi-cerf, mi-licorne, elle les nargue. Eux et leur cuisine bouillie. Eux assis en rond. Satisfaits. Elle piaffe, elle a décidé : elle part loin d'eux. Le bruit des cuillères. « Ferme la porte, tu veux ? » « Mais je... »

Elle a oublié qu'elle boitait. Elle boite, tic-tic-tac, tic-tic-tac. Son père n'est pas là.

LETTRE DE L'ASILE

« ... Mon rêve serait de regagner tout de suite Villeneuve et de ne plus bouger, j'aimerais mieux une grange
à Villeneuve qu'une place de première pensionnaire ici...

« Ce n'est pas sans regret que je te vois dépenser ton
argent dans une maison d'aliénés. De l'argent qui pourrait m'être utile pour faire de belles œuvres et vivre agréa-
blement ! quel malheur ! j'en pleurerais. Quel bonheur si
je pouvais me retrouver à Villeneuve. Ce joli Villeneuve
qui n'a rien de pareil sur la terre !... »

« Voyage à Villeneuve... Dép. 26. Villeneuve 27, 28, 29 juin. Les deux vieux seuls
dans la vieille maison fêlée avec la vieille servante et le cricri dans la cendre de la cuisine.
A V. je suis toujours *"overwhelmed by pathe-
tic"*... »

PAUL CLAUDEL, *Journal.*

Enfermée. Enfermée. Depuis combien de temps ? Elle a
peut-être soixante-dix-sept ans. Elle ne sait plus. Une
éternité sans fin de matins, de soirs, de nuits...

Elle a essayé de compter exactement chaque année,
chaque journée, chaque seconde. Ne pas leur en faire
cadeau. Parfois, lorsque la lune passe au travers de l'asile,
elle respire l'odeur de la terre. Une bouffée d'un seul coup
qui la soûle. La terre de Villeneuve. Alors commence
pour elle la plus longue des tortures. Vite elle va se lever
— jaillir hors du lit de fer, enfiler le jupon, la jupe, le
calicot, les bas de laine, prendre les galoches à la main.
Descendre l'escalier et respirer. Respirer la bonne terre

40

qui s'étire sous les jambes — la terre de Villeneuve qui galope libre aux petits matins. Elle se hâte, ah ! la pèlerine. Décrocher la pèlerine d'amour et se glisser hors de la maison familiale. Debout elle marche et remâche dans l'étroite cellule. Les mauvaises odeurs la suffoquent, l'envahissent là le long des corps. Sales. Ils dorment encore. Vite enfiler le jupon, la jupe — et cela commence et recommence, recommence sans fin. Jamais. Vite fuir.

Elle se recouche. Agitée. Parfois ils disent qu'elle est agitée. Quel âge a-t-elle maintenant ?

Quel âge a-t-il ? Soixante-quatorze ans ? « Mon petit Paul. » Et voilà qu'il ne retrouve plus Villeneuve. La maison complètement changée.

« Je n'y ai plus d'attache. Découragement et tentation de désespoir. »

Ah ! que nous sommes difficiles à contenter.

Il écoute la girouette rouillée et elle n'est plus là, elle. Le petit poète qui poursuivait Galaxaure à travers les bois, Galaxaure la blanche, « la plus belle sans doute des filles de la forêt », il est assis là — elle l'a laissé. Il y a de cela... il ne sait plus bien, soixante ans peut-être.

Pas à pas je reprends l'œuvre tout entière du poète — les pages sans expliquer, sans m'expliquer. Simplement parce qu'elle m'appelle toujours sous le faisceau cru de la nuit,

Regardez-la à genoux, cette douleur de femme ensevelie dans la lumière,

parce qu'il y a le petit poète de *L'endormie* qui *est là à marcher gravement à pas comptés, levant les jambes.*

Comme s'il eût voulu essuyer ses pieds sur la lune.

Le cricri dans la cendre
Deux vieillards sous la lune
Et elle qui gratte à la porte de ses deux belles mains à
la terre
Arrachées.
La terre de Villeneuve.

Le Diable dans la maison

« Il a ses deux yeux qui brillent comme
ceux d'un chat. »

Le soulier de satin,
1re journée, scène II.

Elle aimait les aubes blanches de Villeneuve. Sa famille
dormait encore. Quelquefois elle descendait tout doucement sans faire de bruit.

Camille regarde par la fenêtre, le drap est tiré sur elle.
Comme d'habitude elle a laissé la fenêtre ouverte malgré
le froid, les brouillards d'automne qui s'annoncent. Bientôt il va falloir rentrer. Pourquoi ses parents ne sont-ils
pas restés à Villeneuve ? Elle aime ce village avec sa
place. Les tilleuls qui commentent chaque passage.
L'église qui sonne et le clocher qui penche. Cette espèce
de diagonale comme si le temps s'était arrêté un moment.
Un moment avant de tomber. Un moment avant de se

relever. Impression d'un monde qui fait silence — autour d'elle, les pierres là-bas vont bientôt se réveiller, se réchauffer au soleil levant. Elle se lève doucement, enfile ses chaussettes, ses chaussures à la main. La voilà prête. La cuisine est encore ensommeillée. Le pain, le fromage, le café : tout est à portée de main.

Assise, elle savoure cette solitude. Elle aime vivre en dehors des heures de la famille. Profiter du calme, de l'horloge comme si les objets lui parlaient. Aube des brouillards, aube des visages. Soudain il est là.

« Camille. » Cette voix un peu rauque. Il paraît qu'elle tient ça de lui. Grand et maigre, avec ses yeux qui brillent.

« Viens avec moi. On va se promener un peu. » Elle lui a tendu un grand bol de café. « Non, attends. » Il l'a prise par le bras. « Assieds-toi un instant. » Elle a envie de fuir. Elle n'aime pas expliquer. Il faut qu'il comprenne. « Tu n'arrêtes pas de dessiner, de modeler dans notre bonne vieille terre. Est-ce que tu crois vraiment à ce qu'a dit Alfred Boucher ? »

Elle a relevé la tête, brutalement. Les yeux s'affrontent. « Je veux être sculpteur ! » Elle s'est mise debout. Il lui enserre la taille. Elle est déjà grande pour ses treize ans. Saisi d'une immense tendresse pour elle, il se lève à son tour et la serre contre lui. « Ma fille, ma fille. » Il sent ce corps de femme qui s'annonce. Il lui tient la tête entre ses deux mains. « Qu'elle sera belle cette femme ! » Il regarde sa bouche immense, dédaigneuse. Elle a les joues en feu. Le silence dans la cuisine est terriblement présent. Tous deux se regardent. Elle lui arrive à la poitrine. Il a envie de la broyer, ce petit bout de femme qui lui ressemble trop, avec sa tignasse pas coiffée, jamais coiffée. Alors il passe la main qui tremble encore dans ses cheveux et l'embrasse sur le front, délicatement, comme pour lui souhaiter bon voyage.

« Je t'aiderai. Tu seras sculpteur. »

Elle s'est jetée dans ses bras. « Allez viens, avant que ta mère se réveille, faisons un saut jusqu'au champ. »

« Mais où est Camille ? Cette enfant me rendra folle !

— Maman, les voilà tous les deux. Papa-a...

— Tais-toi. » Louise se tait, boude dans un coin en trempant sa tartine. Paul se balance. Il l'énerve ce garçon fermé qui la surveille de ses deux yeux bleus stupides.

La mère ne dit rien. Elle range, nettoie. Qu'importe ce que peut faire Prosper-Louis. Ils n'ont plus grand-chose à se dire ces deux-là. Pourtant elle aurait pu l'aimer, mais ses violences et ses livres toujours à traîner là. Et puis elle sent qu'il la méprise. Elle n'est pas grande, elle n'est pas svelte. Ah, ce n'est pas comme Camille ! Louise aussi... Elle se tourne avec tendresse vers cette petite fille maussade mais qu'un sourire embellit. Toute la tristesse du monde. Elle aussi aurait aimé partir tôt le matin avec son père, mais elle prend toujours froid. Chaque fois qu'elle a voulu tenter une escapade, elle s'est fait mal ou s'est retrouvée malade.

« Allez, les enfants, déguerpissez. » Les miettes, les cuillères, les taches de café ou de lait, le balai. Que de travail, mais pourquoi Louis-Prosper est-il resté assis là ? Il la gêne.

« Ecoute, je pense que Camille est une artiste.

— Quoi !

— Je pense que Camille sera un sculpteur de génie. »

Elle n'en revient pas. « Mais c'est horrible ce que tu dis là ! Et c'est l'effet que cela te fait... Elle nous gâche déjà la vie avec sa terre, ses glaises. Victoire, l'autre jour, était couverte de boue rouge. Son tablier est toujours à détremper, mais de là à accepter qu'elle en fasse un métier ! Enfin, un métier... C'est une traînée que tu veux en faire !

— Camille sera sculpteur, je te dis. »

Ils se disputent violemment. Les enfants, là-haut, se sont tus, malheureux. Camille se redresse, violente. Elle jette un paletot sur ses épaules et dévale l'escalier. Fuir, fuir le plus loin possible de ces criailleries. Son frère Paul court derrière elle, Louise veut le retenir : « Reste avec moi, Paul. » Paul tire, Louise tire, Camille se retourne et leur envoie un pied de nez, Paul furieux envoie un coup de pied à Louise qui, de saisissement, le lâche et voilà Paul comme projeté dans l'escalier. Cris, hurlements. La mère est sortie, regarde Camille au bas de l'escalier. « Mais cette enfant, c'est le Diable ! »

Paul se relève, pousse sa mère et part au grand galop rejoindre Camille qui s'est déjà échappée. Les derniers jours de vacances, les dernières feuilles vertes. Demain, ils seront tous à Nogent. Il n'aime pas Nogent. « Camille, Camille ! » Elle l'attend. « Tu ne t'es pas fait mal ? » L'enfant secoue la tête, mais son genou dégouline de sang. « Allez, viens. » Elle l'emmène à la fontaine. L'enfant la regarde et soudain éclate de rire. « Cacha-Diablo. Je vais t'appeler Cacha-Diablo. » Camille hausse les épaules, le sang s'est arrêté. « Allez, viens à la carrière, le premier à la carrière ! »

Madame Berthier hoche la tête en les voyant passer. « Quand est-ce qu'ils auront fini de galoper ces deux-là ! Toujours en train de vadrouiller. Ce n'est pas comme la petite Louise, si calme, si charmante, avec ses boucles. Toujours propre, elle ! Cette fille mal coiffée tournera mal. »

Camille et Paul sont déjà loin. La route là-bas, le chemin défoncé, le petit bois... Soudain voilà : le soleil s'est levé, il fait bon, la terre est chaude. « Où mettre la terre ? » Les enfants dans leur précipitation n'ont rien emporté avec eux. Camille l'enveloppe dans la pèlerine. En nouant les manches, cela fait comme un balluchon.

Lourd. Au moins vingt kilos. Les enfants titubent sous la lourde charge. Paul, plus petit, s'épuise. Soudain ils lâchent tout et les voilà qui rient. Une manche a craqué, la terre s'écoule. « On dirait un corps humain.

— Tais-toi !

— La terre rouge sous le paletot — un bras cassé.

— Tais-toi !

— Mais regarde, Paul, c'est beau, la terre est comme un corps humain. Regarde ! » Elle dénoue l'autre manche et commence à pétrir. La terre encore humide de la nuit d'orage prend forme. Peu à peu un buste surgit, violent, lourd. Paul s'est assis et regarde, silencieux. Ses cheveux à elle sont pleins de terre rouge. Plusieurs fois elle a passé ses mains dedans pour les relever. « Tu ressembles à un Inca », dit Paul. Quelques traces rouges sur le visage marquent comme d'antiques blessures. Elle donne un grand coup de pied et piétine ce qu'elle vient de faire : « Ce n'est pas ça, ce n'est pas ça !

— Camille, arrête !

— Tais-toi et aide-moi.

— Tu es fâchée ? » Ils sont repartis cahin-caha, trinqueballant leur lourde charge vers la maison.

« Mam'zelle Camille ! Ah ! non, pas aujourd'hui ! Vous partez demain ! » Victoire est effondrée. Pauvre vieille Victoire qui vient de tout astiquer, de tout faire reluire, de plier les tapis. L'ordre, l'ordre ! Camille déteste ces meubles qui, sous leurs housses blanches, ressemblent à de grands cadavres. Elle aime trop la vie. Elle regarde Victoire, fait une moue de ses lèvres. « Allez, Victoire !

— Bon, mais pas ici... dans l'atelier.

— La cabane.

— L'atelier, je t'ai dit l'atelier. C'est comme ça qui s'appelle.

— Oh, regardez.

47

— Ce sont les pas du Diable. » Les chaussures de Camille ont imprimé de grandes marques rougeâtres partout. Paul a envie de rire, il se tient un peu à l'écart. « Eh bien, allez, ne reste pas planté là comme un benêt, aidemoi. » Et les voilà tous trois repartis. Soudain Victoire s'arrête, le piano a retenti.

« C'est joli. » Camille aimerait elle aussi glisser ses doigts sur le piano, mais sa mère le lui a interdit une bonne fois pour toutes : « C'est pour les petites filles sages. Tu salis tout et tu n'as aucun raffinement. » Alors elle chante à tue-tête toute seule lorsqu'elle est dehors. De toute façon, elle a trop à faire avec la sculpture. Il faut s'y donner tout entière. D'ailleurs Louise joue bien. Sa sœur s'arrête un moment. Victoire regarde Camille. Que deviendra cette enfant ? Elle est grande, élancée. Mais ses yeux lui font peur : une volonté de fer que rien ne peut briser. On pourrait la tuer qu'elle ne changerait pas d'avis. « Allez, Victoire, dépêche-toi ! » Le trio traverse le jardin jusqu'à l'atelier. « Tiens, assieds-toi là. » Elle regarde la jeune fille. « Allez, Paul, passe-moi le seau d'eau, mais remue-toi ; à quoi rêves-tu encore ?

— J'en ai assez de t'aider.

— Galopin, tais-toi ! tais-toi ! » Paul a lancé à la tête de sa sœur la terre rouge. La jeune fille continue, impassible. « Ne bouge pas, Victoire.

— Mais j'ai le soleil dans l'œil ! » Camille ne répond pas. Justement ce soleil sur le profil de Victoire est comme un couteau qui s'enfonce, qui découpe l'anatomie. La jeune fille a ramassé la terre... « Vous n'allez pas commencer aujourd'hui. A quoi cela rime-t-il ?

— Mais je vais l'emmener.

— Hein ? » Victoire a sursauté. Elle imagine la Madame Louise face à la terre. En même temps, Camille ne cédera pas. Elle la connaît.

La vieille bonne a du mal à se tenir immobile.

Qu'importe à la jeune fille : elle devient égoïste, méchante presque. Dès qu'elle travaille, tout est oublié. Il n'y a plus que le désir de saisir le modèle — le regard, surtout le regard.

Victoire, discrètement, essaie d'attraper les noix qu'elle a mises dans son tablier — les noix fraîches — et de prendre de l'autre main sa petite faucille mais Camille crie déjà : « Victoire, comment veux-tu que je fasse ! Tu remues sans arrêt ! » Et soudain la jeune fille rit de son grand rire franc. « Allez, d'accord, quelques instants de pause. J'adore tes noix. »

Camille s'accroupit aux pieds de Victoire. « Raconte-moi, Victoire. Qu'est-ce qui s'est passé avec mon oncle Paul ? Tu sais, le jeune homme qu'on a retrouvé noyé — près du petit pont.

— Non, pas cette fois-ci.

— Dis, pourquoi mon père et ma mère ne se parlent presque plus ? Tu as connu ma mère avant ?

— Tu sais, il ne faut pas lui en vouloir. C'était une jeune fille rieuse, jeune. Ton père est arrivé, brillant, d'un autre pays, intelligent. Je crois qu'elle l'a aimé à sa façon, mais savait-elle où elle allait ? Elle avait vécu à l'ombre de son père, le médecin. Sa mère était morte, jeune. Et puis surtout il y a eu le drame de Charles-Henri... »

Camille regarde au loin. Victoire hésite à poursuivre. Souvent on a reproché à cette pauvre enfant d'avoir usurpé la place de l'aîné, Charles-Henri. *L'usurpatrice*, dit sa mère lorsqu'elle est très en colère.

« Pauvre Camille, tu n'y es vraiment pour rien. Il n'était pas viable. Quinze jours, à peine. Ta mère a cru devenir folle. Ton père partait tout seul à la tombée de la nuit. Il marchait des heures pour oublier comme s'il portait la mort en lui. Ta mère lui en voulait. Tu sais, chez nous, cela arrive souvent. Un premier-né, c'est pas

49

toujours une réussite... Alors ils ont commencé à se disputer. Ta mère avait peur. Ton père devenait violent. Et puis tu es née... magnifique, sauvage, drue ! Ton père était fou de joie et il te montrait partout. Le 6 décembre 1864, Camille Rosalie Claudel est née. Je te vois encore. Je t'ai enveloppée dans mon châle car j'avais peur que tu aies froid. Les volets étaient tirés dans la pièce. Ta mère voulait un garçon. Elle ne voulait pas te reconnaître. Ton oncle le curé a fait sonner les cloches. Et ding, et dong, Camille Rosalie — une rose est née — je te regardais...

« Ta mère a tourné la tête et n'a plus rien dit pendant quelques heures. Elle pleurait, c'est tout. Elle ne remerciait même pas le Bon Dieu. On eût dit qu'elle te vouait au Diable. »

Camille rit, d'un rire un peu cassé, un peu triste.

« Paul, tu sais, il m'a appelée Cacha-Diablo ce matin. »

Victoire effleure les cheveux de la jeune fille. « Mon petit Cacha-Diablo. »

Demain il faudra retourner à Nogent. Elle n'aime pas Nogent.

LETTRE DE L'ASILE

« ... Je les ai reçus clopin-clopant, avec un vieux manteau râpé, un vieux chapeau de la Samaritaine qui me
descendait jusqu'au nez. Enfin c'était moi. Ils se souvien-
dront de leur vieille tante aliénée. Voilà comment j'appa-
raîtrai dans leurs souvenirs — dans le siècle à venir...

« Je voudrais bien être au coin de la cheminée de Villeneuve, mais hélas ! je crois que je ne sortirai jamais de
Montdevergues du train où ça va ! Ça ne prend pas bonne
tournure !... »

Dimanche 4 avril 1932.

Commune de Fère-en-Tardenois. Registre état civil 1861-1866.

Naissance
Claudel Charles-Henri, né le 1ᵉʳ août 1863 à Fère. Témoin Alphonse de Massary, notaire, âgé de 39 ans, domicilié à Fère.

Décès
Claudel Charles-Henri, décédé le 16 août 1863 âgé de 16 jours.

Naissance
Claudel Camille, née à Fère le 8 décembre 1864. Décédée à Avignon (section de Montfavet) le 19 octobre 1943 à quatorze heures.

La fiche d'état civil. Pauvre image bancale. Je la regarde entre mes deux doigts, elle danse à droite, à gauche, à droite, à gauche. Une feuille mince que la moindre brise déplace, que le souffle le plus infime déchire.

Est-ce ainsi que le siècle se souviendra de toi ? C'est vrai.

52

Alors tu prends trop de temps pour mourir. Ta pauvre vie qui oscille entre les deux pontons : 1864-1943, 1943-1864 ! Et puis cette poignée de terre que l'on jette — la terre qui s'effrite... C'est tout.

Et moi je n'ai absolument rien à demander.

Qu'il reste Dieu et qu'Il nous laisse à nous notre néant...

Lui à sa place et nous à la nôtre pour toujours !

Mais non ! Je la regarde. Je vois ces mains. Elle veut dire quelque chose. Plus près. Encore il faut s'approcher. Elle a soixante-huit ans. Les mains chevrotent un peu maintenant. Sous le grand chapeau, elle murmure quelque chose. Elle les regarde partir et ils n'ont pas compris. Qui leur apprendra ? Qui leur racontera ? Elle n'est pas seulement la vieille tante aliénée ! Non, pas seulement ! Bien plus que cela !

Une bouffée de terre qu'on arrache à la semelle des souliers ! Des pas de braise qui marquent le sol de la cuisine. Là-bas à Villeneuve.

Il faut chercher les sculptures. Il y a quelque part dans le monde ses sculptures.

L'avare terre qui ne ment jamais.

C'est cela qu'elle nous a laissé pour toujours.

Elle repart vers la cellule. Je la regarde disparaître dans le couloir interminable. Le petit clochard qui oscille, petit, encore plus petit. Elle se retourne.

Coup de chapeau. Clin d'œil du clown. Bleu. Sacrée « Cacha-Diablo ». Est-ce à toi que le vieux poète songeait ? Camille, le Maure, le Renégat, l'insaisissable « sourire câlin » de Cacha-Diablo ? Qu'importe !

CAMILLE CLAUDEL. SCULPTEUR. Pour les siècles des siècles. Amen.

David et Goliath

« Tu ne peux pas marcher contre ce Philistin pour lutter contre lui, car tu n'es qu'un enfant, et lui, il est un homme de guerre depuis sa jeunesse... »

Premier Livre de Samuel, III, 1, 33.

Epuisée, elle est épuisée. Elle a porté toute seule ses vingt kilos de terre. Presque aussi lourds qu'elle. Mais si elle avait dit quelque chose, sa mère se serait aperçue de ce qu'elle faisait. Les paquets, les valises, les cannes à pêche. La mère n'a rien dit. Son père aide comme il peut, enfin un peu. Monsieur le Conservateur des Hypothèques pense à autre chose. Voilà, on entasse tout dans la vieille carriole de Monsieur Favet. Mais qu'est-ce que c'est encore que cela ? Sa mère a attendu d'arriver à la maison pour crier. Elle ouvre un sac de jute. « Mon Dieu ! De la terre rouge, tu es folle, mon enfant ! » Le père,

54

malheureusement, est encore occupé à parler avec Monsieur Favet.

« Jette-moi ça tout de suite. » Camille se ferme, Paul a peur. Il la connaît quand elle commence à taper de son mauvais pied et à montrer son dos arqué. Elle hurle maintenant, cramponnée à ses sacs que sa mère a eu l'audace de toucher. Sa mère a fait exprès d'attendre le dernier moment. Les gens se retournent. On les regarde. Louise, apeurée et gênée, se serre contre Paul. Paul se tait. Il attend la décision des adultes. Il sait que Camille ne changera pas d'avis. Elle est rouge. Elle crie. « Jamais je ne laisserai mes sacs ! Je m'assieds. Je ne bougerai pas d'ici. Je coucherai ici ! »

Sa mère lui envoie deux paires de claques. Camille n'a pas bougé. Elle ne pleure pas. Butée. Cachée derrière ses cheveux. Heureusement Louis-Prosper arrive. D'un seul coup d'œil il a compris. « Allez, montons dans la carriole. Ces sacs sont trop lourds. Nous allons en prendre un, et l'autre, nous viendrons le chercher demain. » « Si vous voulez, je le prends. » Monsieur Colin surgit. Camille lui sourit, elle lui saute au cou.

« Je vous regardais, dit-il, Camille ressemblait à Malquiant montant à l'assaut des troupes ennemies ! "Il est tout brodé d'or, face au soleil, il brille..." »

Elle est heureuse. La mère lui jette son œil noir. Une fois de plus, Camille a trouvé un allié. Mais comment fait-elle ? Jamais elle ne se sacrifie. Elle fait ce qu'elle a envie de faire. Et cette énergie crée autour d'elle de l'affection. Les personnes se mettent en quatre pour l'aider.

Camille maintenant se retourne vers Monsieur Colin : « Je peux monter avec vous ? » « Camille, reste ici ! » Mais Camille préfère être aux côtés de l'homme plutôt qu'entassée dans la voiture familiale. Le temps est beau.

Un chaud et fin après-midi d'automne tel une robe de velours, un peu lourde. Rouge.

« Laissez, je vous en prie, cette enfant ne me gêne aucunement. » Camille triomphe. Elle reprend son autre sac de terre. Pourvu que Paul ne vienne pas aussi ! « Je peux y aller ? » « Non, Paul, reste ici, s'il te plaît, tu nous aideras. » Paul boude.

Monsieur Colin est journaliste, professeur à l'occasion. Engagé pour être le précepteur des enfants, Camille et lui s'entendent parfaitement. Intelligent, un peu bohème, Camille aime la façon dont il s'habille. A Villeneuve, cela provoquait immédiatement maintes réflexions. Et républicain, avec ça !

La voiture s'ébranle. L'homme a quarante-cinq ans. Il commence à fredonner les stances, Camille reprend en chœur.

Le comte Roland voit Samson mort, vous imaginez quelle douleur il en peut concevoir. Il pique son cheval à toutes forces : il court au païen. Il tient Durandal, qui vaut plus que l'enjeu. Il y a là un Africain d'Afrique. C'est Malquiant, fils du roi Maloud. Il est tout brodé d'or, face au soleil, il brille entre tous les autres. Il monte le cheval qu'il appelle Saut-Perdu.

Camille s'est dressée debout dans la carriole. « Il n'est bête qui puisse la défier à la course ! » Colin s'amuse. Il donne un coup de fouet au cheval. Les voilà partis au trot rapide. Au tournant, Camille rit : « Allez, monsieur Colin ! Sus aux chrétiens, moi j'aime mieux les païens. Ce Roland est un stupide garçon. Il aurait dû se méfier. »

Colin regarde la petite fille. La jeune fille plutôt... A-t-il raison de lui parler de tous ces héros ? Il lui a lu *La chanson de Roland*, *Quatre-vingt-treize*, *Le roman de Renart*. Son frère aussi, plus petit, écoute mais ne dit rien. On dirait qu'il juge, prend ses distances. Elle s'emballe comme en ce moment. S'il la laissait faire, elle serait ailleurs, elle tiendrait les rênes et se croirait sur le champ de bataille même du comte Roland...

Colin sourit, imaginant la tête des Nogentais s'ils les voyaient passer au grand galop ! Elle lit tout ce qu'elle trouve, mais n'est pas capable d'analyser. Elle prend parti immédiatement. Elle est Malquiant contre Roland. Elle est Renart se faufilant chez Ysengrin. Pourquoi a-t-elle aimé ce passage plus particulièrement ? Il se rappelle les nombreux dessins qui naissaient de ses doigts d'enfant. Elle avait illustré Renart chez le couple Ysengrin. Renart « embrassant dame Ysengrin et pissant, faisant des ordures sur les enfants d'Ysengrin ». Curieuse enfant !

Mais pourquoi rit-elle ? Soudain Colin, sorti brutalement de sa rêverie, s'aperçoit qu'ils ont dépassé la maison, rue Saint-Epoingt.

« Vous m'avez enlevée, monsieur Colin ! » Il faut faire faire demi-tour à la carriole. Le cheval est fatigué. Ils seront arrivés bien après les Claudel. « J'ai une nouvelle idée, monsieur Colin. Je vais illustrer *David et Goliath*. Vous savez, vous me l'avez raconté. »

La jeune fille a un don évident pour mimer. On ne s'ennuie jamais avec elle. Les voilà arrivés. Le grand escalier... Les paquets sont déjà déposés dans le vestibule. Tout le monde s'affaire, Louis-Prosper a disparu.

« Venez », lui chuchote Camille. Ils traversent le couloir, atteignent le jardin de derrière. Colin porte les sacs. Camille dédaigne superbement son porteur-serviteur. Elle ouvre l'appentis. Ouf, ils sont bien là. Bismarck enchiffonné regarde Napoléon emmailloté. Un peu fendillés, ils ont résisté aux vacances. La jeune fille s'affaire immédiatement, mouille la terre et se met au travail.

« Attendez, Monsieur Colin. Là il y aura David, puis accroché à lui Goliath, sans tête. J'adore couper les têtes !

— Bon. Je m'en vais ; sinon, à vous voir, je vais aussi

perdre la mienne. » Camille lui fait un signe distrait de la main. Elle est déjà absorbée par son travail. Entourée de héros, elle a décidé de montrer dans les groupes qu'elle choisit comment les petits triomphent des grands. L'idée lui en est venue l'autre matin. Une des pierres du Géyn, minuscule clown...

« Dis, raconte-moi une histoire... ! » Qu'est-ce qu'elle fait là, perdue dans la grande forêt ? La fillette grise de porte en porte !

Il y avait une fois un petit clown qui avait enfilé en cachette les grandes chaussures de la vie. Mais il les avait mises à l'envers. Le pied gauche était à droite et le pied droit était dans la chaussure de gauche.

Il partit tête baissée et se retrouva sur le nez. Mais son cœur était encore plus large que les chaussures : on pouvait y mettre les deux pieds. Les gens ne s'en privaient pas. Ils enfilaient son cœur et piétinaient avec.

Comme le petit clown ne voyait pas plus loin que son nez, il remit les grandes chaussures à ses mains pour mieux tâter la vie et ses pieds dans son cœur. Alors il se mit à courir : mais là où il posait les pieds, son cœur s'écrasait, et quand il ouvrait les bras, il perdait ses chaussures.

Il réfléchit, mais les yeux grands ouverts, et perdit son nez.

Elle se dressait là, après « les causeuses », oubliée, drôle comme un clown dans un cirque trop grand. Le manteau lui tombait sur les pieds et Camille avait été prise d'une immense tendresse pour elle... Le Géyn s'est dressé, mais elle, toute petite, a une place dans son cœur. Les grands, les importants... il faut qu'elle lutte, qu'elle montre, elle, que la force ne gagne pas facilement contre la tendresse, les grands pieds contre l'imagination.

Camille pense aux grandes chaussures des clowns. Sa tête est pleine de cris, ses mains bruissent. « Il y avait une fois un clown qui... » Elle veut lui donner cet aspect drôle et courageux. « Camille, dépêche-toi. » Mon Dieu, le dîner ! Elle n'a pas vu l'heure passer. Elle s'écarte. Déjà le petit David enjambe le gros corps du géant, qui tente un geste pour se protéger. Il n'a pas de tête, David vient de la lui couper. Elle fera la tête après. La tête seule sans corps. Les têtes sans corps.

« Camille. » Son père est là, debout, à la porte, dans la pénombre. « Camille, viens vite. » Il lui prend la main, l'arrache à cet atelier humide et sombre. « Ne travaille pas autant. Je demanderai conseil à Alfred Boucher. Il rentre dans une semaine. »

« Regarde cette enfant, Louis. » Elle a encore taché sa robe. Camille baisse les yeux pour constater le désastre. Effectivement, sa robe a de grandes fleurs rouges un peu partout. C'est beau d'une certaine manière. Tous les regards sont fixés sur elle. « Va te laver les mains au moins avant de manger, et change-toi. » Camille se dépêche — sa mère n'a rien dit —, elle monte dans sa chambre, dans la pénombre, elle atteint la cuvette, se rince les doigts. Soudain elle est prise de tendresse pour sa mère — cette femme austère, fermée, elle doit l'aimer à sa façon. Elle n'a maintenant que trente-quatre ans et déjà la voilà alourdie, ses grands yeux souvent lointains, perdus. Que de rêves écornés ont-ils dû voir !

Mariée à dix-huit ans. Comment a-t-elle vécu la mort de son premier enfant ? Qui est-elle au fond, et pourquoi, entre elles deux, cette haine imparable comme si Camille pressentait qu'un jour l'une mettra l'autre à mort ou inversement ? La mère, le frère, la famille, le mariage... Camille a treize ans, mais tout cela l'étouffe. Elle ne comprend pas comment on peut être *d'après* quelqu'un.

Elle descend vite. Ils sont tous attablés. Sa mère lui

jette un regard triste. Camille est prise d'une extrême lassitude. Elle a envie de crier au secours, de faire signe, un signe de détresse comme s'il fallait l'aider. Mais qui peut croire qu'une enfant de treize ans appelle à l'aide ? On lui dira : « Reste tranquille, ne fais pas ton intéressante. » Et pourtant quel vertige l'a saisie soudain, comme si elle était rongée par une secrète maladie, comme si elle allait mourir là à cette table. Elle ne peut rien avaler ; elle a envie de vomir. « Mange, Camille. » Elle aimerait faire plaisir et plus elle veut, plus elle se sent paralysée. Comme un grand cri qui s'élève, comme un arbre qui prend feu dans la bourrasque, Camille immobile les regarde tous. Ils sont loin, elle les entend comme si elle avait du coton dans les oreilles. Au secours, à l'aide ! Ses parents, sa sœur, son frère continuent de gesticuler. Elle ne pense qu'à sa jambe trop courte. Ralenti. Elle voudrait qu'on s'occupe d'elle et en même temps être seule, seule avec elle-même. « Marionnettes, marionnettes », se met-elle à hurler. « Camille ! » Elle est par terre. Désarticulée, inanimée... « Cette enfant n'a rien mangé de la journée. Pas étonnant avec l'effort de ces maudits sacs. »

Camille entre ses quatre murs blancs. La souffrance amère et dure. La souffrance qui vous tord le cœur. Camille frappe le mur, de ses mains sœurs, elle crie le nom aux miroirs, comme s'ils allaient lui donner l'être aimé, la lumière qu'elle attend, la lutte qu'elle veut reprendre. Lassitude et sursaut, refus, quand il faut qu'elle s'avoue vaincue, et pourtant elle sait déjà qu'aux yeux du monde elle sera sans fin l'écho triste de l'être aimé...

Elle

« Le jour est arrivé qui devait voir des armes de femme répondre à vos forfanteries... »

L'*Enéide*, Livre XI.
Camille, reine des Volsques.

Le soleil s'est levé tôt ce matin. Camille a gardé les habitudes de Villeneuve. Mais ici aucune promenade n'est possible. Le laitier est en train de déposer les bidons de lait. Ils sonnent comme de grosses cloches fêlées. Camille un moment se souvient des grosses vaches dans la Bresse. Le lourd couvre-lit au-dessus d'elle prolonge son corps comme un gros ventre. Elle s'étend, donne des coups de pied. Camille passe une main le long de sa jambe. Elle aime vérifier les formes de son propre corps. Elle fait courir sa main sur la jambe un peu au-dessous du genou. En s'inclinant comme pour cueillir une fleur, elle arrive même à toucher son pied qu'elle chatouille : elle remonte le long de la jambe, l'effleurant d'un doigt, puis elle parcourt en dessinant des cercles la surface lisse de ses cuisses. Elle relève un peu la chemise, l'écarte. Voilà une fesse, épaisse. Elle la saisit, essaie d'en comprendre le pourtour, revient au genou, remonte, et lentement glisse la main sur le creux de l'aine. L'autre matin elle a découvert curieusement l'immense plaisir que procure une telle caresse.

Elle remonte plus haut la chemise de nuit, sans regarder. Ses yeux sont au plafond, elle sent la naissance des seins qui se forment déjà. Là, elle ne s'arrête pas, prise d'une étrange réticence. Un jour, elle voudrait modeler d'après le nu humain. Mais qui poserait ? Elle-même n'oserait pas se regarder nue. Autant elle aime sentir les os qui roulent sous ses doigts, la chair, les attaches, toutes ces parties de son corps qu'elle reproduira de mémoire. Elle s'étire dans ce lit, et sort une main pour attraper sa chemise de coton, puis la laine au-dessous. Il fait froid ce matin. Approche de l'hiver. Bientôt les journées seront trop courtes. Il faudra dessiner à la lueur de la lampe familiale. Le petit appentis au fond du jardin restera quelques heures éclairé, il y fera de plus en plus froid et peu à peu la terre gelée deviendra hostile. Les doigts seront gourds. Camille n'aime pas ces longs sommeils de l'hiver, cette mort des formes, et de la lumière. Alors vite elle se lève, enfile chaussettes de laine, jupon, robe de laine, mantelet, châle. Elle prend ses chaussures à la main et descend l'escalier doucement. La porte de la chambre de ses parents est fermée. Elle est prise de nausée à l'idée qu'un jour il faudra se priver du plaisir de se réveiller seule. Comment peut-on tous les jours de sa vie se réveiller à côté de quelqu'un ? Une chose est essentielle : sa solitude à soi lorsqu'on ouvre les yeux...

Camille arrive à la cuisine, rentre tout doucement les

bouteilles de lait, s'en verse un grand bol. Elle sort dehors. Le châle entoure sa gorge. Le lait la désaltère, elle a froid mais peu à peu son corps se détend, se décrispe. Camille respire doucement l'air du jardin. La nature comme elle commence à se réchauffer. Elle ne l'oubliera jamais, le sang vigoureux de la modeste terre. Elle traverse lentement le jardin, ouvre tout doucement la porte de l'appentis. Les rayons du soleil frappent de côté le *David et Goliath* qu'elle va finir. Elle s'arrête, comme si elle ne voulait pas troubler la bataille qui s'achève. David semble en train de terminer le geste qui décapite Goliath. Comment donner la sueur... ? Peut-être par le matériau, une brillance, quelque chose, l'ivoire — créer la vie, mieux que la vie ! Une matière dure sans l'intérieur qui la compose... Elle est heureuse d'avoir réussi un groupe entier.

Elle sait maintenant qu'elle a les moyens. Elle ne veut plus s'arrêter de sculpter. Le soleil dore de plus en plus son œuvre. Camille n'a rien appris encore — elle a soif de savoir : Alfred Boucher, elle le revoit tel qu'il était hier en début d'après-midi. Il était venu après le déjeuner. Café, liqueur, la jeune fille n'en pouvait plus. Elle le détestait, cet homme qui prenait le temps d'être poli. Elle aurait aimé l'attirer tout de suite vers l'appentis du jardin. Mais en même temps, c'est son père qui l'avait décidé à venir, c'est son père qui discutait, décidait. Son père assis dans le haut fauteuil Voltaire du salon qui donnait sur le jardin ; sa mère discrète, tout en noir, jamais assise alors qu'elle était censée recevoir... Et il avait fallu que Louise pianote son air. Paul avait disparu un moment. Il savait Camille en proie à la violence et redoutait que l'avis de Monsieur Alfred Boucher, expert en la matière, soit désastreux. Et puis il avait peur. Qu'est-ce que Camille allait encore déchaîner ?

Monsieur Alfred Boucher, sculpteur nogentais, lui

déplaisait. Si c'était un artiste comme sa sœur, il aurait dû comprendre son importance à connaître le verdict. Camille était restée debout, adossée au buffet. Pourtant grande, elle se comportait comme un enfant qui n'ose pas lâcher l'objet auquel il se retient. Son père demandait des nouvelles de la capitale. Mais quand se dirigeraient-ils vers l'atelier ? Son appentis ! « Lève-toi », bougonne Camille sans qu'ils l'entendent. « Je t'en supplie ! Même Paris, à cette heure, ne m'intéresse pas. Viens voir ma sculpture. » Mais voilà qu'elle écoute...

Un certain Auguste Rodin, un inconnu, fait scandale. Il revient de Belgique. Il y a deux ans il a exposé « L'âge d'airain » au Salon de 1877. La première grande sculpture. Il a trente-sept ans. Elle semble si parfaite que le jury l'a accusé de surmoulure. Son père interroge. Alfred Boucher explique : « Oh ! c'est courant maintenant. Les sculpteurs moulent directement les parties d'un corps sur le modèle vivant. Cela va plus vite ! » « Mais c'est une imposture ! » Camille a crié. Enfin elle a cru car ses lèvres n'ont pas même remué. Comment peut-on se dire sculpteur avec des procédés pareils ! Cela devient aussi simple que les gâteaux ! On laisse couler la pâte dans un moule déjà dessiné. On attend et hop ! on sert la forme sur un plat ! Mais la taille directe, mais l'ébauche en terre ? Elle ne fera jamais de gâteaux. Et puis il est déjà vieux ! Trente-sept ans ! Ils ont vraiment du temps à perdre. Quand elle, elle attend de toute la force de ses quatorze ans ! « Enfin, poursuit Boucher, cela continue à remuer tout le petit monde. Bien restreint d'ailleurs ! La sculpture intéresse si peu de gens... » Et les voilà repartis à l'assaut de la capitale : « Madame Edmond Adam vient de créer *La nouvelle revue*... Tout le monde rêve de fréquenter son salon. Léon Gambetta n'y manque pas un dîner... » Et ils parlent et parlent. « La Commune ?... Vous savez, il y a déjà huit ans... Enfin cela dépend des milieux... »

Camille regarde les verres à liqueur sur la table, devant eux — un, deux, trois, quatre... Ne pas leur jeter à la tête. Mon Dieu ! Faites que cette tentation ne me vienne pas ! Mon Dieu !... » Ses mains derrière le dos, contre le bahut. Sages ses mains. « Sages... » Aujourd'hui.

Il se leva enfin, regardant la jeune fille avec tendresse. « Et si nous allions parler d'art avec les artistes. » Camille rougit, violemment. Les voilà partis, Camille, Monsieur Alfred Boucher, son père... Ils avaient traversé le jardin.

Jamais Camille n'avait remarqué avec autant de précision les détails du petit chemin, les fleurs, la poignée rouillée de la porte. Elle avait ouvert et s'était effacée. Lui, il était entré, avait passé la main dans ses cheveux comme s'il ôtait un chapeau en signe de respect, avait regardé longuement *David et Goliath,* longuement et sans rien dire ; Camille était trempée, comme si on lui avait versé une grande bassine d'eau directement sur la tête. Puis il s'était approché lentement, avait tourné autour de la sculpture, s'était arrêté. Camille n'y voyait plus. Louis-Prosper regardait Camille. Ses magnifiques yeux bleu sombre semblaient dilatés à l'extrême. On eût dit une voyante prête à prédire un avenir épouvantable venant vers elle. Soudain il eut peur pour sa fille. Ses cheveux dont elle avait fait une sorte de chignon lui donnaient quand même l'air d'une petite fille encore. Elle avait passé un ruban aussi. Elle se tenait droite, terriblement droite. Sa bouche orgueilleuse pincée. Mais c'était surtout ses yeux qui l'affolaient. « C'est très surprenant. Les ombres contrastées, la force. Elle a le don de vie. C'est le plus important pour un sculpteur. On dirait qu'elle a pris des cours avec Rodin... Il faut qu'elle aille à Paris. Très vite. Enfin c'est à vous de voir... C'est un métier difficile si l'on est seul. En outre il faut pouvoir exposer dans les salons, être introduit. Je pourrai l'aider, mais si peu. Moi-même j'ai beaucoup de mal... Quant à Rodin n'en

66

parlons pas ! C'est trop tôt ! Je sais, elle a du courage, mais pour une femme, je dirais non tout de suite, et ce en dépit du génie de cette enfant. Peut-être même à cause de cela. Colin m'a dit qu'elle s'emballait pour un rien. Tout à l'heure je la regardais au salon. Elle trépignait. Or c'est un métier de patience. Et puis, ajouta-t-il en caressant la joue de la jeune fille, elle se mariera un jour. »

Louis-Prosper et Alfred Boucher sortent. Camille les suit.

A peine les a-t-elle accompagnés jusqu'à la porte qu'elle revient. Se marier. Une femme. C'est la première fois qu'elle entend ça. Un femme ! Et la sculpture ? A elles deux, elles les terrasseront, ces hommes qui ne se marient pas toujours. Non ?

LETTRE DE L'ASILE

« ... C'est beau ! tous ces millionnaires qui se jettent sur une artiste sans défense ! car les messieurs qui ont collaboré à cette belle action sont tous plus de quarante fois millionnaires... »

« Les Philistins rassemblèrent leurs troupes pour la guerre... Un champion sortit des rangs philistins. Il s'appelait Goliath de Gat, et sa taille était de six coudées et un empan. Il avait sur la tête un casque de bronze et il était revêtu d'une cuirasse à écailles... Il avait aux jambes des jambières de bronze, et un cimeterre de bronze en bandoulière. Le poids de sa lance était comme un liais de tisserand et la pointe de sa lance pesait six cent sicles de fer. Le porte-bouclier marchait devant lui...

« David prit son bâton en main, il se choisit dans le torrent cinq pierres bien lisses et les mit dans son sac de berger...

« Le Philistin tourna les yeux vers David, et lorsqu'il le vit, il le méprisa car il était jeune... »

Elle a tenu longtemps. Sans armes, sans ruses, sans faux-semblants. A mains nues. Voilà. Elle n'a plus ni ciseau, ni maillet, ni sculpture. Ils ont tout pris. Elle revoit la vieille Bible usagée. Elle voulait sculpter. Les petits contre les forts, les grands. Il y en avait encore tant d'autres — tant d'épopées qu'elle aurait aimé relire de ses doigts poussiéreux.

Elle est là, sans livres, sans terre, sans bras. La camisole.

Le Buisson Rouge

« Pourquoi es-tu parti, malheureux ?
Le bouilli était las d'être mangé en
rond... »

PAUL CLAUDEL, *Tête d'Or.*

La maison est déserte. Camille passe d'une pièce à l'autre. Elle ne fait rien. Elle erre seule. Les parents et Louise sont chez Monsieur et Madame Chapoulis. Louise a continué le piano. Elle joue remarquablement. Madame Chapoulis vient deux fois par semaine, mais Louise se fatigue vite. Elle n'a que treize ans et préfère aller bavarder avec sa mère dans la cuisine. Camille est étonnée de tout ce que peut raconter sa sœur. Elle écoute parfois le chant léger de l'enfant. Elle la regarde. Son petit visage fin lui rappelle celui d'une belette. Elle a un peu les yeux rieurs de son père, son nez légèrement relevé comme s'il voulait vous dire : « Eh bien, vous m'avez

71

vue », et les jolies boucles autour du front Camille est prise de tendresse pour cette sœur fragile. Elle aimerait avoir des traits aussi fins. Louise a aussi un bouquet abandonné sur son lit et sa broderie. Comment peut-elle coudre des heures durant des fleurs aussi insipides ?

Camille passe d'une pièce à l'autre. Elle n'a pas allumé. Camille erre de couloirs en chambres vides. Lasse, elle se sent lasse. Voilà deux ans qu'ils ont quitté Nogent. Elle se souvient avec tristesse de Colin, d'Alfred Boucher. Ici, tout est hostile, Paul et Louise n'étudient plus avec elle. Paul est au collège. La maison est belle avec un balcon au premier étage, une grande porte d'entrée en haut d'un perron et le double escalier. Elle a treize ans et étouffe dans cette petite ville de Wassy.

Camille est arrivée dans la grande chambre de ses parents. Elle s'assied sur le fauteuil et observe le lit. Elle s'interroge. Si sa mère la voyait, elle lui dirait : « Ne regarde pas tout comme ça. C'est impoli. » Mais Camille regarde. Les grands lits la fascinent. Le couple. Qu'est-ce que cela veut dire ?

Le lit est insipide, trop tiré. Les coussins roses dorment sous leurs dentelles. La croix et le buis sont accrochés au-dessus de la table de sa mère. Est-ce que son père embrasse encore sa mère ou se couchent-ils chacun l'un à côté de l'autre, silencieux, gisants sans espoir de résurrection ? Pourtant son père a l'air bien vivant, plein d'une aventure secrète et farouche. Mais sa mère, à quoi pense-t-elle ? Comme elle s'affaire dans la cuisine !

Camille erre dans les chambres. Murs — refuge — murs. Escalier. Camille monte, s'assied sur son lit, reste les yeux perdus au loin. Elle est heureuse de cette solitude et en même temps elle voudrait s'échapper de cette maison, de cette chambre. Le silence. Hier, il y a eu le drame — qu'elle a provoqué d'ailleurs. Hier — elle revoit la scène : son père fou furieux, sa mère au bord des larmes, Paul terrifié...

« Camille fera de la sculpture, Louise est une virtuose du piano, et Paul ira à l'Ecole normale. Je vais vous installer à Paris dès la rentrée et je chercherai à me faire nommer près de la capitale. J'habiterai seul, je prendrai mes repas à l'hôtel et je viendrai vous voir les dimanches. »

Sa mère avait levé la tête. Devenait-il fou ? Sa sœur Louise souriait. Elle avait envie d'aller à la capitale. Elle avait horreur de cette ville, de la pluie fine, des promenades, de l'absence de boutiques. Paul ne disait rien. Curieusement il n'avait pas l'air, mais alors pas du tout l'air heureux. Elle, ne tenait pas en place. Son père relevait fièrement la tête, sa belle tête. Il avait pris sa décision. Personne ne le contredirait.

« Mais, Louis...

— Oui.

— Comment vais-je me débrouiller seule avec ces trois enfants dans cette immense ville où je ne connais personne ?

— Tu sauras bien. Tu n'es plus une enfant, toi... Et puis Camille t'aidera. » Sa mère s'était tassée un peu plus. Voilà, c'était décidé : le 26 avril 1881, Paul entrerait au lycée Louis-le-Grand.

Camille sait qu'elle a gagné. Son père admet qu'elle sera une artiste, un sculpteur. Soudain elle a peur. Qui va la recevoir ? Quel atelier ? Est-ce qu'il y a d'autres femmes sculpteurs ? Heureusement, Alfred Boucher sera à Paris. Il donnera un coup de main. Camille se lève. Elle a entendu une cavalcade et des hurlements. Elle se penche à la fenêtre et voit son frère Paul poursuivi par des gamins dans la rue. Camille a envie de rire. Qu'est-ce qui a pu se passer ? Le voilà à quatre pattes, de frayeur, qui grimpe les marches. La porte claque. Camille entend Paul ; il galope dans les escaliers de la maison.

« Paul, Paul, qu'est-ce qui t'arrive ? » Il la regarde, il

s'arrête net. Elle est là, immense, dans la pénombre... Il la regarde farouchement.

« Pourquoi ces gamins te poursuivaient-ils ?

— Ils ne me poursuivaient pas. On jouait. Ne te mêle pas de ça. » Il s'en va mais, soudain, se retourne, hors de lui : « Je n'irai pas à Paris ! Je n'irai pas à Paris ! » Et il redescend.

Camille est assise là, sur l'escalier, triste. Lui est malheureux là-bas dans sa chambre. La maison est vide. Paul a peur, peur de cette ville. Tout à l'heure les gamins se sont moqués de lui. Qu'est-ce que ce sera lorsqu'ils seront des dizaines ? Il déteste parler avec eux. Ils sont sales, bruyants...

« Mon petit Paul. » L'enfant est recroquevillé sur son lit. Le petit costume de marin est abîmé. Pourquoi est-il si bien endimanché ?... Ah ! oui, il devait aller rejoindre ses parents chez les Chapoulis. Les gosses de la rue ont dû rire de ce Paul emmailloté — tiré à quatre épingles, comme le couvre-pied tout à l'heure.

Camille s'approche de l'enfant tout doucement, s'assied sur le lit. La chambre est obscure. Il sanglote doucement. « Ecoute, il y avait... » Elle lui caresse doucement le front. Peu à peu l'enfant s'endort. Elle lui enlève délicatement ses chaussures et son lourd paletot, puis le glisse entre les draps et sous les couvertures.

Revenue à l'étage inférieur, elle allume la lampe à pétrole et en règle la flamme. Apparaît dans la rue un chien. Il renifle à la porte. C'est une présence. Elle lui ouvre. Il a l'air misérable — comme Paul tout à l'heure. Elle lui donne le reste du rôti, l'os qu'elle a gardé. Elle prend un crayon et se met à dessiner tout doucement : le chien occupé à ronger ne s'occupe plus d'elle du tout. Peu à peu Camille oublie sa tristesse. Tête penchée, jambes repliées sous elle, elle dessine sans relâche. Elle a oublié le temps, l'heure. Soudain, elle voit devant elle son frère encore ensommeillé mais qui a faim. Le chien aboie.

« J'ai faim. »

A regret Camille abandonne son dessin. Mais l'enfant a un air éperdu. Il s'est réveillé dans un monde trop hostile, trop sombre et il a froid.

« Regarde, Cam', le dessin derrière toi sur le mur. Papa l'a rapporté de la vente un jour. Tu sais ce que c'est ?... La Grande Muraille, en Chine. Pourquoi on ne reçoit plus le journal du *Tour du Monde*. J'aimais lire les récits, les voyages. »

Dans la pénombre il rêve, fragile, et ses yeux bleus, pâles, entrevoient le monde gigantesque retranché là derrière la haute muraille.

« Tu devrais peindre des pays, Cam'. Moi, un jour, j'irai en Chine. Je prendrai un bateau. »

Paul a oublié sa faim. Le chien aboie en tournant autour d'eux. Camille se dirige vers la cuisine. Il y a la soupe à faire réchauffer. Des navets, des pommes de terre, des carottes.

« Tu parles, tu parles... Parle plus lentement. On dirait des cochons qui sortent par la porte d'une écurie.

— Et toi, tu ne sais même pas faire cuire une soupe. Tu dessines, mais tout le monde peut dessiner... J'aime mieux quand tu sculptes. Moi, je ne veux pas aller à Paris.

— Tais-toi. On retrouvera Alfred Boucher. Et peut-être que Monsieur Colin viendra nous voir.

— Oui, mais Papa veut m'inscrire dès le mois d'avril au lycée Louis-le-Grand. J'ai peur de ces classes enfermées. De toute façon, je m'ennuie de Villeneuve.

— D'un côté tu veux aller en Chine, le grand aventurier ! De l'autre, tu veux rester dans ta vieille maison entre Papa et Maman. Allons, remue-toi si tu es un coq, montre que tu es un coq et non pas... un lapin qui détale à la moindre alerte ! »

75

Les voilà qui sont attablés tous les deux autour de la casserole. Le pain tombe dans la casserole. Ils le torpillent avec de grands cris : « Pan. Pan. Pan. »

« Tu te souviens de la mare dans laquelle tu étais tombée. » Camille rit de son beau rire sonore. « Tu courais derrière moi, et pan ! J'entends floc-floc. » Paul commence à rire aussi. « Paf ! la tête la première.

— Dis Cam', on y retourne demain à l'aube ? Tout seuls ? »

Camille lève sa cuillère : « Le premier au Buisson Rouge ! » et pique le morceau de pain dans la soupe d'un geste triomphal. Le chien aboie. « Ne le dis à personne. C'est notre secret. Hein, Paul ? »

Le gosse hoche gravement la tête. Il aime trop accompagner sa sœur là-bas. Au-delà de Wassy, la butte de glaise rougeâtre. Le pont au-dessus du torrent — le danger qu'il regarde rugir sous ses pieds — elle le tient par la main. Et puis tous deux rapportent la terre pourpre — interdite.

« Alors je vais te raconter l'histoire du buisson ardent.

« Un jour Moïse faisait paître le petit bétail de Jéthro. Un ange lui apparut dans une flamme, au milieu d'un buisson. Moïse regarda : le buisson était embrasé mais il ne se consumait pas. Il allait s'approcher mais il entendit : "N'approche pas d'ici, retire tes sandales de tes pieds car le lieu où tu te tiens est une terre sainte."

« Alors Moïse se voila la face car il craignait de fixer son regard sur Dieu. "Maintenant va. Je t'envoie, toi, Moïse, auprès du pharaon. Fais sortir mon peuple d'Egypte." Moïse dit à Dieu : "Comment m'écouteront-ils ? S'il me demande qui m'envoie, que dirai-je au peuple ? Et s'ils me disent : Quel est son nom ?"

« Dieu dit à Moïse : "Je suis Celui qui est." Voici ce que tu diras : "*Je suis* m'a envoyé vers vous."

— Dis, Cam', tu crois qu'il y a un Bon Dieu ? »

Camille éclate de rire.

« Ne ris pas comme ça.

— Le Bon Dieu, le Bon Dieu : écoute, tu as fait ta première communion parce que c'était bien. Tu faisais comme tout le monde, mais c'est tout. Tout ça, c'est grimaces et simagrées ! Un coup de chapeau et c'est fini !

« Il faut vivre, partir en Chine, ne pas se marier, mon petit Paul ! S'habiller comme on veut et faire de la sculpture, monter à cheval et mourir. Attention, j'attaque... Tu te souviens de *La chanson de Roland*. Attention ! Sus aux chrétiens ! »

Le chien aboie comme un fou. Soudain la lampe à pétrole vacille et met le feu à la nappe. « Cam' ! » Camille se précipite, frappe et roule la nappe pour étouffer les flammes. Ils se regardent, penauds. « Tu as failli nous faire brûler. Tu as failli nous faire brûler,... crie Paul. Je le déteste ton buisson. »

Camille met la nappe à tremper. La soupière et la casserole sont renversées. Quel gâchis. Camille range, mais elle a horreur de ça. Paul l'aide.

« Regarde, on dirait justement une carte de géographie.

— Moi, j'irais bien là.

— Moi ici. »

Soudain la porte d'entrée s'ouvre. Madame Louise, la petite Louise, Louis-Prosper reviennent.

« Ça sent le brûlé, ici. » Sa mère est déjà auprès d'eux. « Mais qu'est-ce que vous faites ? Oh ! non. La nappe ! Ces enfants sont fous... Allez, montez dans votre chambre.

— Mais, maman...

— Allez dans vos chambres !

— Attends, Louise, il faut savoir ce qui s'est passé.

— Ah ? non, tu prends toujours leur défense — toi, leur père... »

77

Voilà, la dispute a commencé. La petite a l'air fatiguée. Elle monte directement. Camille la suit tandis que Paul demeure en bas. Elle entend au loin sa mère qui crie : « Paul ! Paul ! Qu'est-ce que vous avez fait encore tous les deux ! Quand t'auras fini d'écouter ta folle de sœur. Ah ! ces enfants de malheur ! »

Louis-Prosper ne dit plus rien.

« De toute façon, bougonne la mère fatiguée, cette fille tournera mal. Tu as vu ses colères, et les yeux qu'elle a, elle a des yeux de folle par moments. Tu te souviens de Monsieur le marquis, il était comme elle. Il voulait toujours partir ! Il marchait, les yeux lui sortaient de la tête. Je me demande si on le verra cet été à Villeneuve. J'espère bien que non. »

Camille s'est couchée dans l'escalier. Elle est pétrifiée. Pourquoi sa mère la déteste-t-elle ?

« Ecoute, Louise, arrête. Cette enfant a du génie.

— Du génie ! du génie ! Et tu sais où cela mène le génie... En outre, c'est un métier répugnant. Sculpter d'autres êtres. Il paraît même qu'il y en a qui font des nus... De toute façon, toi, ça ne te gêne pas. Avec toutes tes lectures immondes. L'autre jour j'ai surpris Paul qui avait pris Zola. Non mais, tu te rends compte !

— Ecoute, Louise, tu n'en es plus là. »

Camille ne veut pas en entendre davantage.

« Quand on pense qu'elle sculpterait peut-être un homme nu... »

Lentement Camille se déshabille, elle défait ses cheveux, son ruban. Les boucles lourdes roulent par-devant et par-derrière ; elle les secoue comme si elle voulait s'en vêtir. Puis la robe, lentement, qu'elle laisse tomber... les grosses bottines, les bas de laine... la chemise large... Avant de se glisser dans les draps, elle a mouillé son visage comme pour se laver de toutes ces criailleries.

Elle monte un cheval superbe, elle grimpe là-haut au

milieu des pierres, là-haut chez le Géant. Mais tout brûle peu à peu autour d'elle. Lui éclate de rire. Elle a l'impression de devenir de la glaise brûlante entre ses mains. Le Géant ricane et la tient dans ses bras. Elle se débat. Il la serre à l'étouffer, son corps se consume. Alors elle entend : « ... le Buisson Rouge, le Buisson Rouge, le premier au Buisson Rouge » — et se réveille trempée de sueur.

Quelle chaleur ! Elle ouvre la fenêtre. Tout est calme, sinistre. Cet été, ils seront à Villeneuve. Bientôt ils seront à Paris.

LETTRE DE L'ASILE

« ... *Je revis quand ton colis arrive, je ne vis d'ailleurs que de ce qu'il contient car pour la nourriture d'ici, elle me rend horriblement malade, je ne puis plus du tout la supporter...* »

L'arrivée à Paris

« Et comme nous montions par un sentier abrupt, nous retournant,
Nous aperçûmes Paris à quelques lueurs chétives.
Et la nuit s'acheva ;
Et le soleil traversa le ciel, et il disparut avec une vaste rougeur... Et de nouveau la nuit occupa l'air grand. »

PAUL CLAUDEL, *La ville*, I.

Ils sont arrivés par une belle fin de matinée, fatigués, poussiéreux. Les meubles pêle-mêle pour la quatrième fois entassés sur une carriole qu'un voisin leur avait prêtée. Noirs, ahuris, encore tout bringuebalant, ils ont débarqué, le pied mal assuré...

Maintenant ils regardent. Plus de petites routes, plus de petites maisons, plus de hameaux : Paris ! Enorme et compact gargouillis qui les engloutit déjà dans le flot de leurs semblables. Madame Louis-Prosper ratatinée, vieillie soudainement, Louise minuscule, Paul atterré. Seules Eugénie et Camille, batailleuses, font face à l'ennemi. Le père a déjà disparu, happé par l'immense porte de l'immeuble où il a loué un appartement la semaine passée. Le hoquet des roues, les pavés, les cris, tout cela fait trembler Camille de joie. Ici il se passe quelque chose. Ici elle va faire savoir qu'elle existe. Cela vaut la peine d'être sale, cela vaut la peine d'avoir tout quitté, le silence, la forêt, et même la butte du Géyn. Ici, un autre géant va surgir. Elle-même le dressera face à ces hommes qui marchent pressés, la tête basse. Ici, face au grand monstre fracassant, elle opposera son œuvre menaçante et silencieuse...

Madame Louise tout en noir, son vieux chapeau, son chignon serré, Louise, ses boucles sagement coiffées — comment fait-elle pour avoir gardé un aspect à peu près correct au milieu d'un tel vacarme d'odeurs, de poussière et de bruits ? Les choux-fleurs roulent au milieu des journaux, les omnibus tressautent sur les pavés, les enfants perdent leurs billes sous les semelles de chaussures boueuses...

Louise, dans sa petite robe rayée, se presse contre Camille. Eugénie ne sait où donner de la tête : les paquets, les valises, les meubles, les enfants... « Surtout, ne vous perdez pas ! Restez tranquilles ! » leur crie-t-elle. Eugénie est heureuse. Grâce à cette famille un peu désordonnée, elle a pu quitter Wassy et connaître enfin Paris. Elle est très proche de Camille qui est de quelques années seulement plus jeune qu'elle. Pourtant la jeune fille l'intimide. Dure, droite, elle regarde de ses yeux terriblement ouverts le grand remue-ménage de Paris, semblable à une marée. Camille songe à la mer qui transforme les tempêtes du grand large en une caresse qui vient chatouiller doucement les pieds . Paris encercle amoureusement les jambes de l'adolescente. Elle se laisse faire, souveraine de cette ville qu'elle apprivoise déjà ; elle ne dit mot, elle apprend, elle garde, elle accumule. Parfois une curieuse tristesse la saisit : il faut qu'elle se dépêche de savoir, de comprendre avant d'être punie, arrachée à la vision des choses. Alors elle se concentre : ce détail, cette façon de marcher, l'autre qui sourit comme cela et celui-là, la main délicatement retournée pour s'excuser déjà de l'explication qui ne vient pas. En cette fin de matinée, le chignon la rend sérieuse, la fait paraître distante. Sa frange sombre et frisée souligne le regard qui vous atteint en plein ventre si on a la malchance de le saisir. Comme s'il tuait... Tout de sombre vêtue, on dirait une de ces jeunes et sévères veuves des villages retirés, encore barbares. Seul le chemisier blanc, au col haut, lui donne un air un peu mousquetaire.

« Ah ! enfin ! Votre père... » Louis s'avance, un peu penché. « Quelle idée as-tu de nous laisser là, exposés à tout le monde comme un vulgaire spectacle ? » Louis ne répond pas. Il prend doucement sa femme par le bras. « Tu verras, tu seras très bien là-haut. » Madame Louise s'est arrêtée. « Maman, je suis fatiguée. » La voix de Louise retient sa mère au bord de la colère. « Allons, c'est bien ! Allons-y ! »

Ils montent. Le père, la mère, Louise, Paul, Eugénie et Camille. Longue montée, escaliers sales de fatigue mais lavés chaque jour. Camille s'émeut : où vont-ils si haut, tant de marches ! Madame Louise, tirée par la cadette, ralentit depuis un moment. Le regard de Paul est indéchiffrable. Soudain il s'arrête, laisse passer Eugénie d'un air dédaigneux et se retourne vers Camille. A quoi peut-il penser ? Camille le regarde. « Et alors ?

— Le Géyn.

— Hein ?

84

— Le Géyn.

— Quoi ! Ah ! Et alors ?

— C'est la même chose.

— Quel enfant ! » Alors que tout paraît désespérément terne, il trouve les mots pour transformer le paysage. Camille lui sourit et ils continuent à grimper côte à côte le dur escalier. « Elles n'ont pas l'habitude. » Boum ! Paul, qui ne faisait pas attention, vient de heurter Eugénie qui a bousculé Louise et sa mère. « Oh ! pardon, madame.

— Mais, Eugénie, il faut regarder devant ! Nous n'allons pas au paradis et encore, là-bas aussi, il doit y avoir un plafond. »

Camille attend sagement. Entre les jambes et les têtes, elle entrevoit l'appartement, qu'elle découvre un peu inquiète. Le couloir. A gauche la salle à manger, puis le salon. Il est là — le balcon, un grand balcon. Son père a ouvert les fenêtres : « Regarde, Camille. Paris est à toi ! »

Camille fixe son père. Image en contre-jour, silhouette d'ombre, mince, adossée contre la lumière. Elle s'avance comme prise de vertige face à celui qui se tient entre le vide et elle-même.

Elle se penche. Son père est redescendu pour aider son épouse qui s'affaire encore. Camille savoure quelques instants le vent qui l'effleure à peine. Elle est à Paris. Là on fait de la sculpture et peu importent les voisins.

« Camille, aide-nous, au lieu de rêver comme une bête. » La chambre est petite. Sa sœur doit coucher à côté d'elle. Seul Paul a sa chambre de solitaire. Camille enrage : elle ne pourra pas lire tard, Louise va se plaindre de ne pas pouvoir dormir. Bah ! qu'importe, elle est à Paris ! Eugénie couchera là-haut dans une chambre à part. Camille se prend à envier la jeune fille. Camille se rabroue elle-même de sa légèreté : « Idiote, tu as de la chance. Tu n'es au service de personne. Plains-toi ! »

« Les enfants, nous allons bientôt passer à table. »
Madame Louise a prévu du pain, du fromage. On fait
chauffer du café. « Et ce soir nous mangerons peut-être
un vrai repas. Quoique ici, je doute que nous y arrivions.
Vous avez vu la cuisine, Eugénie. On dirait une armoire.
Enfin, qu'est-ce qu'on ne ferait pas pour ses enfants ! Et
comment vas-tu manger, Prosper ?

— Ne t'en fais pas, je me débrouillerai, à Wassy nous
avons des amis. Et puis je serai bientôt nommé à Ram-
bouillet, et pourquoi pas à Paris.

— Nous serons tous morts d'ici là.

— Ah ! cela suffit ! Ne commence pas !

— Dis, maman, je peux sortir après le dîner ?

— Ah ! non, vous n'allez pas commencer. Il vous arriverait des malheurs.

— Mais si, voyons, Louise, il vaut mieux qu'ils s'habi-
tuent le plus vite possible. Et puis Camille est grande. Je
vais les accompagner. Comme cela, tu seras plus tranquille pour arranger la maison. » Louise hausse les épaules. « Je te laisse Eugénie.

— Elle ne sera pas de trop. Camille aussi aurait pu
m'aider... »

Louis-Prosper ne répond pas. Il veut montrer Paris à sa
fille aînée. C'est lui qui l'a amenée ici, c'est lui qui
l'emmènera le premier à la découverte de cette ville puissante.

Les voilà partis tous les quatre. Louis a passé son bras
sous celui de Camille. Il tient Louise par l'autre main.
Paul marche derrière, à d'autres moments devant. Ils
remontent le boulevard puis se dirigent vers le Luxembourg à travers les petites rues. Louise tire la main de son
père : « Papa, je n'en peux plus. » Elle est pâle, au bord
de l'évanouissement. « Attends, nous allons prendre quelque chose. » Les voilà attablés.

« Dis, papa, je peux aller jusqu'au bout de l'allée,
là-bas, jusqu'à la maison ?

« — Oui, mais pas plus loin.
— Allez, Paul ! Viens voir !
— Quoi ?
— Paris, petit moutard ! »

Les deux enfants s'éloignent. Louis regarde la grande jeune fille et le petit bonhomme se fondre sous les arbres. Elle marche à grands pas en jetant ses épaules comme un homme. Sa Camille ! A côté Paul trottine. Louis est fier. Il aurait tant aimé réussir ! Heureusement il y a ces enfants-là et l'autre qui reste assise sagement à côté de lui. Il a enfin pu les amener à Paris.

Soudain un chant s'élève, un peu rauque, non loin des enfants qui marchent. Camille, presque arrivée à une balustrade de pierre qui relie deux escaliers, se penche. Elle entend les paroles mais ne les comprend pas.

« Dis, Camille, qu'est-ce que c'est que cette chanson ?
— Chut !
— Elle a une méchante voix. »

Camille descend quelques marches et aperçoit une horrible femme, les yeux cernés, en loques, une bouteille à la main. Paul s'est arrêté à côté d'elle, éberlué. « On dirait la mère Bault à Villeneuve. Ici aussi... »

Mais qu'est-ce qu'elle fait, elle arrête les hommes ! Eux haussent les épaules et la repoussent. Il y en a même un qui lui montre sa « braguette » en hurlant de rire. Maintenant Paul est tout à fait terrifié. La femme est grosse, grosse et laide. « Allez, viens, Cam'. » Un homme a débouché de l'escalier, il attrape le menton de Camille. « Alors la gosse, ça te démange !... Ce sera gratuit. » Camille ne comprend rien. Paul crie. Ils s'enfuient tous les deux.

Paul se souvient. Camille revoit elle aussi la scène. Ils étaient tous les deux, la nuit tombée. La grosse Bault était là, sous la lune. Quelques hommes, ivres aussi, autour d'elle, et lentement, lentement, elle avait relevé ses jupes. Les hommes lui servaient à boire ; Camille voit les deux jambes grelottantes, blanches, les cuisses souillées de terre, de saletés et soudain un immonde enchevêtrement de broussailles gris-noir. Camille avait attrapé Paul et s'était enfuie, très loin, mais elle savait que l'enfant près d'elle avait été choqué — comme elle. Camille ne pouvait oublier les deux yeux de tout à l'heure. Deux yeux de noyé qui semblaient lui dire : « Pars, vite. Eloigne-toi de tout cela. »

Non, Camille resterait. Camille est mince, Camille sait ce qu'elle est venue chercher. Ici ou ailleurs, jamais elle n'abandonnera, même si devant elle se dressent d'autres vieilles qui ricanent, d'autres vieilles à l'œil torve et des mains d'hommes prêtes à vous saisir à la gorge...

Camille et Paul, essoufflés au haut de l'escalier, s'arrêtent un moment pour reprendre haleine. Ils n'ont pas vu filer les marches sous leurs pieds. « Faut pas courir comme ça, mam'zelle ! Ce qu'elle est jolie, c'te gosse ! » Camille s'affole, c'est à elle qu'il en veut. Déjà quand elle marchait près de son père, elle a surpris les regards des passants. Peut-être regarde-t-elle trop les gens ? Ah ! cette mauvaise habitude qu'elle a. Mais elle aime tant saisir un détail, un pli, là, une démarche...

Maintenant ils se dépêchent. Vite. Son père est là-bas. Camille se hâte vers lui, et s'assied. Rouge de honte. Visiblement irritée. Louis la regarde. « Qu'est-ce qui se passe ?

— Il y a un homme...

— Tais-toi, Paul ! » Camille a une voix cinglante. Elle regarde son père, droit dans les yeux. C'est à son tour de baisser les yeux. L'enfant est belle avec ce regard hautain et sa bouche trop gonflée. Soudain, il a peur. Peur de cette volonté, peur de cette demande qu'il lit dans ses yeux. Tout, tout de suite. A la seconde même. Tout ! Sans restriction ni concession.

« Oh ! Papa, regarde là-bas. »

Là-bas s'agitent derrière une petite maison, de minuscules silhouettes. Guignol !

« Viens, papa ! » Les voilà repartis, Louise a dégusté un bon chocolat et elle est heureuse. Pour une fois elle fait partie de l'aventure.

Louis-Prosper est triste. La nostalgie lui alourdit les épaules. Comme un manteau noir qu'on vous jette. Il se sent épais, vieux. Ses enfants ! Il ne les verra plus qu'en fin de semaine et encore... Pourvu que Louise sache se débrouiller ! Saura-t-elle faire face aux exigences de Camille ? Entre la mère et la fille, une barrière s'est installée. Camille ! Soudain il se penche vers elle. « Camille, écris-moi. Si tu as quelque chose qui ne va pas, quelque chose à demander, n'ennuie pas ta mère avec ces détails. »

Camille n'a pas tourné la tête. Et pourtant ! si son père voyait le fond de son cœur. Elle est bouleversée de cette attention. Elle voudrait le lui dire. Elle comprend sa solitude, sa pudeur, cet homme qui va repartir sans un mot d'amour, sans un sourire de sa famille ; son monde à lui, c'est le sien. Elle sait qu'il veut l'aider. Elle sait qu'il est fier d'elle. Alors, sans bouger, le regard au loin, elle avance la main, effleure les doigts minces de son père et revient vite poser ses deux mains sur les genoux.

Les marionnettes s'agitent. Pan ! Pan ! Les enfants rient. Seul Paul reste de glace. Camille essaie de comprendre ce qui peut se passer. Paul a un air fermé, dégoûté. Bizarre enfant ! Peut-être n'est-il pas remis de l'incident de tout à l'heure !

Le rideau s'est refermé sur les petits acteurs de bois. La fin de l'après-midi s'avance.

« Allez, un petit effort ! Je vais vous montrer Notre-Dame de Paris. »

LETTRE DE L'ASILE

« .. J'ai hâte de quitter cet endroit... Je ne sais pas si tu as l'intention de me laisser là mais c'est bien cruel pour moi !... Dire qu'on est si bien à Paris et qu'il faut y renoncer pour des lubies que vous avez dans la tête... ne m'abandonne pas ici toute seule... »

La vieille Hélène

« Quand la journée est faite et le soulier ôté
Voici l'ombre, voici l'étoile et la soirée
Voici que le cœur des vieux êtres a cédé... »

PAUL CLAUDEL, *Larmes sur la joue vieille.*

La fin de l'après-midi. Déjà. Elles étaient toutes parties. Camille est là, assise devant la sellette. Immobile, son regard fixe le buste en face d'elle. La jeune fille regarde la vieille femme. L'une et l'autre terriblement scellées ; Camille semble s'être retirée comme en prière. Ses yeux, deux fentes noires qui trouent la blancheur du visage. Camille a perdu ses joues ambrées, son teint ensoleillé. Plus pâle, les joues un peu creusées, les cheveux couverts d'une fine poussière de plâtre, la blouse blanchie, elle ressemble presque à la vieille qui lui fait face. Celle-ci lui sourit, ses yeux ont l'éclat rieur de la générosité.

L'après-midi vient se coucher aux pieds du sculpteur. A côté d'elle, dispersées dans la pièce, les sculptures recouvertes d'un linge mouillé. Elles étaient toutes parties... Avec les rires, les rubans qu'on rattache, les mains qui se hâtent, elles l'avaient quittée. Ses amies, des Anglaises pour la plupart, se préparaient à la grande soirée que donnait Madame Adam. Malgré les supplications de ses amies, Camille n'a pas voulu abandonner son buste, laisser attendre cette vieille Hélène qui, à son avis, s'impatiente sur la sellette. Camille n'a pas encore fini comme elle le voudrait. Et pourtant la soirée est donnée en l'honneur du prochain Salon de mai 1882. Il y aura sûrement des peintres, des sculpteurs, des hommes du monde. Nelly, Jane, Virginia lui ont conseillé de se montrer. Jane, avant de disparaître dans cette cascade de rires roses qui la caractérise, est revenue dans l'atelier essayer une dernière fois de la persuader : « Méfie-toi, Camille, il faut sortir de la sculpture. Si les autres n'entendent pas parler de toi, ne te voient pas, ta sculpture sera délaissée. Tu sais, pour la plupart, ils s'en moquent de ton buste. Ils préféreraient connaître la beauté du sculpteur lui-même. Je suis sûre que cela te rapporterait beaucoup plus. Tu es très belle, *really fascinating*. »

Camille avait haussé les épaules. Elle voyait déjà la soirée, les conversations inutiles, les grands jeunes gens stupides et le regard des hommes. Et puis, elle n'avait pas grand-chose à se mettre. Une fois, elle les avait accompagnées. Bleues, roses, vertes, éclatantes, poudrées, rieuses, ses amies roucoulaient. Un vrai feu d'artifice ! Elle, à côté, presque trop mince, tout en noir avec son col blanc, ressemblait à une vieille gouvernante qui les aurait accompagnées. Elle avait eu honte. Seule, sa chevelure sauvage la distinguait. Les hommes avaient regardé cette adolescente, un peu chaperon, un peu veuve, ce visage trop jeune noyé dans ses boucles dures et sombres.

Camille avait commencé à parler sculpture avec une ou deux personnes. Visiblement les autres artistes préféraient danser ce soir-là. Camille avait fui dans la nuit. Fantôme obscur. Course nocturne, emportant solitaire dans son cœur les rêves sculptés de l'artiste que n'intéressait pas la société.

La lumière est encore belle. C'est le printemps au-dehors. Dix-sept ans, presque dix-huit ans. Et déjà l'atelier est déserté. A côté d'elle, Camille regarde : les sculptures recouvertes de linge mouillé... Elle revoit les cocons, le magnifique livre que son oncle lui avait offert pour ses dix ans. Papillons multicolores qui dissimulaient jusqu'à la naissance leurs rêves coloriés. Ces grosses masses blanches, tourneboulées, toutes semblables... Camille compare les sculptures à des poupées emmaillotées. Elle rêve un instant aux destins multiples des hommes...

Partout sur le mur, la vieille Hélène lui sourit ou la gronde gentiment. Camille essaie depuis plusieurs semaines de saisir le regard de la vieille bonne alsacienne qui, depuis quelques mois, aide sa mère. Elle a fait des dizaines et des dizaines de croquis. Parfois la vieille rieuse a accepté de se tenir immobile quelques instants. « Qu'est-ce que vous m'faites pas faire à c't heure ! J'ai du travail, moi ! »

Le rayon de soleil vient taper sur le miroir. Presque dix-huit ans. Dans quelques semaines s'ouvrira le premier Salon de mai. Camille y participera.

Comment saisir le regard extraordinaire de cette vieille têtue ? Soudain elle la voit, son balai à la main, l'autre jour, dans le même rayon de soleil. Son front ridé et le menton qui pointe un peu. Quelquefois Camille se moque d'elle, tendrement... « Tu ressembles à ma Mélusine.

— Qui était-ce ?

— Une vieille amie qui gardait l'entrée de la forêt là-bas à Villeneuve. Mais elle, au moins, elle ne bougeait plus du tout. Elle était tellement insupportable qu'un méchant dieu avait dû la pétrifier. » La bonne Hélène hausse les épaules et continue à balayer en marmonnant de vieux dictons, des proverbes ou des bouts de cantiques.

Soudain elles avaient entendu toutes les deux des pleurs. Sa mère et sa sœur étaient absentes. Paul devait être à ses devoirs. Paul avait un visage bouleversé. Les cauchemars, les angoisses l'avaient repris. Pourquoi sa mère l'avait-elle emmené assister à cette agonie atroce ? Depuis, il avait changé. Il ne riait presque plus. Camille en voulait à cette mère-là. Certes elle était résignée par avance — remplissant son devoir quotidien comme un âne attelé à son puits — mais il y a mort et mort. Celle-ci avait été une agonie lente, atroce, sordide. Le 5 septembre 1881, leur grand-père, le docteur Athanase Théodore Cerveaux, s'éteignait après des semaines de souffrance. Cancer à l'estomac. La mère n'avait pas compris quelle blessure pouvait en résulter pour un enfant trop jeune. Depuis, il cédait à une angoisse qui le paniquait, le dépassait. De mois en mois, Camille l'avait vu s'enfoncer dans le souvenir obsessionnel de cette agonie. Le vertige du vide. Le jamais. Le néant. Plus rien. La mort.

Camille, elle, la connaissait. La vieille Bault, un soir, couchée en travers du chemin — bouche édentée, grande ouverte comme si elle voulait laper une dernière fois la lune —, la vieille, flasque dans ses vêtements trop grands, une dernière fois avait chaviré. Camille n'avait pas eu peur. Seule l'envie de la modeler, de rendre le silence de ses deux yeux, l'immobilité des membres tordus — semblable à une vieille esquisse qui vient de se renverser sur le flanc. C'était presque féerique sous la lumière blanche de la nuit qui commençait...

Mais Paul avait vécu autre chose. Une horrible mort qui n'en finissait plus de se faire attendre. Jour après jour, nuit après nuit, les éclats du cœur, les halètements, les gémissements, l'ordure... Le vieillard crevé, vidé comme un pot d'excréments. Après l'avoir vu de longues heures, ventre gonflé comme un noyé oublié là depuis plusieurs jours. Sous le drap sale, l'énorme masse, comme une femme enceinte, le teint cireux, jaunâtre, les yeux fiévreux. Docteur en médecine, Athanase Théodore avait expliqué à l'enfant la progression de la maladie comme pour le rassurer. Ses mains s'agitaient soudain et Paul avait pensé aux toiles d'araignée qui lui tombaient dessus lorsqu'il pénétrait dans des endroits oubliés. Là aussi il y avait donc des greniers, des granges ? Vers où se dirigeait-il ce grand-père qu'il aimait ? Ce grand-père qui lui avait enseigné les dialectes du vent et du ciel et la vieille langue de la terre. Paul avait envie de le suivre. Oui, le vieillard se prenait le front dans une main comme s'il avait oublié quelque chose d'important. « Grand-père ! Grand-père ! Tu cherches quelque chose ! »

La main glissait et Paul découvrait deux yeux lointains, blancs, révulsés d'horreur.

Tout cela Paul, une fois, l'avait raconté à sa sœur à grands coups de hoquets, de phrases coupées, d'images reprises, oubliées. Et soudain la dernière grande vomissure de vie qui avait éclaboussé l'enfant. La mère cramponnée à son père et l'enfant derrière qu'on oublie, l'enfant qui voit trop bien, l'enfant qui n'oubliera plus jamais. Plus jamais... « Qu'est-ce qu'il avait vu ? Dis, Cam', qu'est-ce qu'il avait vu ? »

Camille avait regardé la vieille Hélène penchée attentivement sur l'adolescent. Elle avait précisément le regard qu'elle cherchait à rendre depuis des semaines dans la sculpture. Ce regard qui enluminait les vieilles joues rebondies...

« Monsieur Paul, ne vous effrayez pas. Votre grand-père, il calculait la longueur du saut qu'il lui fallait faire pour atteindre l'autre vie. De l'autre côté, il avait vu un

96

paysage si beau, une telle hospitalité, des amis qui l'attendaient... Il ne voulait pas rater sa grande enjambée. »

Paul avait esquissé un sourire.

« Allez vous coucher maintenant. Vous travaillez trop. Dire que votre père vous fait sauter une classe. Tout cela n'est pas raisonnable. Venez manger un peu de ma tarte aux cerises. »

Ils avaient trempé leurs doigts dans la pâte encore chaude. Paul s'était assoupi...

> « *Il y a le moment pour tout*
> *Et un temps pour tout faire sous le ciel*
> *Un temps pour enfanter*
> *Et un temps pour mourir.* »

Camille regardait la vieille servante caresser les cheveux de l'étudiant. « Dis, ma bonne Hélène, tu me diras d'où cela vient.

— Dans ma vieille bible... Je vous la prêterai. »

Camille regarde le buste. L'atelier s'est assombri. Camille ne peut plus travailler. La lumière noyée de l'entre-deux-jours mélange tous les contours. Trop dangereux pour le modelé. Elle risque de faire des modifications grotesques. La brume maintenant. Camille se réfléchit, seule, dans le miroir, étrangement dédoublée...

« L'atelier, les modèles, les matériaux, tu n'y arriveras jamais ! » Elle entend la voix bougonnante de sa mère. « Que de dépenses inutiles ! Ton père nous aide, mais si tu arrêtais tout ça, nous vivrions beaucoup mieux. Je n'ai même pas acheté une robe de printemps pour Louise. »

Camille veut entrer dans un vrai atelier. Ici elle ne s'en sortira pas. Alfred Boucher vient régulièrement donner des conseils mais, Dieu ! qu'elle voudrait pénétrer dans un vrai atelier de sculpteur. Toute seule elle ne peut pas. On la prendrait pour un modèle ou une « femme de mauvaise vie », comme dit la vieille Hélène. « Attention mademoiselle Camille, fermez bien votre col. On est vite pris pour ce que l'on n'est pas. La conscience pour soi, ça ne suffit pas dans ce bas monde. »

Comme si elle avait du temps à perdre ! Aujourd'hui encore un modèle les a abandonnées. Camille travaillait sur son torse depuis plusieurs semaines. Tout est à recommencer. Jane lui a conseillé de continuer avec un autre. Camille repense encore avec colère à la proposition de son amie. Elle ne transige pas. Si elle commence à augmenter les modèles dès qu'ils rechignent, elles n'arriveront jamais à payer l'atelier. Il est vrai que ses amies ont beaucoup plus d'argent qu'elle. Quant à continuer une même sculpture en prenant un autre modèle, il faudrait être un piètre artiste, un immonde copieur, un gredin, un filou !...

« Mais arrête, Camille, arrête ! C'était pour toi ? Si tu veux une fois de plus tout recommencer... mais tu n'y arriveras jamais. Regarde. Nous avons déjà chacune trois sculptures finies pour le Salon et toi, tu n'as plus que le buste de ta vieille Hélène sur lequel tu t'acharnes. Le seul modèle qui te soit resté fidèle ! » Les voilà toutes parties à rire. Elles ne sont pas méchantes. Camille se sent incapable d'ajouter le bras d'un nouveau modèle au torse du précédent.

Comme elle se sent lasse ! A croire qu'elle s'effrite elle-même. S'il n'y avait pas le buste de la vieille Hélène, elle n'aurait plus qu'à se couvrir de terre et à s'afficher au Salon dans quelques semaines. Camille sourit et se passe de la terre grise sur le visage, elle se couvre d'un chiffon : « Buste d'une artiste sans modèles. »

A la même heure, Jane, Nelly, Virginia montent dans une voiture pour se rendre chez Madame Adam. Elles y rencontreront peut-être même Carrier-Belleuse — si Monsieur Alfred Boucher est là, il les présentera. Alfred Boucher ! La jeune fille a poussé un cri. Mais elle avait oublié ! Alfred Boucher a promis de la présenter à Monsieur Paul Dubois, le directeur de l'Ecole nationale des beaux-arts qui a consenti à la recevoir.

Camille recouvre vite sa bonne humeur. Elle embrasse le front humide de sa vieille Hélène. Demain, elle viendra travailler dès l'aurore. Elle la recouvre du chiffon mouillé. Elle veut que sa vieille amie triomphe au Salon. Camille secoue sa chevelure. Qu'importe cette soirée manquée ! C'est elle qui a raison. Son buste sera le plus vivant.

« Ma vieille Hélène ! A demain ! Lève-toi tôt. Je serai là avant la lumière ! »

LETTRE DE L'ASILE

« A ce moment de fêtes, je pense toujours à notre chère maman. Je ne l'ai jamais revue depuis le jour où vous avez pris la funeste résolution de m'envoyer dans les asiles d'aliénés ! Je pense à ce beau portrait que j'avais fait d'elle dans l'ombre de notre beau jardin. Les grands yeux où se lisait une douleur secrète, l'esprit de résignation qui régnait sur toute sa figure, ses mains croisées sur ses genoux dans l'abnégation complète : tout indiquait la modestie, le sentiment du devoir poussé à l'excès, c'était bien là notre pauvre mère. Je n'ai jamais revu le portrait (pas plus qu'elle !). Si jamais tu en entends parler, tu me le diras.

« Je ne pense pas que l'odieux personnage dont je te parle souvent ait l'audace de se l'attribuer, comme mes autres œuvres, ce serait trop fort, le portrait de ma mère. »

« Nous ne sommes que de pauvres femmes
un moment, faibles et frêles.
    Mais invitées en ce jour parmi les choses
éternelles...
    Que de femmes avant nous ont fait le
même chant en ce lieu ! »

PAUL CLAUDEL, *La cantate à trois voix.*

Victoire la vieille bonne. La vieille Hélène. Sa mère à
elle, Camille. Et maintenant elle-même.
    Quatre vieilles femmes. Qu'elles reposent en paix !

Est-elle morte ? Elle n'a jamais bien compris. Elle
n'avait plus revu sa mère. Parfois un colis, une lettre par-
venait.
    Camille retrouvait l'écriture, fugitivement — sa main
lorsqu'elle ramassait les miettes qu'ils avaient éparpillées
— eux, les enfants. Rien n'était perdu pour elle. Sauf sa
fille aînée. Camille la mauvaise...
    Si elles avaient pu parler entre elles ! Toutes les quatre
au coin du feu. S'expliquer sans les hommes.

Recroquevillées, tassées sur elles-mêmes, elles se confondent, se superposent.

Sa vieille paysanne de mère ? Camille la voit jeter des bouchées au chat, tisonner son feu. Camille penchée vers la cheminée. Comme elle, les mêmes gestes se tissaient entre leurs mains usées, seul langage peut-être que leurs compagnons leur avaient laissé.

La femme simple penchée sur le papier. Sa mère écrivait bien. Qui lui avait laissé le temps de rêver ? La plume sévère courait sur les vieux cahiers : comptes du ménage, lettres pour la famille, faire-part, condoléances.

Toutes les quatre réunies. Camille imagine leurs paroles. Leurs mots qu'ils n'entendent jamais plus.

Une fois elle avait découvert sa mère riante, heureuse, belle. Une seule fois. Elle pliait les draps et Victoire l'aidait.

Puis tout s'était refermé comme l'eau sur l'oncle Paul jadis.

Une seule fois Camille avait hurlé un appel : « Maman ! »

Camille et son enfant dans la chambre solitaire. « Maman ! »

Le cri avait résonné. Louise-Athénaïse Cerveaux ne l'avait jamais entendu.

Si elles avaient pu se raconter toutes les quatre ! Quel secret leur cœur eût-il livré ?

Pour qui payaient-elles toutes un si lourd tribut ?

« Hélène, pourquoi pleures-tu silencieusement lorsque le soir vient ?... Ma bonne Victoire, parfois tu enfonces ton poing dans la bouche comme pour t'empêcher de crier — puis tu casses les noix. Mais je vois tes mains qui tremblent encore... »

Les yeux tristes de sa mère près du grand acacia en fleur.

Maman, mets la tête sur mes genoux, et dis-moi.

Nous avons le temps.

Jacopo Quercia

« Je crois que cet homme incarne vraiment
l'idée
De la sculpture et de l'architecture. »

Poème de Berni à Michel-Ange.

« Vous avez pris des leçons avec Monsieur Rodin ! »
Camille a levé ses grands yeux interrogateurs vers Monsieur Alfred Boucher. Qui est ce Monsieur Rodin dont parle Monsieur Paul Dubois ?

Le bureau de Monsieur le directeur de l'Ecole nationale des beaux-arts est particulièrement étouffant ce matin. Camille est trempée de sueur. Sa chemisette, son chemisier aux poignets et au col lui pénètrent presque la peau, sa robe lui pèse. Elle n'a pas osé demander à sa mère un nouveau costume. Elle porte le seul habit à peu près correct qu'elle possède. Cette robe rayée en gros drap qui la rend un peu masculine avec cette veste et cette jupe

105

semblables aux habits. Son chignon commence à se défaire. Elle n'arrive jamais à ce qu'il se maintienne plus d'une demi-heure. Sa mère lui a pourtant répété, des dizaines de fois, qu'il fallait faire la raie au milieu, tirer les cheveux, puis les mouiller. Rien à faire ! Camille déteste les bandeaux plats de sa mère. Et puis, plus elle mouille ses cheveux, plus ils deviennent fous.

« Monsieur Rodin ? » Camille est couverte de honte. Monsieur Alfred Boucher sourit. Lui aussi y avait songé. Dès qu'il avait vu le *David et Goliath* à Wassy, là-bas.

« Il faudra vous le présenter. Lui-même sera surpris. Qu'en pensez-vous, cher ami ? Je vois bientôt Mathias Morhardt. J'organiserai cela un jour !

— Vous avez quelque talent. Incontestablement. Mais beaucoup ont de l'idée au début de la carrière. Le tout, c'est de persister. Quant à vous accueillir ici, je vois mal ce qu'on pourrait faire. Je ne tiens pas à susciter la révolution dans mes ateliers. Non, continuez avec votre atelier de jeunes filles. »

Camille le giflerait bien volontiers. Alfred Boucher a senti la jeune fille prête à bondir.

« Ne vous inquiétez pas, Camille. Monsieur Rodin n'est jamais entré aux Beaux-Arts. Ce n'est pas la seule voie, n'est-ce pas, cher directeur ? Allez, nous partons. Demain, nous nous voyons bien chez Dalou avec Carrier-Belleuse ? »

Camille se dirige vers son groupe de *David et Goliath* afin de le reprendre.

« Non, laissez, jeune fille. Je le garde un peu. Je le trouve beau et je voudrais le montrer autour de moi. »

Camille a peur. Elle n'aime pas abandonner ses deux compagnons. Et puis ce monsieur ne lui a pas plu. Mais que faire ?

Les voilà dans le long couloir. Camille entend les bruits de cette grande maison, les éclats de rire, les coups contre

106

la pierre que doivent donner des praticiens maladroits. Elle sait reconnaître de loin la main hésitante, le poignet ferme, la pierre qui craque, la pierre qui vole, la pierre qui résiste et s'entête.

« Vous ne savez pas qui est Monsieur Auguste Rodin, n'est-ce pas ? » Soudain la voix d'Alfred Boucher la réveille. Camille secoue négativement la tête.

Elle le déteste déjà. Elle n'a pas besoin de savoir qui il est. Pourquoi se permet-il de faire la même sculpture qu'elle ? Elle a commencé avant lui, sûrement. A six ans, elle modelait déjà.

« Comment vous le définir ? Il a quarante-deux ans. Sa vie a été très dure. »

Camille a envie de rire. Un vieillard ! Evidemment, même s'il s'y est mis péniblement à dix-huit ans, il sculpte depuis plus longtemps qu'elle. Dix-huit ans ! Elle ne les a pas encore. A la fin de l'année seulement !

« On commence beaucoup à parler de lui dans les cercles de connaisseurs. Madame Edmond Adam... A propos, pourquoi ne venez-vous jamais chez elle ? J'y ai vu Jane, Virginia et mes autres élèves. Vous devriez. Elle reçoit les écrivains en vogue. Il y a trois ans, elle a créé *La nouvelle revue*. Cette Madame Edmond Adam a présenté Rodin à Gambetta au cours d'une soirée. Et Monsieur Antonin Proust, vous savez, le ministre des Beaux-Arts, a recommandé Rodin pour la grande sculpture de la porte monumentale du musée des Arts décoratifs. »

Camille écoute sagement les remontrances de son vieux maître.

« Beaucoup défendent ce pauvre Rodin. Il a été très attaqué. Sa première grande sculpture, *L'âge d'airain*, a été très controversée. Beaucoup parmi les membres du jury ont pensé qu'il l'avait surmoulée. Le pauvre ! Il y avait travaillé plus d'un an et demi. Il y avait usé ses économies médiocres. Quel soupçon horrible ! Il en pleurait ! »

Camille pense avec tendresse à ce vieux sculpteur qui a été si indélicatement attaqué. La pire des insultes ! Un sculpteur qui modèlerait directement sur le modèle qu'il a devant les yeux !

« Il fallait qu'elle soit bien parfaite pour que le public et le jury aient pensé qu'il l'avait copiée directement au moule.

— C'est une œuvre admirable. Il faudra que je vous la montre. Je me souviens — il avait trente-sept ans et venait souvent chez moi complètement découragé. "Je suis à bout, disait-il, je suis fatigué, l'argent me manque." Je l'ai beaucoup défendu car je l'avais vu sculpter directement sans modèle avec des figures d'une fascinante exactitude. Nous avons réuni, Paul Dubois, Carrier-Belleuse et moi, un groupe d'amis et avons fait venir le sous-secrétaire d'Etat aux Beaux-Arts pour qu'il rétablisse la vérité et la bonne foi de ce petit rouquin qui sculptait comme un dieu. »

Camille imagine un petit gnome maintenant. Tristounet, boitillant peut-être comme elle. Et elle le trouve finalement bien sympathique, même s'il est un peu benêt...

« Ce scandale l'a complètement révélé. Récemment il a sorti au Salon un admirable *Saint Jean-Baptiste prêchant* et *L'âge d'airain* est maintenant coulé en bronze. Il y a deux ans exactement. Maintenant nous attendons cette gigantesque porte... »

Ils longent les quais de la Seine, silencieux. Camille songe à ce sculpteur auquel on ose la comparer. Elle n'attendra pas trente-sept ans pour commencer. Elle veut aller vite.

« A propos, Camille, je voulais vous dire. Je vais partir pour l'Italie. Avec mon prix de Rome, je dois absolument me rendre là-bas. C'est une occasion inespérée pour moi de travailler, de chercher au calme. Et puis c'est le pays de Michel-Ange. J'irai facilement à Florence. Votre Rodin, il ressemble un peu à Michel-Ange, d'ailleurs... »

Camille écoute à peine. Elle est effondrée de tristesse. Non seulement elle n'entre pas aux Beaux-Arts mais son vieil ami — le pauvre, il n'a que trente-deux ans ! — va la quitter. Camille est découragée ; elle entend à peine ce que lui dit Alfred Boucher.

« C'est à lui que je vais demander de prendre la suite de mes leçons. Vous m'écoutez, Camille ?

— Pardon.

— Je disais que j'allais demander justement à Rodin de me remplacer auprès de vous. A mon avis il est le seul qui ait du génie même s'il paraît effacé au premier abord — timide. C'est un des plus grands parmi nous. Encore peu connu ! J'ai toute confiance en lui. »

Camille est de mauvaise humeur. S'il fait la même sculpture qu'elle, à quoi bon ! Les lèvres de la jeune fille se contractent. Voilà, c'est fait ! Le chignon vient de s'écrouler.

« Camille ! Hé, Camille ! Mais, qu'est-ce qui vous prend ? Je ne peux pas vous suivre. Si vous continuez, vous arriverez à l'atelier avant moi ! »

Camille s'excuse, ralentit le pas.

Les jeunes filles ont poussé un cri : « Mister Alfred Boucher, *come in.* » Elles l'entourent, se moquent de lui.

« *You are too* tout rouge. Vous avez couru ! Et Camille, *what a face !* Boooh !

— Monsieur Alfred Boucher nous quitte.

— *What ?* » Camille a lancé la nouvelle méchamment, sans ménagement aucun.

— Non, je ne vous quitte pas ! Je pars bientôt pour l'Italie. J'ai demandé à Auguste Rodin de me remplacer auprès de vous. Il a accepté. »

Les jeunes filles battent des mains. « *It's a pleasure !* » « Il est *delicious, very charming !* Il ressemble à Vulcain. *You know Vulcain !* »

109

Camille songe à Michel-Ange. Comment osait-il le comparer à Michel-Ange, cet avorton ! Michel-Ange, le génial Florentin. Il est vrai qu'il n'était pas très beau non plus. Maladif même, disait-on. En outre le coup de poing du jeune Pietro Torrigiano l'avait rendu encore plus laid. Le nez écrasé à dix-sept ans, humilié dans les jardins de Laurent le Magnifique, il ne devait pas être très beau à voir. Difforme presque. De là à le comparer à cet inconnu. Auguste Rodin face au dieu de la sculpture. Non, non et non !

« Quel caractère, Mademoiselle Claudel ! » Alfred Boucher essaie de la calmer. « Camille, allons ! Je penserai à vous. Je vous enverrai des nouvelles, des cartes de votre Michel-Ange. Et puis j'ai confiance. Vous avez quelque chose. Ne le gâchez pas par votre violence. N'agissez pas comme les mondains. Mais comme une réelle artiste. Il faut beaucoup de temps, de patience et d'humilité pour commencer à approcher un peu ce que l'on a entrevu. La Beauté, comme la Mort, demande une longue connaissance. Je viendrai vous dire au revoir avant de partir, mesdemoiselles.

— Monsieur Boucher, monsieur Boucher, Camille ! *Sorry*, on oubliait... Camille dans le journal ! »

Tous se sont précipités. Les uns pour montrer l'article, les autres pour regarder.

« Allons, allons, un peu d'air ! » Tout le monde s'est cogné la tête en voulant lire l'article en même temps. Eclats de rire !

« *Salon de Mai 1882. Un buste de vieille femme. Buste en plâtre de Mademoiselle Camille Claudel. Œuvre sérieuse, réfléchie.* »

Camille a son nom pour la première fois dans le journal — et elle n'a pas trente-sept ans, elle !

Alfred Boucher la regarde. Il n'avait pas voulu lui dire

110

combien son buste de la vieille Hélène annonçait le grand sculpteur. Elle s'emballait si vite. Elle y avait passé tant d'heures, multipliant les esquisses et les plâtres, mais maintenant elle triomphait.

Il aimait bien Jane, Virginia, Nelly. Camille, elle, deviendrait l'un des très grands artistes de l'époque. A moins que... Parfois il avait peur. Peur de ses yeux bleu foncé qui viraient au noir, de son impossibilité à aller dans le monde. Peur de cette famille autour d'elle, dure, qui ne la comprenait pas. Peur de ce père trop absent. Peur de ce jeune frère qu'elle fascinait et qui l'accompagnait partout. Que deviendrait-elle ? Et comment son ami, Auguste, si timide, allait-il supporter une jeune fille aussi violente et entière ?

« *Mister Alfred Boucher, would you like a cup of coffee ?*

— Volontiers. » Il les aimait bien, il appréciait l'atelier frémissant de joie féminine, mais plus que tout, il s'avouait maintenant combien il avait hâte de retrouver Camille. Les admirables modelés, les esquisses fermes, les révélations qu'elle lui apportait dans sa façon de faire telle main ou tel pied. C'est elle qui sans le savoir lui avait appris quelque chose. Pourquoi ne pas avouer, aujourd'hui qu'il partait, cette légère passion qu'il ressentait pour la jeune fille, l'émotion de voir ses grandes mains caresser, reprendre, travailler la terre... et plus que tout cet admirable visage et ces yeux — le plus extraordinaire regard du monde et sur le monde. Il était heureux de fuir loin d'elle. Il en serait tombé amoureux ! Elle était trop violente, trop forte, une grande personnalité. C'était elle et rien d'autre. Le désert, la négation de soi... Jusqu'à la mort. Et pourtant, là, dans cette lumière de printemps finissant, elle lui souriait. Un sourire timide, tendre, comme pour dire : « Pardon, je voudrais que vous m'excusiez. » Un sourire câlin, insupportable, délicieux.

111

Il avait envie de la serrer dans ses bras, de mordre cette bouche vierge, dédaigneuse comme un beau fruit qui perle de saveur.

« Vous voilà bien distrait, monsieur Boucher. » Et, de sa belle voix un peu rauque : « Jacopo Quercia, il avait presque dix-neuf ans lorsqu'il a rencontré Michel-Ange, n'est-ce pas ? »

Pourquoi parle-t-elle tout à coup de cette histoire ?

« Oui, il attendait comme un fou l'avis du vieux maître et celui-ci l'a félicité. »

Camille reste pensive. Elle écoute à peine les bavardages de ses amies.

« Camille, Cam' ! Si tu sortais plus, tu connaîtrais Auguste Rodin. Il est charmant mais timide, timide ! Il bute sur les mots. *Yes, but he's got blue eyes. He can't see anything. He's myope. What... But what marvellous hands...* »

Camille a reposé sa tasse brusquement. Elle enfile sa blouse. « Reposez-vous un peu, Camille.

— Camille dite le Jacopo Quercia du pauvre. Monsieur Rodin, entrez s'il vous plaît. »

Alfred Boucher regarde la jeune fille, moqueuse, insolente, implacable. Il faudra qu'il prévienne son ami. Cette élève n'est pas comme les autres. Un peu difficile à amadouer. Une bête sauvage tant qu'elle n'a pas confiance, mais après, quel trésor de générosité, de tendresse... Si elle vous apprécie, elle vous donnera tout.

« Chère Camille... »

Alfred Boucher se lève, salue les jeunes filles. Soudain, il revient en catimini devant Camille. « *Io so... Michel Angelo ! Sei Jacopo Quercia. Ma sei una bella...* » Il esquisse quelques pas de danse autour d'elle et sort parmi les rires des jeunes filles. Camille lance: « Au revoir, m'sieu l'Ange ! »

Monsieur Rodin

> « Nous sommes trop semblables ; rien de
> nouveau ne peut sortir de nous.
> — Qui donc continuera la race ?
> — Quelqu'un viendra. Quelque beau
> chasseur à la barbe rousse. Et il me prendra
> pour toujours ma Cousine-aux-bois-de-
> France, le laurier de Dormant — la "virgo
> admirabilis". »
>
> PAUL CLAUDEL, *L'otage*.

Le *Moïse* de Michel-Ange. La barbe torsadée, roulée,
la tête puissante, le torse épais, massif. Camille regarde
cet homme près de la porte. Elle vient d'abaisser le ban-
deau que lui avait mis Virginia. Les jeunes filles jouaient
à colin-maillard. Matinée lumineuse. L'atelier clair,
Camille de bonne humeur. Les jeunes filles s'amusaient à
deviner de leurs mains les visages, les corps. L'éclat de

113

rire, la chanson. Camille, on l'avait fait tourner, pivoter, tournoyer sur elle-même.

« *Quand on est jolie* », avaient-elles chanté.

Camille brusquement arrêtée. Monsieur Rodin était là. Alfred Boucher légèrement devant lui. Monsieur Rodin est là.

Il a vu la jeune fille aux yeux bandés. Il a vu les deux yeux sombres, dévoilés peu après. Il regarde l'immensité des yeux qui le dévisagent, l'observent, le dessinent. Il contemple l'infini de l'iris. Ses yeux de myope à lui se plissent. Camille trouve qu'il ressemble à un vieux gnome avec sa barbe rousse.

« Entrez, Auguste. » Alfred Boucher s'est avancé un peu plus. Monsieur Rodin pénètre à l'intérieur de l'atelier. Il se sent dévisagé, scruté par ces paires d'yeux malicieux et inquisiteurs. Camille s'est reculée. Ainsi la jeune fille, dans l'ombre, vient de laisser voir la sculpture à laquelle elle travaillait. Un buste d'enfant, puissant. Le col dénudé, les épaules couvertes d'une sorte de toge. Une sculpture « mâle ». Monsieur Rodin s'est arrêté brusquement. Il a oublié les jeunes filles, l'atelier, Alfred son ami. Seul le plâtre requiert toute son attention. L'angle du visage presque anormalement ouvert. C'est cela qu'il cherche lui aussi. La puissance du regard. Monsieur Rodin devine une main sûre, intelligente, où la réalité explose à chaque détail, dévoilée, expliquée, grandiose. Monsieur Rodin est troublé. Il lui semble avoir réalisé ce buste ; pourtant il sait bien qu'il n'y a pas travaillé. Il ne connaît pas le modèle. Boucher vient de lui taper amicalement sur l'épaule. « Réveillez-vous, cher ami, sinon ces jeunes filles vont douter de vos capacités. Vous vous conduisez étrangement. Je sais, vous êtes timide, mais de là à vous immobiliser comme un demeuré... Seriez-vous envoûté ?

— Qui a posé ? » Monsieur Rodin a une voix étrange, sourde.

« Mon frère, Paul Claudel. Il a quatorze ans maintenant. » La voix est rauque, mais incisive.

« Pardonnez-moi, j'ai été surpris par la qualité de votre plâtre. Le profil est net, je le répète souvent, modelez uniquement les profils. Cela seul compte. Le visage humain n'est pas symétrique. »

« Je voulais vous laisser la surprise. On pourrait croire que Mademoiselle Claudel a déjà travaillé avec vous. »

Monsieur Rodin regarde Camille. Ainsi, c'est elle ! L'autre soir, dans le salon de Madame Adam, quelqu'un avait prononcé ce nom. Ah ! oui, il se rappelle. C'était une des jeunes Anglaises que Madame Adam avait invitées. Monsieur Rodin se rend compte qu'il est précisément en présence de ces jeunes Anglaises. Elles ont éclaté de rire. « Vous n'êtes pas très galant, monsieur Rodin. Nous vous connaissons déjà depuis l'autre soir et vous ne nous saluez même pas ! »

Le pauvre Auguste balbutie, se trouble. Il n'est pas à l'aise en société. Sa voix se place avec difficulté : inflexion grave suivie tout à coup d'une prononciation dentale, accompagnée d'un hochement de tête que sa compagne Rose lui reproche souvent. Il sait qu'il n'est guère séduisant.

« Venez voir, monsieur Rodin, ici. » Chaque jeune fille réclame ses conseils. Le sculpteur donne des recommandations précises, rapides. Camille l'écoute un peu en retrait. Cet homme à l'air gauche, mal assuré, devient sobre et rapide dès qu'il parle sculpture. Il semble grandi. Une autorité, une énergie insoupçonnées. Les mains montrent, caressent, reprennent la terre mouillée. Soudain, il attrape le crayon et dessine un détail sur un bout de papier. Camille ne détache plus ses yeux des mains du sculpteur. Le buste « puissant »... Jamais elle n'a entendu de pareils conseils. Rien n'est laissé au hasard. Un formidable praticien. Elle a devant elle un admirable artisan, qui reprend, affine, complète la matière. Les indications lui apparaissent lumineuses. C'est de la vie qu'il manie. Il la voit partout et la restitue avec passion, avec force.

Voilà qu'il s'est tourné brusquement vers elle. « Le buste de votre jeune frère est presque achevé. Je suis étonné du modelé des oreilles, la coquille des oreilles, très fine. Les paupières bien fendues... le regard... La vie est partout. Le difficile, c'est de la voir. Or, la vie est belle partout. Modeler uniquement pour les profils ; essayer constamment les profils dans une proposition déterminée et toujours constante. Il suffit de regarder, de comprendre et d'aimer. Par contre son *David et Goliath* est beaucoup trop contrasté. Il faut de la douceur, de la blondeur dans le modelé. Ici trop contrasté, violent, noueux... »

Camille accepte mal les critiques. Son cœur bat avec violence. Elle a envie de lui casser le plâtre sur la tête. Il n'a pas raison. Enfin, pas entièrement. Elle aime ces noirs et ces blancs, ces contrastes du modelé. « Observez le dessin de Léonard de Vinci, Michel-Ange. Entre le noir et le blanc, il y a une infinité de gris, de gris sombre, de blanc, de beige... » Camille sait que Monsieur Rodin a raison. Mais elle n'aime pas ces milles nuances des sculptures qui affadissent la ligne parfois. Elle rêve d'une ligne unique. Elle aimerait sortir une sculpture qui soit un seul point, une seule diagonale. Quelque chose de si épuré qu'il ne reste plus que l'écorce du mouvement. Mais c'est vrai aussi, Monsieur Rodin n'a pas tort de parler du modelé. Combien de sculpteurs se moquent d'un détail mal dégrossi ? Du moment que l'aspect général est là, ils sont satisfaits. Les infidélités du metteur au point ou du praticien ne les gênent guère, lorsqu'ils grattent le marbre jusqu'à ce que le modelé ait entièrement disparu. Elle se rappelle encore avec colère le dénommé Eugène qui lui avait gâché le seul bloc de marbre qu'elle eût eu jusqu'ici. Il grattait, pensant à autre chose, et l'arrondi du poignet avait disparu ; elle l'aurait tué ! Il avait anéanti le résultat de longs mois de labeur. Jamais plus elle ne laisserait toucher à ses marbres. Elle serait praticienne elle-même. Non, ce qu'elle voulait trouver, au lieu de gommer les détails, de faire de la sculpture en gros, c'était une façon de rendre « l'idée » même du modèle.

« Pardon, mademoiselle. C'est à mon tour. Est-ce que vous accepteriez de venir travailler dans mon atelier ? » Camille cherche comment elle pourrait...

« Camille, Camille... Monsieur Rodin vous parle depuis un moment, et vous n'écoutez pas. Décidément, vous n'y arriverez jamais tous les deux. Quand l'un parle, l'autre est au royaume des songes ! »

Camille rougit brusquement, violemment, balbutie, recule, avance... « Monsieur Rodin, je... » Elle recule à nouveau, heurte le seau d'eau qui éclabousse le sol. Monsieur Rodin a les pieds dans l'eau. Camille est épouvantée. Lui semble vraiment ahuri. Les jeunes filles se précipitent. Hors d'elle, Camille sort en claquant la porte. Cet homme l'embarrasse. La voilà dehors, il pleut à verse ; voilà, il n'y a qu'à elle qu'arrivent des choses pareilles ! Mais pourquoi la regardait-il avec ses petits yeux de myope ? Elle le déteste. Et puis ces critiques, de quel droit ? Elle marche à grandes enjambées. Et si cela lui plaît à elle de contraster violemment. Elle est une femme. Alors, il lui faudrait faire gentil, doux et tendre ! On lui parle de blondeur, de belles harmonies, d'élégance, pourquoi pas ? « Tenez-vous bien. » « Camille, tu es une femme. » « Camille, regarde tes mains. » Et si, justement, elle aime bousculer, renverser, tailler à vif...

« Hé, attention, ma petite demoiselle, vous allez vous faire renverser ! » Camille n'a pas vu la voiture et les lourds chevaux. Elle recule. Que fait-elle, là, trempée,

idiote, ridicule ? Elle se souvient, mais que disait-il ? Ah !
oui, de venir travailler chez lui. Mon Dieu, c'est ce qu'elle
a toujours espéré. Entrer dans un atelier de sculpteurs,
d'*hommes* sculpteurs, d'artistes mâles — comme ils
disent — ceux que l'on considère *sérieusement*. Elle fait
brusquement demi-tour, heurtant une grosse dame qui
part en grommelant. Un chien lui passe entre les jambes.
Elle déteste les chiens. Ils viennent toujours se frotter contre elle, ils sentent la pisse. Elle court dans l'autre sens
maintenant. « Les blondeurs, les blondeurs, je t'en don-
nerai des blondeurs. » Elle est noire, Camille la noire,
comme sa mère l'appelait, la noiraude, la maure.
« Cacha-Diablo » Elle monte les quelques marches qui la
séparent de l'atelier rue Notre-Dame-des-Champs.

Monsieur Rodin n'est pas là. Monsieur Rodin n'est plus
là. Il n'y a plus personne. Quelques lignes écrites, mala-
droites, tremblantes :

> « *Venez quand vous voulez à mon atelier. Atelier J, rue
> de l'Université — ou l'atelier H du Dépôt des marbres.
> J'aime aussi les contraste.* »

Il n'y a pas de *s* à contraste. Elle regarde l'écriture.
Quelqu'un a épongé l'eau par terre. C'est elle maintenant
qui ruisselle. Cheveux plaqués, yeux brûlants, son corps
tremble. Elle s'aperçoit dans le miroir : les boucles sont
devenues de médiocres torsades qui coulent le long de son
col, la robe est comme un chiffon tordu, un haillon. Elle
ressemble à une mendiante, à la Madeleine de Donatello.
Elle ne ressemble pas à une belle jeune fille.

Elle fait la grimace, attrape un torchon et se frotte
vigoureusement la tête. Elle défait sa robe et la secoue
comme elle aurait fait de la salade à Villeneuve. Le soleil
perce à nouveau. Un coup de soleil et tout sera réparé.
Tout le monde a dû aller déjeuner. Camille s'est drapée
dans un châle en attendant. Elle s'assied et regarde son

groupe. Monsieur Rodin n'a pas tout à fait tort. Il est trop contrasté. C'est laid. Le genou, là, la jambe est pointue, désarticulée. Camille se lève et se met à détruire le plâtre. Inutile de garder les erreurs. Elle détruit tout, prise d'une rage irrépressible. Jamais elle n'arrivera à ce qu'elle veut. Tas de poussière. Elle va recommencer. La jeune fille est tout à fait réchauffée maintenant. La robe séchée. Camille tresse ses cheveux, arrange un chignon. Camille est à nouveau stricte, impeccable. Il faut qu'elle rentre déjeuner chez elle. Elle avait oublié. Les cousins l'attendent, ils sont venus de Villeneuve.

Elle n'aura en tout cas pas une minute d'hésitation. Il faut qu'elle progresse. Seuls les mauvais artistes ont peur de perdre leur personnalité.

Elle ira chez ce Monsieur Rodin qui apprécie tant les blondeurs.

Siegmund et Sieglinde

Sieglinde
Si c'est Siegmund
que je vois ici,
je suis Sieglinde
qui aspire à toi :
ta propre sœur,
tu l'as conquise en même temps que le
glaive !

Siegmund
Te voici, pour le frère,
épouse et sœur :...

RICHARD WAGNER, *La Walkyrie*, Acte I, 3.

« Regarde Camille. Monsieur Rodin t'a apporté un cadeau. » Camille regarde l'énorme objet enveloppé de chiffon qui occupe tout le milieu de l'atelier. Posé sur une sellette, le buste encore dissimulé derrière son emballage a l'air d'un gros balluchon.

Camille a vingt ans. Presque vingt ans. Née au mois de décembre, elle croit toujours être plus vieille que son âge réel. Lorsque le 1ᵉʳ janvier arrive, elle change d'âge, oubliant qu'un mois plus tôt elle a déjà gagné ou perdu une année. Il fait beau par cet après-midi d'automne. Camille, légèrement essoufflée, avec sa robe claire et son col de dentelle, se tient toute droite dans le soleil. Virginia la regarde. Elle a grandi encore ; quelque chose de nouveau semble émaner d'elle. Ce n'est plus la jeune fille de l'année dernière et, même si elle éclate toujours de son grand rire, par moments une gravité, un mystère transparaît. Une autre Camille charnelle ; ronde par moments, alors qu'elle est toujours aussi mince dans ses robes, mais la peau du visage est plus brillante...

« Mais ouvre, dépêche-toi. » Camille s'approche du paquet blanc, lumineux.

« On aurait dit un amoureux avec son pot de fleurs.

— Ah ! ton Monsieur Rodin !

— Ce n'est pas *mon* Monsieur Rodin ! » Camille s'est retournée, violemment.

« Allez, calme-toi. Nous l'adorons toutes et...

— Nous sommes jalouses, c'est tout.

— Tu sais, l'autre soir... Tiens, encore une soirée que tu as manquée.

— Mais qu'est-ce que tu fais de tes soirées ?

— Je lis.

— *What an idea !*

— Je lis. Je m'inspire, je cherche des sujets. Tiens, l'autre dimanche Paul et moi, nous avons assisté à la *Walkyrie*. Tu sais, au concert ; j'y vais avec Paul... »

Camille s'avance, elle ne parle plus. Elle devine ce que Monsieur Rodin a apporté. Vite, elle défait les linges, avec la gravité d'un cérémonial. Peu à peu elle sent le dur de la terre cuite — non, qu'elle est bête ! C'est un bronze, mais ce n'est pas possible ! Elle est là, en bronze, mais comment a-t-il eu le temps ? Comment a-t-il fait ! Et le bronze !

Les jeunes filles se sont tues. Impressionnées par cette masse qui éclate de lumière au milieu de l'atelier. Camille est là tout entière, comme pétrie dans l'algue verte, comme sortie de l'eau, les cheveux collés tel un jeune garçon, robuste, guerrier antique, jeune Romain. Androgyne lointain, une sorte d'Hippolyte intouchable. Elle semble se retirer au milieu de ses forteresses, appartenant à une race ancienne — lourde du secret qu'elle porte.

Ses amies la regardent. Comment le sculpteur a-t-il pu saisir cet air qu'elle a parfois ? En ce moment précis, absente, retirée au-dedans d'elle-même, éclairée par le soleil qui filtre à travers les arbres du dehors, elle semble être la réplique du buste qui la regarde. Les cheveux, toujours mal coiffés, humides de transpiration, la frange collée au front, lui donnent cet aspect masculin que Monsieur Rodin a mis en relief. Camille est bouleversée. Depuis des mois il leur donne des cours, en remplacement de Monsieur Dubois. Bien des fois elle a vu ses yeux posés sur son travail à elle, mais jamais il ne lui a demandé de poser. Ah ! si, une fois. Soudain la scène lui revient en mémoire.

Ses amies devaient être parties. Il faisait chaud. C'était en juillet. Le soir, il y avait la fête à Paris. Il s'était attardé pour donner à la jeune fille quelques explications supplémentaires sur le buste de son frère. Elle n'arrivait pas à saisir l'air buté de Paul, ses seize ans un peu provocateurs. Elle écoutait attentivement. Soudain il y avait eu le silence. Camille se souvient : « Il faut absolument commencer par les profils. » Il l'avait prise par le coude et fait asseoir. Très vite, il avait dessiné quelques lignes de son profil à elle. Des gouttes de sueur avaient coulé dans son dos. Elle, assise dans cette pièce étouffante. Elle à dix-neuf ans, plantée immobile sur ce tabouret. Le silence, le bruit du crayon. Il posait les yeux sur elle et tout à coup, leurs regards s'étaient croisés. Il avait plissé un peu plus les yeux comme quelqu'un qui reçoit la lumière en plein visage, et lâché le crayon. Elle le regardait, l'air étonné, prête à se moquer de sa maladresse, railleuse comme elle l'était avec son frère. Mais aucun son n'était sorti de sa bouche. Une douleur la tenait comme rivée à son siège. Une douleur sans douleur, un coup dans son ventre, très bas, comme si le tabouret entrait en elle doucement, quelque chose comme un désir, un désir de se laisser répandre. Etrangement liée à lui, cette envie devenait une folie. Folie de lui dire : « Monsieur Rodin, s'il vous plaît, mettez votre main là sur le bas de mon ventre. » Voilà ce qu'elle voulait. Cette main qu'elle venait de voir se poser sur la tête de son jeune frère, sur le buste auquel elle travaillait, l'avoir sur elle, la sentir. Comme s'il sculptait en elle, dans son ventre. Le silence s'était perpétué. Elle voulait parler et lui, ses lèvres dessinaient des mots qu'elle n'entendait pas car il ne disait rien, plus rien. Le bruit du crayon tombant par terre avait tout brisé — mais non, le crayon elle l'avait vu s'échapper des mains et voilà qu'elle l'entendait seulement maintenant. Combien de temps avait-il donc mis pour tomber ?

« Camille, ton ombrelle, là, par terre. Elle est cassée. » Camille se secoue, six paires d'yeux la regardent, un peu ironiques.

« De toute façon, je ne l'ouvre jamais. Alors... Et puis qu'est-ce que vous avez toutes ? On dirait que vous n'avez jamais vu de buste. Vous êtes comme des crapauds, là ! Et puis d'ailleurs, ce n'est pas moi.

— Ecoute, Camille, tu exagères.

— Non, je suis affreuse. Regarde, Nancy, un gros garçon joufflu. Voilà ce qu'il a fait de moi, un garçon épais. Et puis j'en ai assez de Monsieur Rodin ! Qu'est-ce qu'il a besoin de nous assommer avec ses œuvres ?

— Ecoute, Camille, tu nous ennuies. Tu es odieuse !

— Taisez-vous !

— Toi aussi, espèce de poule caqueteuse.

— Moi, une poule caqueteuse ? » Camille s'est jetée sur Virginia. Les deux jeunes filles se battent.

« Mais arrêtez, arrêtez, folles. Vous êtes folles. » Un grand cri a retenti. Camille vient de déchirer par-derrière la robe de Virginia. Un grand coup de patte, comme une tigresse. Le jupon blanc de Virginia est relevé, dévoilant ses cuisses. La robe pend de chaque côté. Camille, écrasée sous le poids de son amie, a entendu l'horrible bruit ; elle regarde Virginia, hébétée. Sa bouche saigne, abîmée par le bijou que portait la jeune Anglaise.

« Et les raisins ?

— Quoi, les raisins ?

— Nous avions posé des raisins, là, pour nous désaltérer.

— Hein !

— Pardon. » L'homme se racle la gorge ; les jeunes filles s'écartent : Monsieur Rodin est là. « Pardon de vous déranger. Je voulais savoir si Mademoiselle Camille avait des remarques à me faire. C'est à moi de prendre une leçon aujourd'hui, mais s'il vous plaît, je ne suis pas doué pour la lutte. J'ai horreur de la violence et je préfère tout de suite prendre mes jambes à mon cou plutôt que de me mesurer à l'une d'entre vous. »

On rit. Camille essaie de se relever. Ses amies lui tendent une main secourable. « Un peu de patience, monsieur Rodin, nous allons remettre de l'ordre. »

Monsieur Rodin est ébloui. Auguste aime de plus en plus cet atelier. La jeunesse, la gaieté de ces jeunes filles lui font oublier les soucis qui l'accablent. Un peu de soleil dans sa vie. Voilà ce dont il manque. Un peu de tendresse. Ah ! s'il avait une fille. Il pense à son jeune fils Auguste qui a maintenant plus de vingt ans et qui a encore disparu. Ah ! s'il avait une Camille.

« Voilà, monsieur Rodin. » Les deux jeunes filles se sont drapées d'un châle.

Il aime les femmes, Monsieur Rodin. Ces jeunes femmes moulées dans leur cachemire, l'une brune et fière, l'autre blonde, plus petite, un peu grassouillette même, comme il aime à les regarder, les voir marcher, se pencher l'une vers l'autre. Rose était comme elles, autrefois, lorsqu'il l'avait rencontrée, il y a de cela presque trente ans déjà. Mais pourquoi avait-elle vieilli si vite ? Et ces crises continuelles de jalousie. Heureusement, il avait trouvé ce havre de paix, cet atelier de jeunes filles...

« *A cup of tea.* » Monsieur Rodin est en retard. Il n'aurait pas dû passer. Mais il voulait savoir. Savoir si le cadeau faisait plaisir. Camille le regarde en ce moment même tandis qu'il reprend son chapeau. Elle le regarde, avec un sourire un peu en coin, retenant pudiquement le châle prêt à glisser. Elle le regarde et lui sourit.

« Restez un peu, monsieur Rodin. » Elle le prend doucement par le bras. « Mon buste est si beau... je voulais vous dire... je... » La voilà qui se trouble ; la grande jeune fille timide penche la tête de côté et s'appuie une seconde à peine contre l'épaule de son professeur. « Sans commentaires, Monsieur Rodin. » Et elle éclate de son grand rire comme pour excuser sa maladresse. Puis, comme une enfant, elle ajoute : « Je peux le garder ?

— C'est vous. Il est à vous. Pour vous. » La main du sculpteur montre le buste comme pour le remettre en place, puis il balbutie quelques mots.

« A demain, mesdemoiselles. » Il est déjà parti. Là-bas on l'attend. Camille reste pensive.

« Eh bien ! Camille... mais qu'est-ce qui t'arrive ? » Son frère Paul. « Tu as oublié ? Je devais venir te chercher. J'ai croisé Monsieur Rodin. Il est affreux. Il serait parfait dans le rôle du gros Falstaff.

— Ah ! tais-toi, petit poulet sans crête ! » Paul n'est

pas à son aise devant ces jeunes filles. Il a envie de les agresser, ou de leur taper dessus. Il les trouve bruyantes et prétentieuses. « Attends, ma robe sèche. »

Paul s'est arrêté. Il est subjugué par le buste qu'il vient d'apercevoir : « Mais, c'est moi.

— Quoi, c'est toi ?

— Là, c'est moi.

— Mais non, idiot, c'est moi, c'est Monsieur Rodin qui m'a sculptée. Si tu crois que j'ai assez d'argent pour te couler en bronze.

— Il a raison ton frère. Tiens, va chercher le buste que tu as fait de lui avant les vacances. »

Camille hausse les épaules et retire d'un coin le buste de son frère Paul. C'est vrai. Elle ne pensait pas être si semblable à lui. Les jeunes filles regardent les deux bustes côte à côte : surprenant ! « Des jumeaux ! Vous êtes comme des jumeaux ! »

Camille est stupéfaite. Ce n'est pas tant la ressemblance entre son frère et elle qui l'inquiète, mais plutôt la similitude des deux bustes. Monsieur Rodin et elle ont sculpté de la même manière. C'est avec lui qu'elle est jumelle. Déjà l'année dernière — comment s'appelait-il ? Ah ! oui — Léon Lhermitte, après le Salon, avait écrit à Rodin : « *C'est avec infiniment de plaisir* — Camille se rappelle encore les termes exacts de la lettre que Rodin lui avait transmise — *que j'ai vu la figure d'enfant de Mademoiselle Claudel. Cela fait on ne peut plus penser à votre enseignement.* »

Camille regarde les deux bustes. On ne sait peut-être pas qui est Paul, qui est Camille, mais on ne sait pas non plus qui a sculpté, de Monsieur Rodin ou de Mademoiselle Camille !

« Camille, tu te dépêches. Nous allons être en retard.

— Attends, viens à côté. » Camille attire son frère dans la petite pièce où la robe finit de sécher. Paul est soulagé. Il n'aime pas le regard de toutes ces donzelles.

« Tu as l'air triste.

— Non.

— C'est Collardeau ?

— Oh ! non, tu ne vas pas recommencer avec Collardeau !

— Cette fois-ci tu l'as eu, ton baccalauréat.

— Oui, mais pas un seul prix — et sans mention. Père est désespéré. Il me voyait normalien à seize ans. Il me reparle de Collardeau qui raflait toutes les premières places. Il dit que je ne suis pas de taille pour la rue d'Ulm. » Paul a marmonné entre ses dents.

« Attends, mon petit Paul, je m'habille, nous allons en parler, tu es vert comme un poireau. » Camille a jeté son châle et attrapé sa robe. Paul la regarde : ses belles épaules dans le soleil, le jupon blanc, le corset, le cache-corset. Paul la regarde, ébloui, mais un peu mal à l'aise aussi. Elle a passé sa robe par-dessus la tête. « Tiens, aide-moi. » Paul n'y arrive pas, il s'emmêle avec les boutons.

« On dirait un canard qui a mangé du cassis maintenant. Allez, viens ! » Camille recouvre les deux bustes soigneusement, donne un coup de pied rageur à l'ombrelle devenue inutilisable. « A demain. *Good night, Virginia.* » Les jeunes filles s'embrassent. Paul ne supporte pas toutes ces démonstrations. Il est déjà dehors.

« Tu es toujours aussi aimable, mon cher Paul ! Tu es comme un boulet de canon. Soit tu fonces tête baissée, soit tu te fiches en terre sans bouger, comme si tu t'enfonçais.

— Ne commence pas.

— Qu'est-ce qui ne va pas ? » Les deux jeunes gens marchent à vive allure.

« J'étouffe. Je veux partir.

— Tu étais content de ton professeur, Burdeau !

— Oui, il est très remarquable. L'homme est remarquable, mais toutes ces théories... Rien à faire. Aucune lumière ne sort de là. Maman est sinistre. Louise fait la tête toute la journée. Toi, tu es de moins en moins là. Tiens, tu sais comment on m'appelle au lycée ? "le Sourd et le Muet". Muet. En plus mon accent les fait rire. Heureusement il y a *Le tour du monde*. C'est le seul moment agréable : lire *Le tour du monde*, "La Chine". »

Camille s'arrête. Elle regarde ce frère plus jeune qu'elle. C'est vrai qu'ils se ressemblent mais comment lui dire ? Comment lui faire comprendre qu'elle aussi partira ? Qu'elle aussi veut aller en Chine et plus loin ? Ils sont arrivés au Luxembourg. Le parc est magnifique, broussailleux, doré. Camille a vaguement un air qui lui est resté dans la tête, plutôt un rythme lancinant ; Paul le reprend :

> « *Je ne puis m'appeler Friedmund* [1]
> *Je voudrais être Frohwalt* [2]
> *Mais je dois me nommer Wehwalt* [3]. »

Camille taquine son frère. Elle a arraché une légère branche.

> « *Siegmund*
> *C'est ainsi que je te nomme.* »

Paul éclate de rire, arrache la branche à Camille et tous les deux commencent à courir. Pauvre Wagner ! « Hors du fourreau ! A moi. Notung ! Notung ! » Epée du frère et de la sœur.

Camille s'arrête. Paul la regarde. Il a retrouvé la petite fille des bois de Chinchy. Leurs escapades.

« Tu sais — tu as vu les deux bustes, le tien et celui

---

1. *Friedmund* : qui tient la paix.
2. *Frohwalt* : qui possède la joie.
3. *Wehwalt* : qui possède la douleur.

qu'a fait Monsieur Rodin de moi — tu as vu comme ils se ressemblent. On dit que je sculpte comme lui.

— C'est pas malin. Il a copié ce que tu as fait. Cela ne te ressemble pas d'ailleurs. Tiens, lui, je cherchais, il ressemble au vieux Hunding ! Tu sais, le gros qui tient Sieglinde enfermée et se bat contre Siegmund. De toutes les façons, je le déteste. »

Camille s'est redressée, rouge de violence contenue. Elle arrache la branche à Paul et lui cingle la poitrine. « Il est mieux que toi, espèce de gringalet. D'ailleurs j'ai décidé. J'entre dans son atelier la semaine prochaine. Tu ne me verras plus. Et puis, je n'ai pas de temps à perdre à tes concerts. Trouve quelqu'un d'autre. Espèce de malotru. Bouc puant ! »

La jeune fille s'éloigne, à toute allure. Paul est blessé à mort. Il la déteste à ce moment-là. Vulgaire, elle est vulgaire...

Camille se sent épouvantablement triste. Pourquoi a-t-elle été si méchante ? Son drôle de jumeau. Pourtant c'est avec lui qu'elle a partagé déjà tant de choses. « Mon petit Paul. » Ils auront le temps, ils ont le temps, ils iront un jour en Chine et dimanche à son concert comme d'habitude. Mais pour ce soir, bernique, la soirée chez Madame Adam est fichue. Il devait y avoir Mallarmé, Debussy, un jeune musicien, peut-être même Rodin, Monsieur Rodin ! Demain, elle lui dira qu'elle accepte. Enfin un vrai atelier d'hommes.

LETTRE DE L'ASILE

« *Ta sœur en exil.* »

« C. »

L'atelier

« ... Les plus beaux sujets se trouvent devant vous : ce sont ceux que vous connaissez le mieux...

« Le grand point est d'être ému, d'aimer, d'espérer, de frémir, de vivre. Etre homme avant d'être artiste !... »

Testament d'Auguste Rodin.

Ce matin, il fait froid. Glacé même. Camille a vingt ans. Jamais elle ne se lassera d'approcher de l'atelier. Elle se lève dès qu'il fait jour. Elle ne veut pas perdre une onde de lumière. Depuis quelques mois, elle travaille chez Monsieur Rodin. Son petit chapeau sur la tête. Sa mère ne veut pas céder : Camille a vingt ans, mais elle doit être coiffée convenablement. Une fois sur deux, Camille arrache l'horrible coiffe noire qu'elle déteste. Mais il fait froid ce matin, et Camille se serre dans son grand manteau un peu léger pour la saison. Sa mère n'avait pas assez d'argent pour lui acheter un plus gros vêtement. Et puis : « Camille, tu peux te contenter de cela. Louise est fragile et Paul ne cesse de changer. » Alors Camille avait gardé le vieux manteau qu'elle aime bien.

Peu de gens dans la rue. Il neige un peu et Camille sent avec plaisir les petites lèvres des flocons qui la mordillent gentiment, se glissent derrière son oreille, dans son cou, sur le bout de son nez...

Peut-être sera-t-il déjà là ? Souvent Monsieur Rodin est le premier à l'atelier. Camille s'inquiète. Souvent aussi il semble absent, presque hostile avec elle, et puis soudain il lui demande son avis, un conseil. Elle était entrée chez lui au mois de novembre. Elle revoit encore la première journée ; jamais elle n'oubliera, jamais.

Elle n'avait rien dit à personne, ni à sa mère, ni à son frère. Son père était absent, elle ne le voyait que le dimanche, et sa sœur Louise, qui avait dix-huit ans, cherchait avec énergie le fiancé qui lui offrirait ce dont elle rêvait. Camille avait donc caché qu'elle entrait ce jour-là chez Monsieur Rodin. Ce jour-là...

... Ce jour-là... La marche, les jambes qui deviennent rigides, les mains qui se dérobent, le cœur qui bat, le cœur qui claque, vous écrabouille la figure. Et si Monsieur Rodin avait changé d'avis. Et si personne ne voulait d'elle, tous ces hommes là-bas qui travaillaient avec lui. Elle les connaît tous par leur nom : Antoine Bourdelle, Antonin Mercié, Falguière, Jules Desbois.

Dix fois, vingt fois, cent fois, elle avait fait un détour pour apercevoir le Dépôt des marbres. Elle n'avait pas osé aller jusqu'à l'atelier, entrer dans cette cour. Souvent, des dizaines de fois, elle avait aperçu les vieux marronniers à l'intérieur, la pelouse épaisse. Porte 5, porte 5, combien de fois ne lui avait-il pas dit : « Venez un samedi, porte 5 », mais non, elle ne voulait pas venir en visiteuse, elle voulait arriver par la grande porte — celle des sculpteurs que le maître acceptait à ses côtés.

Elle s'était décidée avec sa brusquerie habituelle. Monsieur Rodin lui donnait des conseils sur le buste de son père qu'elle venait de terminer — ou qu'elle croyait avoir terminé. Il avait passé une main fatiguée sur son front, avait approché un tabouret, et s'était assis lourdement. Camille, inquiète, ne disait plus rien. Lui regardait son buste et quelque chose au loin qu'elle ne saisissait pas bien. Ses amies anglaises étaient parties déjeuner, il était venu plus tôt que d'habitude. Camille se tenait là, à ses côtés. ne sachant si elle devait parler. Elle avait pensé d'un seul coup à son père : elle regardait Rodin assis là, et elle se disait qu'elle aimerait mettre sa main sur son front, lui dire qu'elle était là — son père, lorsqu'elle était enfant, lui prenait les mains pour les poser sur son front.

« Tu me soulages, ma petite Camille, j'ai tellement mal par moments. Des maux de tête... » Camille observait la pâleur du visage de Monsieur Rodin. « Tes belles mains, ma Camille, tu me soulages avec...

— Monsieur Rodin, vous n'êtes pas bien ? »

Il avait relevé brusquement la tête, les yeux hagards. « Mon père est mort. Mon père fou. Mon père à l'asile... » Il avait éclaté de rire, avait balbutié : « Pardonnez-moi. Ce n'est pas drôle... Mais mon fils est alcoolique. Tout cela n'a pas d'importance... L'art n'est que sentiment. »

Camille se souvenait encore de la date : le 26 octobre 1883. Il s'était levé avec presque de la méchanceté, s'était tourné vers elle : « J'aimerais connaître votre père. Le buste que vous avez fait m'a bouleversé. Pardonnez-moi. Si vous vouliez venir travailler avec moi, vraiment, cela me ferait plaisir.

— Je viendrai après-demain. »

Il l'avait regardée comme si elle se moquait. « Atelier J,

porte 5. Au fond la porte 5. » Puis il avait disparu en renversant une chaise au passage.

Maintenant elle était là, devant le Dépôt des marbres. Ce jour-là, elle s'en souvenait encore, ce jour-là le froid d'un soleil blanc, agressif, le silence de la cour. Camille était entrée. Camille s'avançait à l'intérieur du Dépôt des marbres. Silhouette perdue au milieu des blocs de marbre. Avec ses cheveux qui lui tombaient jusqu'au creux des reins, elle semblait si jeune. Sa main s'était posée délicatement sur un bloc qui attendait là. Un jour, elle taillerait directement le marbre. Comme Michel-Ange. Ce jour-là, Camille s'en souvient — les lettres sur les portes qu'on regarde deux fois, la lettre L, la lettre J et on regarde plusieurs fois, elle s'était reculée pour être sûre. Le bruit au loin des praticiens qui heurtent la pierre. La porte qu'on ouvre, la poussière, le bruissement des voix, l'impression d'une multitude, elle ne voyait plus rien, seul l'atelier gris, gris cendre, la verrière. Elle avait pensé : une cellule, la cellule d'une bastille, les selles, les tables, les caisses retournées, partout des œuvres qui la regardaient de leurs yeux dévorants et immenses. Là, qu'est-ce que c'était ? Ce jour-là, le silence. Elle l'entend encore le silence. Pourtant, en ouvrant la porte, elle avait entrevu beaucoup de monde, entendu même comme un vacarme. Ce silence et seule, brutale, une voix : « Une femme ! » Quelques rires ici ou là comme les fleurs qu'on jette à la fin de la représentation. « Et jolie », avait ajouté quelqu'un, « un beau brin de fille ».

Camille avait refermé la porte, un peu brutalement, relevant la tête. « Je suis sculpteur. » Une fille modèle à moitié dévêtue s'était plantée devant elle, abasourdie. Camille avait pensé : « Voilà une amie ! » Elle lui avait répété : « Je suis sculpteur. » La rousse l'avait regardée, déshabillée de son regard un peu glauque. Elle avait répété un peu stupidement : « Un sculpteur ! Toi, t'es

135

sculpteur ! Une femme ! » Elle éclatait maintenant de son rire gras : « Vous l'entendez, vous autres ! Madame est sculpteur ! »

Camille percevait encore l'écho du rire bruyant. Quelques modèles, quelques hommes avaient suivi ; ils riaient tous à gorge déployée. Une main avait pris par le cou la belle voluptueuse, la moqueuse, et l'avait délicatement déplacée. Monsieur Rodin était là. Sa voix un peu timide avait rétabli le silence : « Je vous présente Mademoiselle Camille Claudel. Je lui ai demandé de venir travailler chez moi. Elle est sculpteur. Et même un grand sculpteur. »

Jules Turcan, Antonin Mercié avaient été charmants. En un rien de temps, elle avait eu sa petite chaise, la sellette, tout ce qu'il fallait. Ce jour-là, elle ne l'oubliera jamais. Dès qu'elle avait commencé à pétrir, le regard oblique des autres sculpteurs ne la quitta plus. Il ne leur avait pas fallu longtemps pour comprendre qu'ils étaient en présence d'une grande artiste. Et belle de surcroît.

Curieusement, les hommes se tenaient à distance, inquiets, n'osant plaisanter. Elle était d'une autre race. Elle leur faisait comme peur. Ni Jules ni même Falguière ne l'invitaient jamais. Curieusement, malgré l'estime et l'admiration qu'elle suscitait, Camille se sentait très seule, comme s'ils lui reprochaient ou sa beauté ou son talent, lesquels, conjugués, les plaçaient sur un terrain difficile. Virginia, par exemple, qui n'était pas belle, lorsqu'elle venait voir Camille avait tout de suite une cour autour d'elle. Les sculpteurs lui montraient leurs œuvres, lui demandaient où en étaient ses sculptures. Jane, au contraire, grande, blonde, se voyait à chaque fois invitée pour la semaine. Ni la sculpture, ni sa beauté ne lui attiraient une marque de camaraderie. Elle était là, Monsieur Rodin l'avait fait venir, ils la félicitaient, ils l'admiraient, ils l'enviaient, mais lorsque l'atelier était fermé,

Camille était abandonnée. Cela lui était égal, elle lisait, visitait des musées, des expositions, seule, ou dessinait, en quête d'un détail insaisissable.

Plus dure encore était l'attitude des modèles à son égard. Dans cet atelier d'hommes, les femmes modèles semblaient humiliées par sa présence. Yvette qui la première l'avait saluée si gaillardement la détestait tout particulièrement. Avec sa voix traînante, elle ne manquait pas une occasion de dire : « M'déshabiller devant Madame, ah ! ben non alors ! » Souvent il avait fallu toute la patience et la volonté de Monsieur Rodin pour éviter la bagarre pure et simple. « T'as vu la sculpteur ! Y'en a pus qu'pour elle ! Mam'zelle Camille par-ci... » Ce jour-là, non. Camille ne l'oublierait jamais. Ses yeux bleu foncé s'étaient assombris un peu plus.

Elle ne trouvait pas sa place — ni parmi les hommes, ni parmi les femmes. Ses amies anglaises même ne riaient plus comme auparavant avec elle. Alors Camille s'était mise à travailler deux fois plus. Silencieuse sur sa petite chaise. Elle arrivait l'une des premières, écoutant peu les bavardages de l'atelier, sourde aux plaisanteries obscènes qui, au début, la faisaient rougir. Les modèles essayaient de la mettre hors d'elle, mais très vite son obstination les avait fait taire. Maintenant l'événement de son entrée à l'atelier semblait peu à peu s'estomper. Seule Yvette ne désarmait pas.

Même le père de Camille n'avait pas compris sa décision : « Tu es un grand sculpteur. Pourquoi vas-tu travailler chez lui ? C'est un renoncement. » Camille pensait tout le contraire. Depuis quelques mois, elle se précipitait à l'atelier J de Monsieur Rodin. Lui seul partageait avec elle un identique idéal de beauté et de vérité. Lui seul faisait de l'art, les autres n'étaient bons que pour les moulages sur nature. Ils copiaient servilement. Lui seul transfigurait la réalité.

Ce matin, comme beaucoup d'autres, Camille se hâtait. « Tu vas sacrifier ton originalité. » La première grande dispute avec son père. Il avait tapé sur la table : « Méfie-toi, Cam', tu vas tout y laisser. Ta personnalité... Il a très mauvaise réputation. Sa première sculpture, je ne sais laquelle, là...

— L'homme qui marche, papa, *L'âge d'airain*.

— Oui, eh bien, quel scandale ! Il l'a copiée.

— Moulée directement, tu veux dire. Mais écoute, papa, justement ils se sont tous trompés, tellement la sculpture était admirable. Ils ont cru qu'il l'avait moulée sur le corps du soldat qui avait posé pour lui. Mais tu sais bien. Boucher te l'a même raconté. Boucher est allé trouver Dubois, le directeur des Beaux-Arts, et, accompagné par son ami Henri-Antoine Chapu, un confrère, ils ont vérifié que Rodin arrivait même à sculpter de mémoire. Sans modèles. Il y a eu une pétition : Carrier-Belleuse le sculpteur, Falguière, Chaplain, ils ont tous témoigné. Le secrétaire d'Etat aux Beaux-Arts s'en est mêlé. Rodin à l'époque a été officiellement réhabilité. Alors, ne continue pas à colporter les mêmes bêtises que les imbéciles.

— Ecoute, Camille, cela suffit. Je te dis que tu as assez de talent pour travailler seule.

— Ce sont les médiocres qui ont peur d'apprendre et qui s'enferment chez eux. Le temps efface toutes les signatures.

— Qu'est-ce que tu vas apprendre chez ce barbu ?

— Mais tu es complètement borné. Forcément, tu ne viens jamais à Paris. Ta province... »

Camille avait claqué la porte. Folle de rage. La première grande dispute. Elle s'en voulait en même temps. Pourquoi lui avait-elle lancé cette stupide remarque sur la province ? Il avait tout sacrifié pour elle. Louise le décevait, abandonnant peu à peu la musique, Paul renonçait à la rue d'Ulm. Son père qu'elle aimait sourdement, méchamment parfois, mais qu'elle aimait avec son visage triste, ses rides et ce sourire au coin des lèvres qu'il lui avait transmis.

Ce matin-là, Camille se pressait donc pour rejoindre l'atelier. Le visage de son père ne la quittait pas. Elle allait lui écrire, lui dire de venir. Ils déjeuneraient tous les deux. Elle lui dirait sa joie, son bonheur de devenir sculpteur et tout cela grâce à lui, à cet homme qui... Quel âge avait-il maintenant ? Cinquante-huit ans — déjà cinquante-huit ans.

Monsieur Rodin est là. Seul, dans l'atelier, avec sa blouse de sculpteur, il travaille déjà. Ses yeux bleus se posent sur Camille. Comment ose-t-on parler de sa myopie ? Chaque fois Camille est frappée par l'éclat insoutenable et direct de ce regard qui évoque pour elle un compas qui enserrerait les personnes, les objets — une formidable machine qui se met en branle, annote, compare, précise, mesure... deux pinces millimétrées qui vous délimitent, vous parcourent, vous percent de part en part et soudain le regard se voile, disparaît, se retire au-dedans de lui-même. Il semble par instants comme arraché à un sommeil, et il revient lentement de cette contrée lointaine où nul n'a accès.

« Camille, je suis heureux de vous voir. Regardez. » Monsieur Rodin se recule. Camille approche. Souvent il lui demande conseil. Malgré les regards envieux, Camille n'en tire nulle gloire. Intimidée, elle tente à chaque fois de lui donner la mesure exacte de sa pensée, de progresser avec lui. Ce matin, personne n'est encore là. Les deux sculpteurs se tiennent silencieux devant une statue. Camille a reculé d'horreur : une vieille femme assise est là, mamelles pendantes, tête lourde, vêtue de loques, le chignon maigre. Elle s'est assise là, comme si elle allait mourir dans ce matin glacé. Une dernière pose, une dernière station...

Camille regarde Rodin, les larmes aux yeux. La statue semble à quelques secondes de mourir. Camille avait bien remarqué depuis quelque temps que Monsieur Rodin était absorbé dans une ébauche de quelque forme humaine, mais comme il travaille sur plusieurs œuvres en même temps, elle avait oublié celle-là.

Camille se tourne à nouveau vers la statue. Rodin regarde Camille. Camille, terriblement jeune, presque fragile face à cette vieillarde. Le face à face des deux femmes qui dure, la grande question qui se pose — d'un côté la vie, ce corps qui éclate, celui de Camille qui réclame la joie sans fin ; et là, cet autre qui se dissout, s'anéantit. Rodin regarde la jeune fille prête à tout donner qui se tient à ses côtés — le jeune corps tendu, offert face à l'autre, le cadavre, la grande charogne au soleil de son ami Baudelaire.

> « *Quand je pense las ! au bon temps,*
> *Quelle fus, quelle devenue,*
> *Quand me regarde toute nue*
> *Et je me vois si très changée,*
> *Pauvre, sèche, maigre, menue,*
> *Je suis presque tout enragée !*
> *Qu'est devenu ce front poli,*
> *Ces cheveux blonds... »*

Camille écoute la voix basse de son maître qui égrène les vers de Villon. Elle les connaît. Il les lui a récités l'autre fois alors qu'il commençait à modeler. *La belle heaulmière.* Elle ne savait pas encore ce qu'il voulait réaliser.

« Moi, je la trouve belle ; terriblement belle. Seule reste l'âme. Je crois qu'elle raconte autre chose. Quelque chose de plus grave que la perte de sa beauté. Il y a là un appel, une prière, comme si elle disait : "Arrêtez, je ne joue plus. Laissez-moi me recueillir un instant, faites silence

140

que je laisse passer mon rêve immortel. J'ai le cœur à la torture mais je suis au-delà. Laissez-moi un instant pour arriver, avant d'être formidablement heureuse." Elle me fait penser à la Madeleine de Donatello, elle... »

Camille a tourné une nouvelle fois son regard vers lui. Il chancelle presque devant la lumière, l'âme qui brûle derrière ses deux prunelles, elle a jugé très haut, tout de suite, elle seule a su voir au-delà de la forme ; elle sait pénétrer le sens même de l'œuvre.

« Vous avez raison. J'ai repensé à ce que m'avait raconté Octave Mirbeau. Il faudra que je vous présente mon ami Mirbeau. C'est une histoire qui me hante. C'était la mère d'un modèle italien ; elle était venue à pied ici pour le voir avant de mourir — et il lui a dit : "Maman, je te fous à la porte si tu ne poses pas." Il me l'a présentée sans me dire que c'était sa mère. J'ai appris qu'elle était morte, il y a quelques jours. Je me suis mis à retravailler comme un fou. Qu'est-ce que cette femme a dû penser tandis qu'elle posait pour moi ? L'humiliation, la honte. Je lui avais demandé de se dénuder. Tout le temps, elle n'a rien dit. Elle baissait la tête. Est-ce que l'art excuse tout ? J'étais furieux quand il m'a raconté la vérité. Je l'ai mis à la porte. Et pourtant je ne regretterai jamais d'avoir fait cette figure. Etrange paradoxe des artistes. Jusqu'à la mort, Camille. Jusqu'à faire mourir pour trouver. Jusqu'à mourir soi-même pour trouver. »

« M'sieur Rodin ! M'sieur Rodin ! » La voix gouailleuse derrière eux, Yvette rigole. « Alors, toujours en cavale, M'sieur Rodin... *Roviens, veux-tu...* » Yvette commence à se dévêtir devant Monsieur Rodin. Il éclate de rire, elle lui jette un à un ses vêtements. Camille est rouge de colère. Comment peut-il changer aussi vite ? Soudain elle le voit flatter la croupe d'Yvette qui tend deux globes charnus vers lui. « Dépêchez-vous d'me faire, M'sieur Rodin, avant qu'j'devienne comme l'autre là. Votre vieille toute moche. »

141

Le soleil commence à chauffer. « J'prends un café pour m'donner du courage. Ça va encore durer des heures aujourd'hui ! » La peau laiteuse d'Yvette s'agite ; Monsieur Rodin cligne les yeux, la porte claque. Un à un, les sculpteurs arrivent, les modèles... Tout l'atelier devient chatoyant de lumière, de bruit, de joyeux bonjours. Camille a regagné sa petite chaise, encore toute troublée par l'histoire de Monsieur Rodin.

Il est là-bas, travaillant déjà à grands gestes précis sur un buste, un visage qui sort de la pierre. Par instants, il la regarde comme si elle posait. Il pose ses yeux sur elle hardiment, fixement, ses yeux de machine...

« Vous avez vu, les enfants ! Y'en a p'us qu'pour Mam'zelle le sculpteur ! Même qu'il la fait maintenant ! Y vient d'me l'dire. Moi j'attends qu'elle pose nue ! »

Camille s'astreint à rester calme. Elle relève la tête vers Yvette. « Pourquoi pas ? »

L'atelier s'est tu. Monsieur Rodin est absorbé dans son travail. Il n'a pas entendu.

« Hein ! M'sieur Rodin ! C'est Mam'zelle Camille qu'vous sculptez là ! Quel nom qu'vous allez lui donner ? "Buste de Mam'zelle Rodin" ? »

Monsieur Rodin recule, regarde son travail. Le soleil monte : la verrière commence à s'illuminer d'un soleil d'hiver encore enchiffonné dans son écharpe rouge.

« Non ! Cela s'appellera *L'aurore*. »

LETTRE DE L'ASILE

« ... Il paraît que mon pauvre atelier — quelques pauvres meubles, quelques outils forgés par moi-même — mon pauvre petit ménage, excitait encore leur convoitise !... »

L'aurore

« Dans la lumière éclatante d'automne
Nous partîmes le matin.
La magnificence de l'automne
Tonne dans le ciel lointain.
L'appel sombre du cor inconsolable
A cause du temps qui n'est plus
Qui n'est plus à cause de ce seul jour
                              [admirable
Par qui la chose n'est plus... »

PAUL CLAUDEL, *Chanson d'automne*

Septembre 1885. L'automne craquant comme les
aiguilles de pin de la butte de Chinchy. Mais elle n'était
plus là-bas dans le petit village. Le retour à Paris.
L'année qui revient. Depuis quelques semaines, Camille
était retournée à l'atelier de Monsieur Rodin. Il fait
lourd. Les Claudel viennent de dîner. La vieille Hélène
est là, fidèle. L'orage gronde au-dehors, mais aussi

au-dedans. La vieille Hélène le sent venir ; l'habitude du ciel lui a donné le don de lire dans les âmes. Camille dessine son frère. Paul lit. Louise tapote sur la table d'un air distrait. Seule Madame Claudel range consciencieusement la salle à manger. Camille crayonne trop nerveusement. Elle déchire la feuille de papier, la jette en boule, en prend une autre.

« Fais moins de bruit, Cam', je ne peux pas lire. »

Camille ne dit rien. Camille casse la mine de son crayon. Camille regarde sa mère.

« Mais qu'elle arrête, bon Dieu, qu'elle arrête un moment ! »

Camille a envie de partir, d'aller marcher dans les rues de Paris. Camille reprend une feuille. Camille ne dit rien. La vieille Hélène balaie les miettes et surveille. Il va se passer quelque chose. Elle connaît sa Camille par cœur. Et Paul ! Paul est dans un état ! Les doigts craquent, l'un après l'autre.

« Arrête, Paul ! »

Paul a dix-sept ans. Paul est inscrit à l'Ecole des sciences politiques, il étudie le droit. Paul regarde sa sœur avec une haine farouche. Il aimerait la chasser d'ici. Loin de lui surtout. Ah ! si elle pouvait lui foutre la paix ! Paul se tait et continue à lire. Louise tapote. Leur mère a sorti son vieux carnet de comptes et commence d'inlassables et longs calculs. Louise la déteste quand elle fait ses additions. Certes ils n'ont pas beaucoup d'argent mais cette mère qui ne cesse de compter ! Soir après soir... Louise ne dit rien et tambourine toujours sur la table. Elle enverrait bien tout promener. Madame Louise pense à son Villeneuve. Qu'elle était heureuse là-bas avec son père le médecin : elle revoit la petite place, l'automne tranquille, Monsieur Athanase Cerveaux — docteur en médecine, « Monsieur le maire » salué par tout le monde. Là-bas ils étaient respectés. Elle a dix-huit ans, au bras du père, et les réflexions des garçons ! Ah ! pourquoi avait-elle épousé Louis-Prosper ? Est-ce Paris qu'elle déteste ? Madame Louise-Prosper ne dit rien. Elle revoit les courses folles avec son frère, la vieille forêt, la fontaine de la S'bylle. Madame Louise compte les sous. Le soleil dans la rivière, les pièces d'or. Son frère dans la rivière. Pourquoi s'était-il jeté à vingt-trois ans dans la rivière ? Madame Claudel recompte les sous qui lui restent. Madame Claudel ne dit rien. La vieille Hélène attend. L'orage se fait toujours plus menaçant.

Paul se met à lire tout haut. Camille déteste ça. C'est comme s'il imposait à tout le monde de l'écouter. Et puis, il lit mal. Ses lèvres remuent comme celles de marionnettes. Mais qu'est-ce qu'il lit donc ? Camille écoute, à la grande stupeur d'Hélène. Normalement, elle se lève et s'en va, elle trouve toujours un moyen de l'interrompre ou bien encore elle prend un air de vierge conduite au martyre. Car elle la connaît sa Camille. Quand elle est butée, hypocrite, fermée, elle a un air à ne pas s'asseoir dessus. Paul continue à lire :

> « *Tu me déchires, ma brune,*
> *Avec un rire moqueur,*
> *Et puis tu mets sur mon cœur*
> *Ton œil doux comme la lune.*

> « *Sous tes souliers de satin,*
> *Sous tes charmants pieds de soie,*
> *Moi, je mets ma grande joie,*
> *Mon génie et mon destin,*

> « *Mon âme par toi guérie... »*

Louise a repoussé violemment la chaise. « Ce que vous pouvez être ennuyeux, tous ! Heureusement demain soir je dîne chez les Fleury. »

Louise ouvre le couvercle du piano.

« Non, Louise, il est tard. » Pan ! Clac ! Louise a refermé le piano, à clef même. Maintenant elle vient de lancer derrière elle la porte à toute volée. On n'entend plus Paul. Il continue cependant. L'atmosphère au lieu d'être détendue par le coup d'éclat provoqué par Louise se raidit encore. Hélène attend.

Je suis belle, ô mortels ! comme un rêve de pierre,
Et mon sein, où chacun s'est meurtri tour...

« Dieu ! Quelles âneries lisez-vous là, mes enfants ! »

Madame Louise-Prosper a dit un mot de trop. Camille s'est levée d'un bond. « Cela vaut mieux que tes simagrées devant la croix. En outre, tu ne crois à rien. Tu fais ça parce que tu as peur. »

Madame Claudel se lève à son tour, lentement. Elle a vingt ans à peine de plus que sa fille aînée. « Ce ne sont pas des simagrées.

— Tu fais ça parce que Papa n'est pas là. Ça te fait de la compagnie. Alors on fait comme tout le monde. Et je ramène le buis le jour des Rameaux. Et je me rassure près du vieillard que nous racontent les prêtres. Pourquoi ne pas nous mettre bien avec lui ? Allez, enlevez votre chapeau et le voilà content.

— Camille, arrête. » Paul s'est levé, à son tour.

« Oh ! toi, ça va. Tu ferais mieux de lire à Maman la *Vie de Jésus* de ton vieux professeur qui t'a embrassé pour ton prix il y a deux ans. Monsieur Renan !

— Camille, ça suffit. D'abord il sentait mauvais. Il a une tête de porc, avec sa couenne et ses sourcils jaunes. »

Madame Claudel est partie se coucher. Camille continue : « Bêtises, bêtises que tout cela. »

Paul s'énerve. « Mais arrête. Moi je ne crois pas, alors arrête, tu veux. Laisse-moi lire. Occupe-toi plutôt de ton vieux.

147

— Mon vieux !

— Monsieur Rodin !

— Justement, Monsieur Rodin, il lit les mêmes choses que toi. *Les fleurs du Mal.* Même le poème que tu lisais, il est en train d'en faire une statue magnifique. "L'enlèvement", elle s'appelle, ou "La chatte !"

— Mais qu'il t'enlève une bonne fois et qu'on n'en parle plus de ton Monsieur Rodin. Nous en avons tous la tête fracassée ici. »

Camille renverse la chaise, elle est folle de rage. Paul lui a lancé le livre à la tête. Camille l'a reçu en plein visage. Paul s'esquive. La porte retentit. Hélène est partie ouvrir.

« Monsieur Paul, c'est Messieurs Chavannes et Schwob qui viennent vous chercher.

— Adieu, charmante tigresse ! » Paul envoie une grimace à sa sœur et disparaît. Fuir ! où fuir ? S'échapper au loin ! Fuir cette famille haïe et son frère qui peut comme cela partir après le dîner se promener dans Paris.

L'orage gronde de plus en plus. Camille ramasse le livre. Oh ! c'est vrai. Elle avait promis de trouver pour Monsieur Rodin le passage dans *La divine comédie* de la Damnée foudroyée. Camille part chercher le gros livre rouge sombre avec ses dorures. Elle s'assied à la table et commence à chercher. Hélène se glisse à ses côtés. Les deux têtes se penchent vers le gros livre. L'orage éclate en dizaines et dizaines d'étincelles. Le ciel devient violet, crépitant. Hélène a peur. « Qu'est-ce que vous lisez là, mam'zelle Camille ? » Hélène force ses yeux fatigués. « *La divine comédie*, Dante. Qu'est-ce que c'est ? »

Camille soudain lit à haute voix : « ... *il indique par le nombre des replis de sa queue celui des neuf cercles où le damné doit être précipité...* » Camille suit du doigt. « *Pourquoi ces cris, lui répondit mon guide, ne mets pas obstacle à son voyage, qu'ont ordonné les destins : on le*

148

veut ainsi là où l'on peut tout ce que l'on veut. Je ne dois pas t'en dire davantage. »

Hélène écoute, les yeux agrandis d'horreur, comme une enfant terrifiée. Camille se lève. « C'est pour Monsieur Rodin. *Les portes de l'enfer.*

— L'enfer. » Hélène a hoché la tête. Camille referme le livre, le glisse sous son bras, attrape une pèlerine.

« Où allez-vous, Mam'zelle Claudel?

— Chez Monsieur Rodin. » La voilà partie.

« A c't'heure ? » Hélène est stupéfaite, anéantie. Soudain elle réalise. Il faut intervenir, prévenir Madame, la suivre. Elle se lève. Non, elle ira elle-même, elle suivra Camille. Elle va pour prendre le vieux châle. La main ridée, osseuse, retombe.

> *« A quoi bon !*
> *Il y a le moment pour tout*
> *Et un temps pour tout faire sous le ciel,*
> *Un temps pour enfanter*
> *Et un temps pour mourir. »*

Hélène pense à sa Camille. Que Dieu la protège. De toute façon, on n'évite rien et surtout pas la vie ici-bas. Heureusement ! Pour rien au monde elle ne veut priver Camille de la vie, de sa vie. Hélène se rassoit, elle regarde le plat de fruits sur la desserte, les pêches encore juteuses...

« Ah ! mon vieux gars, Jean. » Elle revoit la grange, la pêche dévorée à belles dents, le jus qui coule, et les larges mains de Jean. Jean... une larme coule le long de sa joue ridée. Elle sent ses mains comme s'il était là. Elle a soixante-douze ans maintenant, elle a envie de Jean. Son Jean qui est mort dix ans, vingt ans auparavant. Le ventre la brûle. Elle sent les mains rugueuses de son Jean, le soleil qui se couchait, l'odeur de la pêche. Camille qui court dans la rue — Camille. Mam'zelle Camille, la pêche, tenez...

149

Camille heurte les passants. Elle va. Une femme court. Non, regardez-la passer, madame, monsieur, c'est une jeune fille et rien ne l'arrêtera. La pèlerine vole derrière elle. Elle marche, la violente, au rythme des éclaboussures de ses cheveux.

Elle fonce, attaque le pavé, traverse la ville. Elle sait où elle va.

Elle a couru tout le long du chemin. Il commence à faire nuit. Pourtant l'automne est comme un fruit mûr, prêt à craquer. Elle a chaud. Elle espère qu'il va être là. Elle ne sait pas pourquoi elle vient de quitter la maison si brusquement. Comme jadis quand elle partait vers la grotte du Géyn. Son géant, mais pourvu qu'il soit là !

Elle arrive rue de l'Université. Elle franchit la porte de l'atelier. Sous le dernier rayon de soleil, il contemple son ébauche. Il la regarde, elle. Pas un mot n'est prononcé. Pas un geste. Elle fixe ses mains pleines de terre, elle ne peut détacher ses yeux des mains dures. Lentement, lentement elle referme la porte ou plutôt elle s'appuie de tout son corps contre elle. Il ne bouge toujours pas et la regarde. Lentement, lentement il prend le linge, le linge mouillé et couvre la terre qu'il vient de pétrir. Le soleil vient tout à fait de disparaître. Le crépuscule envahit l'atelier. Il est loin d'elle mais elle le sent. Elle sait ce qu'elle veut. Elle l'a décidé et son ventre la brûle, comme un sexe dressé. Elle veut que ce soit rapide, elle a vu les bêtes au village, elle a lu des récits et de toute façon, elle sait, son corps la tire en avant. Alors il vient vers elle et l'appelle : « Camille », si doucement qu'on dirait le gémissement d'un enfant. Il s'approche. Ils ont presque la même taille.

« Camille, pourquoi ? » Mais il a posé ses deux mains sur la porte et s'appuie contre elle — tels deux parents se disant adieu. Sa joue est contre la sienne comme s'il se reposait un moment. « Enfant, enfant... » Il se redresse, lui caresse doucement la joue.

Elle est hors d'elle-même, tout la tiraille, la démange. Ce manteau trop lourd, ces jupes, ces bas de laine, ce corsage qui lui compresse les seins. Elle a l'impression d'avoir grossi d'un seul coup. Soudain il s'abat, il l'a prise violemment aux lèvres, ses deux mains comme un étau autour du cou. Elle attaque, le bat presque. Elle-même arrache ses vêtements, elle veut savoir, elle veut connaître, elle a franchi la limite, elle ne veut plus jamais retourner en arrière et qu'importent les autres, et qu'importe le reste.

Elle est toujours debout, contre la porte, le manteau est tombé, elle se retourne, la joue touchant le panneau. Elle sent le corsage qu'il arrache, le corset qu'il casse, elle sent les seins qui se libèrent, elle le sent, ses doigts sur la peau de son dos, la culotte qu'il déchire. Elle ne sait plus où elle est. Il l'a prise à bras-le-corps, emmenée, arrachée comme une proie. Elle veut voir, elle garde les yeux grands ouverts. Ses bas de laine pendent sur ses chaussures. Il l'a jetée sur le divan des modèles, elle se sent modelée, pétrie, elle voudrait sentir ses doigts à l'intérieur, elle ouvre la bouche, elle s'ouvre, elle ne peut plus attendre, il l'a laissée une seconde, alors elle se pétrit elle-même, elle prend ses seins... il a attrapé ses mains, les a enlevées de son corps ; lui est là, ses mains écrasent la pointe, la prennent entre les deux doigts, elle aime, elle se tend encore... il lui écarte les jambes, chaque geste qu'elle ne connaît pas se grave dans son cerveau, elle est lucide comme jamais elle ne l'a été, elle voit son corps dans sa mémoire, elle sait la vulve gonflée, le vit de l'homme, elle sait la courbe, le bouton à côté des lèvres, il la caresse là, elle sent son sexe contre elle qui bat, qui frappe. Alors elle s'ouvre encore plus. Elle sait que cela parle mieux que les mains. Elle n'a jamais appris et déjà elle comprend son langage, elle le veut, qu'il dévaste tout chez elle. Elle a

151

entendu des horreurs, les filles ont mal. Ça, elle ne l'a jamais cru, elle a trop envie de le saisir entre ses deux lèvres. Alors soudain il est là en elle, fiché. Elle a peur d'un seul coup, éventrée, mais non, une sensation folle la prend comme si elle voulait se ficher encore plus sur lui. Elle s'enfonce volontairement, tourne autour de lui, et elle a l'impression que tout glisse, que cela coule... alors elle tourne sur lui, qui la maintient. Elle n'est plus qu'à l'intérieur d'elle-même et elle s'arrache et elle se jette dans cet écartèlement. S'il pouvait fendre son cœur et sa tête, à tout jamais. Ne plus penser. Son corps est tendu et soudain il touche un point sensible, là-bas à l'intérieur, si loin, elle n'a pas dit un mot, les yeux sont dilatés à la folie, elle a l'impression qu'une poche se vide, comme un soulagement, et elle s'abandonne...

Elle est couchée, nue, la lune s'est levée. Il est là, elle voit ses yeux attentifs, une espèce de crainte dans ses yeux à lui, comme un hommage, comme une prière qui monte. Pas un instant elle ne regrette, elle sait qu'elle a fait ce qu'elle avait décidé. Pas une pensée d'un retour en arrière, une force décuplée et une joie comme si elle avait défié les dieux. Alors il sourit pour la première fois, lui caresse doucement la hanche. « L'Aurore. Mon Aurore à moi. » Il paraît lunaire. Un enfant qui dort. La butte de Chinchy, mon petit Paul. Les enfants de la lune sont morts.

LETTRE DE L'ASILE

« ... On me reproche (ô crime épouvantable) d'avoir vécu toute seule... »

25 février 1917.

Les portes de l'enfer

« ... Et si le désir devait cesser avec Dieu,
Ah, je l'envierais à l'Enfer... »

PAUL CLAUDEL, *Cantate à trois voix*.

Le soleil s'est tout à fait couché. Monsieur Rodin allume quelques bougies. Quelquefois il reste tout seul et regarde ses statues à la lueur des flammes. Etrangement, elles se mettent à vivre, d'une autre vie trouble ; jamais il ne retouche un détail sous cette lumière peu sûre mais il aime les voir frissonnantes, tournées vers lui, brûlantes sous le tremblement de cette lumière traîtresse. Mais là, ce soir, c'est un torse vivant qu'il contemple, une chair épaisse, coulante d'or blanc, Camille, sa Camille, son élève.

Auguste se tient là, debout devant elle, immobile, ivre à jamais de ce moment, de cette fournaise qui, à près de quarante-cinq ans, vient de lui dévorer le corps jusqu'au centre même. Sa vie est à tout jamais inséparable de cet instant. Lui, l'homme démuni, presque en danger devant cette jeune femme qui vient de tout jeter comme ça, dans une force triomphante. Et ses bras à lui, il les sent gauches, trop légers, trop fluets, lents à saisir ce torrent qui vient de lui renverser le cœur, la tête. Camille encore lointaine — Camille repliée en elle, sourire absent, Camille son élève qui pèse là de toute sa splendeur. Monsieur Rodin a peur — d'une peur sourde mêlée à cette joie qui monte à chaque instant vers lui en coulées sombres, rouges. C'est elle qui vient de lui apprendre. Lui l'homme ; pourtant il savait, il connaissait, l'amour, les amours, la volupté — non ce n'est pas vrai, il ne savait rien et cela tape en lui et le cogne et le recogne. Et tant pis pour le scandale, tant pis pour ce qu'ils vont dire. Rose, sa vieille compagne, est loin. Les parents de Camille... et si c'est la folie et la mort qu'elle apporte, alors oui, même l'enfer, jusqu'à l'enfer ici-bas. L'autre, l'Enfer, le grand, il ne sait pas, il ne sait plus ce que c'est. Et soudain il a peur, peur de la perdre. Plus jamais sans elle, et les jambes magnifiques qu'il enserre de ses deux mains, et ce regard à lui seul retourné. Camille le regarde. Elle n'augure rien, elle pense à la paix, tout est résolu à cette heure. Il n'y a plus de crainte, elle sait que tout est bien. Elle a fait ce qu'elle devait faire. Elle est pleinement résolue, telle une opération mathématique, elle a trouvé, elle est entièrement proportionnée. Tout est prodigieusement équilibré. Elle est le nombre d'or qui a pris et sa tête, et son cœur, et son âme. Maintenant elle croit. Et l'âme à l'intérieur d'elle-même la presse, l'anime et lui souffle dans l'oreille qu'elle sait, qu'elle est arrivée. Camille n'a plus peur de rien.

Qu'elle ne parte plus jamais, elle, puisqu'il l'a décelée, découverte. Il s'agenouille auprès du divan, incline sa tête vers le ventre lisse où, tels de petits lacs blancs, sa semence repose, brillante. Elle, le nombril de sa puissance, elle lui sourit, il descend vers l'aine, et voici qu'elle rit, joyeuse, vivante, libre ; elle s'agenouille sur le divan comme ces petites filles sages qui attendent, blotties près de l'arbre de Noël. Alors il sent le besoin de la posséder encore, puisque voici qu'elle renaît à nouveau, plus jeune encore. Il l'embrasse, la lèche doucement au bas du ventre. Il écarte les genoux, elle le laisse faire, renversant son torse dressé, les deux seins pointant vers la verrière bleutée ; peu à peu il enfouit son visage entre les deux cuisses musclées, semblables à celles des hommes. Voici qu'elle déplie lentement les jambes. La voilà jetée en travers du divan, renversée ; il tient les chevilles, les pose contre son torse à lui, puis écarte les deux bras. Animal écartelé, elle ne sait pas mais elle devine son corps. Elle accepte même la déchirure — mais non, l'homme la fouaille de sa langue. Camille sent maintenant le vide en elle, le vertige, comme s'il la buvait, l'aspirait tout entière. Trous d'eau de son enfance vers lesquels elle se dirigeait tout en les haïssant. L'envie de savoir, de se laisser engloutir. Alors elle le désaltère, lui le dévoré, ivre de soif ; elle-même, brûlante, elle accepte qu'il étanche sa soif jusqu'à la dernière goutte qu'elle renferme. Elle donne tout une nouvelle fois ; à bout de forces, fiévreuse, incendiée, voici qu'elle glisse à terre, le long du divan à son tour, désirant, cherchant ce qui apaisera cette soif, ce désir qui n'en finit plus, qui ne finira plus. Les voilà tous les deux jetés l'un sur l'autre, à terre ; il se dresse, s'appuie sur elle, s'élève, se tient debout contre son visage. Elle sent le sexe contre elle, dans ses cheveux, alors il se penche délicatement vers elle, la regarde si follement, si étrangement. Camille ne sait pas, elle voit ses yeux noirs, carbonisés, douloureux. Qu'il demande, qu'elle l'apaise, qu'elle sache ! Elle n'a plus peur de rien et si c'est la mort qu'il apporte, elle n'en

156

a cure. Il lui prend la tête entre ses deux mains et approche le sexe de ses joues, près de ses lèvres. Camille l'embrasse, Camille prend ce qu'il lui donne si intensément.

« Camille, Camille ! » Elle entend l'appel lointain, dans la forêt de Tardenois. « Camille, ne t'en va pas, jamais plus. » Monsieur Rodin la regarde tendrement. Il vient de la couvrir d'un drap pour qu'elle ne prenne pas froid. Elle est assise là, par terre, foudroyée. Quand s'est-il relevé ? Il tient à la main un grand verre d'eau fraîche qu'il lui fait boire. Délicatement, il lisse ses cheveux en arrière. Les pupilles de Camille sont dilatées. Elle appuie maintenant le verre contre son front. Elle ne regrette rien, elle est au-delà de la vie, de la mort.

Elle se lève et s'assied sur le divan, sans mot dire. Elle aperçoit le gros livre rouge, là-bas, par terre. Quand l'a-t-elle fait tomber ? Elle ne s'en souvient plus. *La divine comédie...* — comme une enfant qui va s'endormir et qui demande qu'on lui raconte une histoire.

« C'était pour vous... » Camille se tient là, assise, enveloppée dans son drap, presque timide maintenant. Monsieur Rodin est nu ; il la regarde avec émotion. « Je viens de comprendre : ce sont elles mes figures, c'est toi démultipliée, recommencée, sauvée, condamnée, mais qui à chaque fois appelle, ta chair à jamais resurgie, la résurrection de la chair, c'est toi la jeune fille et la mort, la martyre, la damnée, foudroyée, mais c'est aussi toi, Fugit Amor, la chatte, la femme accroupie, l'homme qui tombe, les illusions reçues par la terre, l'éternel printemps. Je vois tout maintenant. Une nuit infinie d'amour, une nuit d'amour infini, toi l'éternelle idole... »

Elle est debout, elle écoute Monsieur Rodin, Monsieur Rodin qui s'agenouille et dépose un baiser entre ses deux seins — « mon éternelle idole ».

Camille le regarde. Il est heureux, joyeux : « *Les portes*

157

de l'enfer vont s'ouvrir bientôt. Mes deux cents figures : une seule figure éclatée dans l'espace, un météore insaisissable, toi lancée qui ne cesses de renaître — le phénix. »

Elle rit maintenant. « Mais je ne poserai jamais nue devant tout le monde, et puis j'aurais honte !

— Non, toute seule pour moi. » Monsieur Rodin a trouvé son modèle, l'Eve parfaite, mais celle-là, elle est à lui. Ce n'est pas comme l'autre, son modèle italien qui lui avait caché sa grossesse. Elle, elle est à lui, avec lui, le modèle, celle qui vient compléter le créateur : sa créature.

« Il faut que je rentre. » Camille jette son drap, s'habille à toute vitesse. Monsieur Rodin contemple ses longues jambes. Elle saute dans le jupon, passe son chemisier à l'envers. Il n'a jamais vu une femme s'habiller de cette façon. Tout est jeté comme ça au hasard, et puis en un clin d'œil la voici habillée, prête. Elle a refait un vague chignon, déployé la pèlerine sur ses épaules. Femme revêtue maintenant, d'une beauté plus grande encore. Monsieur Rodin la regarde. Il se sent vieux maintenant, voilà qu'elle part. Non, elle s'avance vers lui : « Monsieur Rodin, ne m'oubliez pas. Monsieur Rodin, vous ne m'en voulez pas ? »

Il se sent gourd, idiot. « Camille, à demain. »

Et d'un seul coup, elle lui entoure le cou de ses deux bras et tend ses lèvres et l'embrasse, l'embrasse. Il sent tout le corps dans ce baiser qui lui prend le cœur, elle s'accroche, le happe, lui donne l'éternité — et s'enfuit.

Monsieur Rodin demeure immobile dans l'atelier qui brûle encore, un peu. La flamme des bougies et les hauts battants des « Portes de l'enfer » inachevées qui se dressent devant lui. Il se sent petit, dévasté. Il se retourne : l'homme est là sous les portes menaçantes, « les Portes de l'enfer », devant lui, orgueilleuses, « la Porte de l'enfer » qu'il a voulu défier. Presque déjà quatre ans, il faut qu'il

158

les achève... « Les portes de l'enfer », gigantesques, mons-
trueuses, attendent...

Camille marche sous la pluie. L'orage a crevé. Camille,
curieusement, se sent heureuse d'être seule. Elle n'aurait
pas aimé rester là-bas. Elle a tout obtenu de la vie ; elle
peut mourir maintenant. Camille se sent dangereusement
puissante, elle aime, elle connaît l'amour, le reste est sans
importance. Volontairement, elle patauge dans les fla-
ques. Plus personne ne pourra la raisonner, plus personne
à la maison ne lui dira quoi que ce soit. Elle connaît
l'homme, elle est homme et femme, elle est sculpteur ! De
grandes œuvres naîtront de ses mains, colossales comme
ce qu'il fait, lui. Elle saura apprendre encore et encore.
Un jour elle sculptera une œuvre géante, comme Michel-
Ange. Cette nuit elle a compris l'intelligence de la chair,
elle a saisi ce qui lui manquait. On dit que les vierges sont
invincibles : elle pense tout le contraire. Ce soir elle n'est
plus la jeune fille incomplète, elle est une femme, libre,
qui marche dans la nuit et qui sait où elle va. Ce soir, elle
est Diane et Aphrodite, elle domine, le monde est à ses
pieds. Cette nuit, elle a possédé un homme, l'homme
qu'elle aime, ce soir Monsieur Rodin l'a aimée pour la
première fois. Elle est aussi forte que l'amour même.

LETTRE DE L'ASILE

« ... *Les maisons de fous, ce sont des maisons...* [illisible]. »

Giganti

« Un artiste excellent n'a aucun concept
    Qu'un seul bloc de marbre ne circonscrive
en lui
    Avec ce qui est en plus, et seul atteint ce
but
    Celui dont la main obéit à l'intel-
ligence... »

MICHEL-ANGE.

« Tiens-toi tranquille. »

Paul en a assez. Assez de cet atelier étouffant. Avril 1885. La verrière chauffe ; Paul s'agite dans son col trop serré, il a autre chose à faire. « J'espère que tu trouveras vite d'autres modèles.

— Tais-toi ! Tu es ravi de poser. » Camille regarde son frère. Presque dix-huit ans. Elle aimerait lui parler, mais il est si fermé, si secret. Quelquefois elle entrevoit

162

quelques-uns de ses camarades. Ils viennent rarement le chercher. Paul disparaît toujours. A-t-il une femme ? Camille aimerait lui confier, à lui seul, son grand secret, mais étrangement elle a peur devant ce gros garçon rude au regard trop violent. Violent il l'est, brutal même.

D'où elle est, elle voit le divan derrière Paul. S'il savait. A-t-il deviné ? Le soir d'orage, cela avait été terrible. Jamais plus ils n'ont reparlé de cet épisode.

Elle était rentrée vers dix heures, onze heures à peu près. L'orage avait éclaté, une pluie torrentielle, les rues sombres, Paris noir, arrogant, claquant. Elle avait grimpé les escaliers quatre à quatre. Debout, silhouette sombre, sa mère dressée, sa mère de quarante et un ans, épouvantablement sifflante, l'injuriant de tous les noms, les pires, la cinglant de son mépris, de sa haine, de ses malédictions. Après avoir envoyé Hélène se coucher, elle avait attendu le retour de Camille. Camille qui avait osé sortir seule après le dîner, sans autorisation. « Où étais-tu ? »

Camille avait nié, avait refusé d'admettre qu'elle était chez Monsieur Rodin : « J'avais besoin de marcher.

— Traînée, traînée ! »

Tout y était passé. Sa mère s'était avancée, elle voulait la battre, le ciel déchirait la pièce de ses cris muets. Soudain Paul avait surgi.

« Qu'est-ce qui se passe ? »

Louise était tapie dans un coin — depuis combien de temps ? Alors la mère s'était brusquement affaissée, regardant son fils avec désespoir. Elle s'était mise à pleurer, là, recroquevillée, ratatinée. « Cette enfant me tuera. Je la hais. Je la hais. »

Paul s'était tourné vers Camille. Il ne comprenait pas, ne voyait rien. Madame Claudel se taisait mais derrière ses larmes étincelait une lueur meurtrière. Elle les haïssait tous. « Je t'interdis de sculpter, tu entends, je t'interdis de continuer. » Elle martelait les mots, hochant la tête.

Alors Camille avait tout jeté pêle-mêle sauf ce qu'elle venait de vivre. « Je partirai. Tu ne feras pas de moi la même chose que toi. Je ne te ressemble pas. Je veux être libre. Je partirai d'ici. J'irai là où il n'y a personne. »

Madame Louise s'était levée. « Plus jamais, tu entends ! Plus jamais sur ce ton. Tu ne sortiras plus jamais. Enfermer. Je te ferai enfermer.

— Essaie... »

Paul avait supplié : « Mais arrêtez, par pitié, arrêtez ! »

Madame Louise était sortie de la pièce, emmenant Louise derrière elle. « Viens, toi. Tout est fini, Camille. C'est fini. » Et elle était partie affaissée, voûtée. Camille aurait voulu la retenir, lui dire qu'elle l'aimait. Mais pourquoi sa mère n'avait-elle pas compris, pourquoi ?

« Pourquoi ? » avait demandé Paul, la main sur le bras de sa sœur. « Camille, qu'est-ce qu'il y a ?

— Rien. Il n'y a rien. Je suis sortie, c'est tout. »

Le regard de Paul avait vacillé, il s'était reculé, et cogné à une chaise qu'il avait saisie brutalement pour la jeter à terre. Cassée, elle était cassée. Camille était restée seule, devant les débris, seule dans le noir, blessée, honnie — par tous. Qu'est-ce que cela faisait ? Elle était hors de la société, de leurs jugements mesquins, mais Paul, elle aurait aimé que... Bah !

« Camille, je ne vais pas fondre ici. » Ah ! non, c'était trop ! Maintenant Monsieur Rodin était là. Déjà les fesses collées sur ce tabouret dépassaient l'entendement, mais en plus poser sous les yeux de ce barbu, de ce ventru, de ce porc. Non et non !

« Camille, ça suffit. » Paul s'est levé. Rodin a voulu balbutier quelques mots. Tous trois se regardent dans l'atelier blanc, chaud et humide. Camille ne sait quoi dire. Paul reste figé. Enfin Monsieur Rodin lance : « Et ce nouvel appartement, vous êtes heureux, votre mère est mieux installée ? »

Silence.

« Camille m'a dit qu'il était un peu plus grand. 31 boulevard de Port-Royal. C'est cela, Cam'. »

Cela lui a échappé. Paul le regarde, rouge, gêné. Voilà qu'il l'appelle Cam' maintenant — sa Camille, sa sœur. Quel manque d'éducation ! De toute façon il déteste Rodin.

« Non, ce n'est pas mieux. De toutes les manières, je hais cette ville. La Ville. Je partirai aussitôt que possible. Pardon... Je m'en vais. »

Paul est sorti. Camille lui en veut : quel manque d'éducation, ce Paul ! C'est bien simple, elle va détruire son buste, cela lui fera les pieds. Paul Claudel a dix-huit ans. Eh bien, il n'y aura pas de Paul Claudel à dix-huit ans. Paul Claudel n'aura pas droit à la postérité. Paul Claudel sera réduit en miettes.

« Camille, qu'est-ce qui vous prend ? » Rodin a arrêté son bras. Elle est à bout, énervée. Ils ne se voient presque pas. Depuis ce soir d'orage, il faut ruser, inventer pour voler ici ou là une heure, un baiser, une caresse hâtive. Tacitement, ils se conduisent devant les autres comme si rien ne s'était passé. Et pourtant tous savent, tous ont deviné, deviné qu'il s'est passé quelque chose entre eux, qu'il se passe quelque chose, une histoire terrible, violente. Chacun s'interroge. L'a-t-elle repoussé ? L'a-t-il violentée ? Ils sont pareils à eux-mêmes, elle sur sa petite chaise, attentive, silencieuse, acharnée, lui, dévorant le travail, engloutissant les projets. Et pourtant plus rien n'est comme avant. Elle, curieusement, semble apaisée. Même l'onde de tristesse qui, si souvent, fermait le front et traçait trois plis entre les deux yeux a disparu. Lui, tout entier absorbé par son travail, ne voit plus rien de la vie extérieure. Chacun se tait. Monsieur Rodin ne caresse plus ses modèles, oui, cela ils l'ont tous remarqué. Même Yvette ne risque plus de plaisanteries comme si elle sentait

165

qu'un lien supérieur s'est noué entre ces deux-là. D'ailleurs, par moments, elle surprend le regard de son ancien amant sur l'autre, là-bas, la jeune fille solitaire. Elle n'est pas jalouse, elle ne regrette pas les bons moments passés avec Monsieur Rodin. Ils riaient bien tous les deux. Et l'amour avec lui n'avait rien de triste. Tout était permis. Il voyait la beauté partout. Elle repense aux plaisanteries qu'ils faisaient, à certains détails un peu crus... Non, ce n'est pas possible qu'il fasse cela avec la demoiselle Camille, là-bas. Yvette sourit. Bah ! un jour il lui claquera les fesses. « Et si on allait boire un verre, Yvette... » Elle n'est pas mauvaise fille, elle l'aime bien son sculpteur. Il faut attendre un peu que l'orage passe. Souvent Camille a surpris le regard d'Yvette posé sur elle. Depuis le soir d'orage, elle est si profondément, si secrètement comblée qu'elle est murée en elle-même pour mieux contenir la joie qui à chaque instant éclate dans tout son corps.

Depuis ce soir-là, ils ne se sont plus quittés. Ils profitent du moindre instant, d'une exposition... et ils reviennent ensemble, marchant longuement dans Paris.

Pas une seule fois Camille n'a pu passer une nuit auprès de Monsieur Rodin. Alors ils grignotent par-ci, par-là, des instants rapides, fugaces. Parfois Camille reste un peu plus longtemps à travailler. Monsieur Rodin ferme l'atelier, accroche une pancarte : « Monsieur Rodin est absent. » Non, tout cela est devenu trop lourd.

« Camille, viens. » Il va fermer la porte.

« Non. » Camille ne veut plus. Elle se sent brusquement fatiguée, usée, tout est déjà joué. Ils vont continuer de temps en temps à se caresser entre deux portes. Non, non et non ! D'ailleurs elle a entendu tant de bruits autour d'elle : Rose Beuret... Qui est cette Rose Beuret qu'on ne voit jamais ?

Camille se met à modeler. Là au moins il lui appartient

tout entière à elle seule. La figure du maître se pétrit, se transforme sous ses doigts ; cela fait des semaines qu'elle y travaille : « Buste de Rodin par Mademoiselle Camille Claudel. » Au début de leur « collage » — c'est comme ça qu'ils doivent dire quand elle n'est pas là —, au début donc de leur collage, elle n'osait pas. Souvent elle avait pris des dessins de lui : Rodin s'arc-boutant, se penchant, hissé, prêt à tomber pour ajouter une boulette de terre à son ébauche. Ses cahiers de dessins étaient pleins de lui, mêlé à des idées, des projets de groupes, des évocations fantastiques, illustrations de grands drames. Aurait-elle le temps de réaliser ne fût-ce qu'une partie de cette œuvre qui l'empêchait parfois de dormir ?

Et puis un jour, devant tout l'atelier, il avait dit très haut : « J'aimerais poser pour vous, Mademoiselle Claudel. » Un silence général avait suivi cette déclaration. Avec un sourire, il avait ajouté : « Oui, si je meurs, c'est peut-être le seul buste de moi dont j'aimerais qu'il me représente pour l'avenir. A vous seule je remets ma destinée, vous voyez quelle confiance j'ai en vous. Je crois que vous ne me raterez pas. Vous seule me connaissez. »

Elle était écarlate. Elle avait relevé le défi et depuis elle y travaillait. Aujourd'hui encore, elle profiterait de la dernière lumière pour avancer.

« Camille, arrêtez un peu ! écoutez-moi. »

Elle relève la tête. Elle fait la méchante mais elle ne supporterait pas une seconde l'idée qu'il s'éloigne, qu'il en aime une autre.

« Vous m'avez fait les épaules d'Atlas. Malheureusement je ne saurais supporter le monde ! »

Elle aime son sourire, qui lui met le cœur à l'envers, comme les galettes de Villeneuve. Il tourne lentement autour de la sellette. « Les profils sont toujours justes, sans hésitation. Vous m'avez écouté. Il faut absolument modeler par le profil, uniquement par le profil. Exagérer

167

constamment les profils dans une proportion déterminée et toujours constante. »

Monsieur Rodin éclate de rire. « Vous êtes sûre de ne pas m'avoir un peu embelli ! J'ai du mal à juger la sculpture car cette fois-ci je connais très mal le modèle qui a posé. »

Camille lui sourit. Ces lèvres tendres, ces yeux, elle si près. Monsieur Rodin sait qu'il ne peut plus continuer à la voir comme cela — comme il faisait avec les modèles. Elle ne demandera rien, mais elle partira ou elle refusera comme tout à l'heure.

Elle se tourne vers lui. « Je ne suis pas coquette... » Camille sent le silence s'installer entre eux. Elle décide d'aller jusqu'au bout. D'essayer... « Je ne continuerai pas comme ça. Impossible. Je veux trop. »

Monsieur Rodin sait bien qu'il ne s'agit pas d'une menace, d'une revendication. Simplement une constatation. Elle est droite, directe. Il a cru un moment qu'elle jouait avec lui. Mais non, il a été son premier amant. Et pourtant elle lui échappe, le déroute sans cesse.

« N'atténuez jamais la laideur, l'avachissement de la vieillesse. Si vous arrangez la nature, si vous la gazez, la déguisez, vous créez de la laideur parce que vous avez peur de la vérité. »

Elle vient de faire un geste brusque comme si elle voulait parler. Camille écoute Rodin, le soir derrière lui, l'atelier encore doré...

« Je n'ai pas peur de la vérité, quelle qu'elle soit, Monsieur Rodin. Je suis lucide, trop lucide. C'est comme si je voyais les êtres dessinés au couteau, les âmes sorties de leur gaine ! » Elle a crié, enfin presque crié. « A quoi pensez-vous, là, planté devant moi ?

— Vous êtes faite pour un Michel-Ange. Et je ne suis pas Michel-Ange. »

Camille s'arrête, abasourdie. Que dit-il ? Que

marmonne-t-il dans sa barbe ? Tiens, note-t-elle, quelques fils blancs parmi cette barbe rousse. Brusquement elle a envie de l'embrasser, d'être blottie dans ses bras. Elle se jette contre lui.

« Camille, pardonnez-moi. Je suis troublé... Ma vie est faite. Et puis je pense sans cesse à la sculpture, je vous regarde, là, blessée, en colère. Au lieu de vous écouter, je pense que votre corps est tout en contrastes, tourmenté comme ceux de Michel-Ange. C'est ce qui fait la différence avec Phidias.

— Comment cela ? » Camille a oublié. Sa colère s'est évanouie. Elle veut savoir.

Il s'assied sur le tabouret, Camille contre lui, petite fille blottie qui écoute une belle histoire... « Attends plutôt. » Monsieur Rodin s'est levé. Il tire deux sellettes près de la verrière. « Regarde par là dans la lumière qui nous reste. Je vais modeler deux figurines... Là je fais une première figure selon Phidias. En fait selon la conception grecque... »

Camille admire les mains du sculpteur, rapides, nerveuses. Les paumes larges, le pouce qui creuse la terre, les doigts qui la reprennent. Avec une incroyable rapidité, Monsieur Rodin fait sortir de ses mains une figurine. « Regarde, ce n'est pas aussi beau qu'un antique, mais cela suffira. »

La voix de Monsieur Rodin devient claire, nette. Camille est fascinée, elle se souvient du jour de son arrivée à Paris. Le guignol avec son père, puis le jongleur qui avait suivi, et surtout le prestidigitateur, celui qui faisait sortir une colombe de ses mains.

« Regarde, Camille. La statuette offre de la tête aux pieds quatre plans qui se contrarient mais alternativement, quatre directions qui produisent à travers le corps tout entier une ondulation très douce... Impression de charme donnée par l'aplomb même de la figure. La ligne

169

d'aplomb traversant le milieu du cou tombe sur la malléole interne du pied gauche qui porte tout le poids du corps. L'autre jambe au contraire est libre. Elle ne fournit aucun appui supplémentaire, elle ne compromet pas l'équilibre. Posture pleine d'abandon et de grâce... Le double balancement des épaules et des hanches ajoute encore à l'élégance de l'ensemble. Regarde-la de profil, elle est cambrée en arrière ; le dos se creuse et le thorax se bombe légèrement vers le ciel. Elle est convexe. Et reçoit en plein la lumière. L'art antique ou le bonheur de vivre, l'équilibre, la grâce, la raison... » Monsieur Rodin salue exactement comme le prestidigitateur. Que fera-t-il sortir maintenant de sa boîte à malices ?

« Passons à Michel-Ange. » Rodin prend la terre et la tord. Fermement appuyé sur ses jambes, torse fléchi en avant, il colle un bras contre le corps, ramène l'autre derrière la tête. Effort, torture. Camille aime sa façon de sculpter, cette violence, cette démence presque...

« Ici, au lieu de quatre plans, deux seulement. Un pour le haut de la statuette, un autre en sens contraire pour le bas. D'où un terrible contraste. Nous sommes loin du calme des antiques. Les deux jambes sont ployées. Le poids du corps est réparti alors sur l'une et l'autre. Plus de repos, mais travail des deux membres inférieurs, la hanche sort et s'élève, une poussée du corps est en train de se produire dans ce sens. Et le torse... Il suit la hanche. La concentration de l'effort plaque bras et jambes contre le corps, la tête ; plus de vide, plus de liberté. La statue est d'un bloc. »

Camille s'est levée.

« Et le profil, regarde, Camille, en forme de console, le torse est arqué en avant, d'où les ombres accentuées dans le creux de la poitrine, les jambes. Michel-Ange chantait l'épopée de l'ombre. Le plus puissant génie des temps modernes exprimait ainsi sa spiritualité inquiète, les aspirations irréalisables, la volonté d'agir sans espoir de succès... »

Monsieur Rodin s'approche tendrement de Camille. De ses mains pleines de terre, il écarte doucement la mèche sombre qui barre ses yeux — ses yeux, deux gouffres immenses, dévastés. Elle est à contrejour maintenant, il voit sa silhouette.

« Ma pierre noire d'amour sonore, tu sais ce que Michel-Ange ajoutait : seules sont bonnes les œuvres qu'on peut faire rouler du haut d'une montagne sans en rien casser ; tout ce qui se brise dans une pareille chute est superflu. Toi, tu es de cette race-là ! Rien ne te brisera. Aussi haute soit la montagne. Tu es taillée d'une matière éternelle. »

Camille murmure en haussant ses belles épaules : « Je ne suis pas classique, Monsieur Rodin. N'oubliez pas que je boite. » Elle rit de son rire cassé, celui qui vous jette un bout de son cœur.

Rodin lui prend la tête entre ses deux mains. « Ne me laisse pas... » Il lui montre un buste qu'une dernière lueur éclaire. « Regarde, ton brigand. Ton "Giganti", il te ressemble. Tu es une hors-la-loi. Reste comme ça. Si vivace et profonde est la pensée des grands artistes qu'elle se montre en dehors de tout sujet. N'importe quel fragment de chef-d'œuvre, vous y reconnaîtrez l'âme de l'auteur. Dans un morceau quel qu'il soit tient tout l'idéal de l'artiste, s'il est grand. Mon *giganti*... »

Camille est troublée. Ne lui a-t-il pas livré son âme ? Elle allait parler de questions quotidiennes, de Rose, et voilà qu'il vient de lui offrir l'un des plus grands moments d'amour qui soient. Comme cela, avec simplicité, il vient d'élever le débat. Qu'importent les heures d'amour perdues, qu'importent leurs vies séparées et qu'il ait une femme, des modèles, des femmes, un enfant !

171

« Dieu, l'heure ! J'avais oublié l'heure. » Camille, affolée, ramène son chignon sur sa tête, attrape son châle.

« Camille ! »

Elle est partie. Monsieur Rodin est seul. Il se retourne. Le couple sculpté se défait. « Fugit Amor. »

C'est alors que Rodin décide de louer quelque chose pour lui et Camille. Plus jamais il ne supporterait de la voir partir. Plus jamais. Il lui parlera de Rose.

Lentement il prend son vieux chapeau ; il se sent vieux, fatigué, usé. Il a presque quarante-six ans.

Il lui reste à terminer *La porte de l'enfer*.

La pensée

« ... Adieu ! Ainsi s'embrassent les parri-
cides
    Quand ils se séparent avant de fuir sur la
mer géante !
    Ainsi
    Je me sépare de toi, sœur
    Jadis d'un nom
    Par moi nommée impie !... »

PAUL CLAUDEL, *Une mort prématurée.*

« Camille. Camille, chante avec moi. Est-ce que tu sais
encore ?

Voulez-vous manger des cesses
Voulez-vous manger du flan ?
Quand irons-nous à Liesse,
Quand irons-nous à Laon ?

Les grandes fêtes. ding, dong. »

Paul accroche les cerises aux oreilles de sa sœur. Il rit, il est heureux. Camille se demande ce qui se passe. Depuis quelques semaines, Paul revit. Ils sont tous les deux dans la cuisine. Un beau dimanche de mai. Camille pense avec tristesse à Monsieur Rodin : où est-il en ce moment ? Il partait quelques jours à la campagne. Depuis l'autre soir, ils ont eu tant de travail ; elle voulait absolument terminer ses quatre bustes : le sien tout d'abord, « Monsieur Rodin ». Elle a même craint un moment qu'il faille recommencer. La terre ne cuisait pas. Tout menaçait de s'effriter, de se fendiller. Rodin plaisantait devant tout le monde : « Je vais perdre ma dignité. Des petites boulettes, Roger Marx, une friture de poussière, voilà ce que je vais devenir. »

Roger Marx, son vieil ami, critique d'art et haut fonctionnaire des Beaux-Arts, venait lui aussi à l'atelier de plus en plus souvent. Il regardait le travail de Camille — « la grande et si intéressante artiste », il ne l'appelait plus autrement. Camille trouvait qu'il avait un visage de cheval.

« Voulez-vous manger des cesses ?
Voulez-vous manger du flan ? »

Paul est déchaîné. Ils ont tout le dimanche pour eux. Madame Louise et Louise accompagnées d'Hélène sont parties voir Monsieur. Camille a pu échapper au déjeuner de famille et Paul aussi. Il prépare ses examens. Il faut qu'il travaille. Quant à Camille, moins sa mère la voit et mieux tout le monde se porte. Dès que Camille a proposé de rester, sa mère a acquiescé. De toute façon, elle s'est désintéressée une bonne fois pour toute de sa fille aînée. Qu'elle fasse ce qu'elle veut !

« Quand irons-nous à Liesse
Voulez-vous manger des cesses ? »

Ils sont libres aujourd'hui. Mais Camille n'est pas plei
nement satisfaite. Elle aurait pu voir Monsieur Rodin
toute la journée. Ils ont eu tant de travail depuis un mois.
Pourquoi ne lui a-t-il pas demandé d'aller avec lui ? Rose
sans doute... Finalement tout s'était bien passé. Camille
avait pu montrer le buste du maître accompagné des trois
autres, « sa jeune sœur », « Paul » et le « Giganti ». Elle
revoit la colère de Paul quand il s'était vu à côté de Monsieur Rodin. Fou de rage, il était vert, écumant, les mots
se précipitaient sur ses lèvres. Cela avait fait rire Camille
de le voir dans cet état.

« Cela t'amuse. On dirait des têtes. Un champ de foire.
Décapitées. Prêtes à recevoir les balles. » Camille se rap-
pelait la fête de Château-Thierry, les petites balles de
chiffon qu'ils avaient lancées sur les têtes de bois qui tombaient lorsqu'ils les touchaient. Paul était parti en claquant la porte de l'atelier.

A cette époque, il marchait des heures tout seul.
Camille l'avait surpris un jour. Il marchait tête baissée,
elle l'avait suivi, d'abord par jeu, puis fascinée. Il marchait, c'était tout, au hasard. Ils avaient comme cela traversé Paris jusqu'à la rue de Tolbiac, le pont d'Ivry. Là,
Camille l'avait abandonné. Hélène aussi savait. Un soir,
l'adolescent lui avait raconté ses longues marches solitai-
res, harassantes, sans but, à travers Paris. Depuis,
Camille était inquiète. Pourvu qu'il ne devînt pas fou. On
disait que l'oncle qui s'était jeté dans la Marne... Et voici
qu'il semblait heureux maintenant, depuis quelques
semaines.

« *Voulez-vous manger des cesses*
Voulez-vous... »

Les sculptures d'Auguste. Elle aurait voulu qu'il soit là.
Ils seraient restés dans l'atelier, ou seraient allés se promener. Tout le monde avait remarqué les sculptures de

Monsieur Rodin. Chacun y était allé de son commentaire. Camille entendait encore leurs réflexions : « C'est elle ?

— Mais oui, c'est elle ! »

Monsieur Rodin n'exposait pas, mais le samedi matin il recevait des visiteurs qui voulaient tous savoir ce que devenaient *Les portes de l'enfer.* Ils s'arrêtaient devant les œuvres : *Fugit Amor, La pensée* et *Le baiser.*

« C'est elle ?

— Oui.

— Elle a l'air très jeune. Quel âge a-t-elle ?

— Vingt ans à peine.

— Et c'est un sculpteur ?

— Oui, regardez le buste qu'elle a fait de lui.

— Un modèle sculpteur ?

— Non, un sculpteur.

— Mais elle l'inspire... Il lui a demandé de poser.

— Quelle vulgarité, ce baiser ! »

Déjà tout Paris en parlait.

« Vous avez vu *Le baiser* ? »

« Voulez-vous manger des liesses ? »

Mais pourquoi a-t-il fait *La pensée* ? Camille croque une cerise.

« Paul, pourquoi *La pensée* ?

— Hein ?

— Pourquoi *La pensée* ?

— Ecoute, mange ta cerise, et parle ensuite. »

Camille crache le noyau sur son frère.

« Dégoûtante ! tu ne sais pas te tenir. Qu'est-ce que tu disais ?

— Pourquoi *La pensée* ?

— Ah ! ton buste en cornette qu'a fait le grand homme. Pourquoi *La pensée* ? Parce que tu deviendras abbesse d'un couvent — que tu réformeras d'ailleurs ! »

Paul éclate de rire ; il est très content.

> *« Voulez-vous chère mère abbesse*
> *Voulez-vous manger des cesses ? »*

Camille est ailleurs. Elle aime mieux un Paul moqueur qu'un Paul sinistre et renfermé.

« O mon Bien ! O mon Beau ! Fanfare atroce où je ne trébuche point ! Chevalet féerique ! Hourra pour l'œuvre inouïe et pour le corps merveilleux, pour la première fois ! Cela commença sous les rires des enfants, cela finira par eux. Ce poison va rester dans toutes nos veines même quand, la fanfare tournant, nous nous serons rendus à l'ancienne inharmonie. Oh ! maintenant nous si dignes de ces tortures ! rassemblons fervemment cette promesse surhumaine faite à notre corps et à nos âmes créées ! cette promesse ! cette démence ! »

— De qui est-ce ?

— Mon compagnon.

— Tu as un ami !

— Un fils, un père, un frère. »

Camille n'a jamais connu Paul dans un tel état. Même après la première écoute de Wagner qui l'avait pourtant transporté.

« Regarde. » Camille a pris le numéro de *La vogue*. « Lis.

— Les...

— Non, plus loin.

— Là ?

— Oui.

— *Les illuminations* d'Arthur Rimbaud. Qui est-ce ?

— Un jeune poète. Il a trente-deux ans à peine. J'ai essayé de me renseigner. J'aimerais le rencontrer. Verlaine l'a bien connu. Par des amis je pourrais peut-être... C'est un jeune homme. Il a tout quitté, un beau jour. C'est un vagabond. Il paraît que Verlaine a tiré sur lui. Il serait actuellement au Harrar... » Camille a relevé la tête.

« En Abyssinie ? »

177

Il est déjà arrivé à Camille de rêver d'aller là-bas. Elle revoit la carte, les voyages imaginaires avec son frère lorsqu'ils penchaient leurs jeunes têtes au-dessus des dessins rouges, verts, bleus. Ils feraient le tour du monde. « Le Harrar ! » Camille a les yeux dorés aujourd'hui, un peu fiévreux.

« Tu es sûre que tu ne travailles pas trop ? » Paul a remarqué la fatigue du regard. Sa sœur a l'air moins heureuse depuis quelque temps. « Viens, allons dehors, il fait beau. Mais enlève tes boucles d'oreilles ou mange-les. Tu es belle comme Galaxaure.

— Qui est-ce ?

— Je t'expliquerai.

— Non, je n'ai pas envie de sortir. Tous ces gens, le dimanche. Ces familles, je les hais. Et ça se promène, ça empeste. Ils envahissent tout. C'est comme si Paris était violé. Et puis il fait trop chaud ! Ce soir plutôt... Maman n'est pas là. Sortons ce soir, Paul. Quand il n'y aura plus la foule dans les rues. Cela m'étouffe. Tous ces corps qui se pressent les uns contre les autres.

— Ne bois pas d'eau glacée sur les cerises. Tu vas être malade.

— Tu vas être malade ! »

Camille adresse un clin d'œil à son frère. Elle se moque de ses conseils et sait prodigieusement l'irriter. Mais Paul est de bonne humeur. Elle n'arrivera pas à le mettre en colère. Il aime cette bonne chaleur tiédasse. Il se sent bien. Depuis quelque temps, il semble sortir d'un long cauchemar. S'il pouvait rencontrer ce Rimbaud. Combien ont-ils de différence, douze, quatorze ans ? Ce n'est rien. Il y a bien Verlaine. Il l'a rencontré plusieurs fois rue Gay-Lussac. Deux boiteux : l'un, petit avec sa légère barbe, son lorgnon, l'autre ébouriffé, sa jambe qu'il lance de côté, et le grand rêve dans ses yeux. Souvent il les voyait se diriger vers le café François Ier près du Luxembourg. Il paraît que l'autre s'appelle Pasteur...

« Tu sais, Cam'... » Paul s'arrête, terrorisé ; Camille se retourne : « Quoi ? » Il allait lui parler de Verlaine, de cette marche blessée, claudicante, de ce grand oiseau blessé, et voilà qu'elle est là elle aussi, avec la même démarche, le même rêve qui claque, en retard d'une mesure, toujours en retard d'une mesure, l'effort défiant l'harmonie. Paul balbutie : « Je connais Verlaine. Enfin je l'ai croisé plusieurs fois près du Luxembourg.

— Demande-lui alors. Lui il doit savoir où est ton Arthur Rimbaud.

— Il est ivre, il a l'air d'un clochard hagard, il boit tout le temps. »

Camille s'accoude auprès de Paul. « Et alors, il ne te mangera pas, non ?

— Ce que tu es brutale !

— Ecoute, Paul, quand on veut une chose, on ne reste pas là le cul assis sur sa chaise. C'est pas ici qu'il viendra ton Rimbaud. »

Camille s'assied, se met à dessiner. Paul la regarde. Elle, elle saurait l'aborder. Elle n'aurait pas peur. Ils se ressemblent d'ailleurs, Rimbaud et elle, curieusement : cet air de menace et d'innocence enfantine mêlées derrière un front trop limpide — il a vu un portrait de ce Rimbaud. Et Verlaine ; quel âge peut-il avoir maintenant, Verlaine ? Il a l'air si usé, si lamentable, devant son verre d'absinthe et la cuillère qu'il tourne, comme s'il ne voyait plus qu'un mur nu, blanc. Quarante-deux ans, oui, quelqu'un le lui a dit l'autre jour. Paul regarde Camille. Elle dessine, absorbée, pâle ; elle a maigri, elle semble plus jeune d'une certaine manière, tout entière absorbée par ce qu'elle cherche. Paul s'est moqué d'elle tout à l'heure, mais dans la transparence de l'air, assise là dans l'ombre, concentrée, repliée sur elle-même, elle fait penser à ces jeunes religieuses qui entrent au couvent à l'âge de dix-sept ans.

179

Camille esquisse une main. Depuis plusieurs mois, dès qu'elle a un moment elle travaille sur des mains. Elle a toujours étudié les mains des êtres qu'elle a côtoyés. Depuis qu'elle était toute petite. La main de sa mère, et le jeu des doigts sur la table, avant-arrière, avant-arrière, l'index, le majeur, l'index, le majeur, l'index, le majeur, danse infernale, je prends, non je ne prends pas ; les mains de son père, minces, fuselées, diaphanes, délicates pour un homme, plus petites que la normale ; les mains de Paul repliées derrière son dos, cachées, épaisses de paume, les doigts pourtant assez longs, mais toujours l'une sur l'autre, quelquefois cachées entre ses jambes croisées.

Ses mains à *lui* ! C'est pour elles qu'elle était tombée en amour. Lui aussi travaillait souvent des mains de toutes sortes. Comme une religion, une espèce de rite... Tout à coup Monsieur Rodin s'absorbait pendant des heures et des heures et sculptait des mains : les unes racées, les autres plus rudes et grossières. Il disait : « Il y a des mains qui prient et des mains qui maudissent, des mains qui salissent, des mains qui embaument, des mains qui désaltèrent, et les mains de l'amour. » Camille regarde le crayon qu'elle tient, pouce replié, doigts serrés autour de la tige de bois. Le soleil vient de frapper le papier blanc comme une caisse claire. La main de Dieu engendrant Adam, doigt tendu.

« Camille, la création sort de là — la main — c'est pourquoi notre art est au-dessus de tout. Nous créons la vie à partir de la matière inerte. Comme l'autre... » Et il la regardait pétrir.

« Tu sais qu'un homme meurt s'il perd le toucher. C'est le seul sens irremplaçable : le toucher. Les mains ne mentent jamais. Observe-les sans cesse et tu sauras ce que les êtres pensent réellement. »

Le soleil sur ce qu'elle pétrissait. Le papier blanc. Cela

devient insupportable, la mémoire a pris corps dans sa main, elle sent celle de Rodin sur elle. Non, c'est dimanche et il n'est pas là. Le mois de mai, il n'est pas là.

« Camille. »

La chaleur monte le long de ses bras, l'engourdit. Il est là contre elle, la main sur sa main à elle, le soleil qui les caresse, les brûle, les enveloppe. De son autre main elle s'est appuyée sur la sellette. Maintenant c'est tout son corps qui se laisse aller en arrière, appuyé contre son corps à lui. Lui qui est là, qui vient de passer l'autre bras autour d'elle. Leurs deux mains enlacées. Prisonnière, elle est prisonnière de la sculpture, de l'homme !

« Ecoute, Camille. » Sa voix contre son oreille, basse, un peu rauque comme s'il avait du mal à parler. Elle voit ses mains à lui, musclées, volontaires, puissantes. « Maria, elle s'appelle Maria. »

Camille veut échapper à l'aveu de cet homme qui l'étreint, à ses deux bras, mais elle sent contre son dos le cœur qui bat trop vite, son cœur à lui, comme s'il allait avoir un malaise. Elle-même se demande si elle ne va pas tomber malgré les bras qui l'enserrent, malgré la sellette.

« Maria. » La voix a retenti comme un appel. Camille s'attend à voir surgir cette... Maria.

« Deux yeux immenses, bleus, graves, une bouche dessinée et un sourire, un menton volontaire ! C'est elle qui était arrivée à décider Père et Mère à me laisser dessiner. Je n'étais pas douée pour les études, mais je copiais tous les dessins que je trouvais. Les pages qui enveloppaient les pruneaux qu'achetait Maman... Maria a plaidé ma cause. Elle était si belle. » Camille ne bouge plus, comme morte.

« Deux ans de plus que moi, grande, avec de longs cheveux, et des yeux si grands, limpides. » Monsieur Rodin se tait. Camille a baissé la tête. Sait-il encore qu'elle est là, entre ses bras ? Les mains se crispent, Camille sent les ongles courts qui s'enfoncent dans sa peau.

181

« 1862 Mon camarade Barnouvin. Il s'appelait Bar
nouvin. Il l'a délaissée. Elle l'aimait. Il est parti. Oubliée.
Elle est entrée au couvent et puis on nous l'a ramenée.
Elle a mis quelques jours à mourir. Avec un sourire...
sans un mot. Il ne faut jamais laisser un être... elle est
morte, morte ! A peine vingt ans. Ma sœur, Maria.
Maria. »

Camille sent le visage qui prend appui sur son épaule.
Monsieur Rodin est lourd. C'est comme si elle le portait
sur le dos, bête blessée, frappée au cœur. « Faites de moi
ce qu'il vous plaira », semble-t-il dire. Camille se retourne
doucement. Il relève la tête, il a un regard de fou.

« Elle était là dans son lit, avec sa cornette qu'elle avait
voulu garder. Jamais je n'oublierai ce visage. Là, comme
toi tout à l'heure. Limpide, toute jeune, miraculeuse.
Tout entière entourée de songes comme une grande
hirondelle qui va s'abattre. Mais je voyais les veines de son
cou, et le menton qu'elle tirait par-dessus le drap blanc
comme une gangue qui l'étouffait peu à peu. Un carcan.
Je te regardais avec ton col blanc, dur, penchée vers ta
sculpture, le front légèrement plissé, illuminée, t'effor-
çant de vaincre la matière, et je l'ai vue, elle... »

Camille s'est appuyée sur la sellette, elle ne sait plus si
c'est à cause de la chaleur, des paroles du sculpteur, de
l'histoire de sa sœur, mais elle tangue, chavire, se sent
partir, à l'abandon. Monsieur Rodin s'est écarté pour
aller chercher quelque chose au fond d'un tiroir.

« Tiens, regarde. Comme on se ressemblait... » Il lui
tend un médaillon où figure le portrait d'un jeune
homme et d'une jeune fille exactement semblables.

« Alors je suis entré au couvent. La robe blanche des
novices un an. Je suis sorti. C'est là que j'ai rencontré
Rose. Tout le monde a déjà dû t'en parler. Je vais...
Camille. »

Camille s'est effondrée, blanche, livide.

« Camille, Cam-i-iiille. » Vite, la butte de Chinchy, être la première, arriver au Géant là-bas. Camille rouvre les yeux. Paul est là, affolé. « Camille, qu'est-ce qui t'est arrivé ? » Camille ne sait plus où elle est. Elle est par terre, près de la table. Paul la soutient, l'aide.

« Tu as posé ton crayon. Tu étais complètement blafarde. Avec ton chemisier blanc, ta jupe blanche, on aurait dit une morte. Je t'ai appelée. Décomposée, tu étais décomposée. »

Camille se sent un peu mieux, Paul l'a aidée à s'asseoir. elle respire plus calmement. A le voir si attentionné, on oublie le gros garçon bourru. Parfois il est ainsi pris d'une délicatesse, d'une attention... « J'ai trop mangé de cerises, Paul ! C'est ta chanson... *Voulez-vous manger des cesses. Voulez-vous...*, chantonne-t-elle faiblement, la voix cassée.

— Tu sais, Camille, tu devrais te reposer. Tu semblais si absorbée tout à l'heure. Etrangère... Je te regardais : tout s'était retiré dans tes deux grands yeux qui regardaient le vide. Tu ressembles à ces religieuses qui prennent le voile... Tu te souviens de l'horrible cérémonie à Villeneuve. Mademoiselle Bergnier tout en blanc, avec des fleurs, qui faisait ses vœux. Brrrrrr ! J'en frissonne encore. Puis le prêtre s'est avancé. On a enlevé le voile de la jeune fille, une religieuse s'est approchée avec des ciseaux et les mèches ont commencé à tomber. Je me souviens, j'étais sur le côté et je voyais son visage hagard, livide, comme le tien tout à l'heure. Une âme déracinée — l'immatériel, le non-palpable, la Pensée ! Tiens, exactement comme Rodin t'a sculptée. Pour une fois, j'aime cette sculpture, c'est celle que je préfère. Il t'a réussie... Tu te souviens, après on lui a passé la cornette blanche, elle s'est retournée, il n'y avait plus que ce visage qui palpitait sous les deux ailes de la coiffe. Ne fais jamais ça, Cam' !

— *La pensée*... » Camille se sent exsangue. Elle aussi, elle aime par-dessus tout ce buste.

« Tu n'es pas malade au moins ? » Paul est inquiet.

« Non, rien. C'est la chaleur, les cerises. Le Salon qui vient de finir. »

Elle aurait voulu ajouter : « Et Rodin qui n'est pas là. Son absence. » Rose, elle n'avait jamais su exactement. Il n'en avait pas reparlé. Pas le temps. Ils n'avaient plus le temps.

« Je vais m'allonger un peu. Sors si tu veux.

— Non, je ne veux pas te laisser. Ce soir, si tu vas mieux, nous irons nous promener. »

Le lit blanc, la petite chambre. Elle s'est allongée. Personne. Elle n'entend plus personne. Paul doit lire son Monsieur Arthur Rimbaud. Abandonnée, elle aussi. Presque vingt-deux ans. Un peu de tendresse, quelqu'un, Rodin près d'elle... Sa belle tête penchée vers elle, ses mains sur son corps, ses bras. Tout est trop dur. Elle est trop seule. Les artistes, les hommes, les femmes, les épouses, son frère, sa mère, tous sont occupés, réservés, « placés ». La sculpture, elle n'y arrivera jamais. Elève de Monsieur Rodin, oui, mais jamais elle ne sera Michel-Ange. Aux yeux de tous, elle n'est que la jeune élève de Rodin.

« Monsieur Rodin, est-ce que vous pensez à moi ? »

Elle a fermé les yeux.

Le Clos Payen

« ... Mais désormais proscrite de la place
publique et du plein air, la sculpture comme
les autres arts se retire dans cette chambre
solitaire où le poète abrite ses rêves interdits.
Camille Claudel est le premier ouvrier de
cette sculpture intérieure... »

PAUL CLAUDEL,
Camille Claudel statuaire.

La grille est rouillée. Un écriteau « A louer » se
balance, poussé par le vent du printemps. Monsieur
Rodin a pris Camille par la main quelques secondes. Seulement. Ils sont extrêmement pudiques lorsqu'ils ne sont
pas seuls. Inconsciemment, tacitement, ils se conduisent
simplement, marchant côte à côte, travaillant côte à côte,
sans gestes déplacés. Camille n'a plus laissé Monsieur
Rodin accrocher la pancarte « Monsieur Rodin est

185

absent ». Une pancarte comme celle qui se balance en ce moment devant leurs yeux. Le printemps embrumé, crépusculaire...

« Viens. » Parfois Monsieur Rodin la tutoie comme un compagnon. Ils poussent la grille. Deux enfants entrant au royaume enchanté. Monsieur Rodin avant de refermer la grille retire la pancarte. Camille éclate de rire, proteste un peu. Rodin fait « Chut ! » de son doigt, d'un air mystérieux, et met la pancarte sous son bras. Les herbes ont poussé très haut, les arbustes cachent à moitié la vieille maison. Personne ne répond. Abandonnée, mélancolique, la demeure semble les attendre. Ronces, plantes mauvaises, fleurs sauvages, Camille pense à la vallée du cinquième chant de *L'enfer*.

Les voilà à la porte d'entrée. Lourde serrure, l'épaisse clef qui tourne, ils entrent. Des pièces, des pièces à n'en plus finir. Les plafonds qui s'écroulent par endroits, les dorures, des miroirs noircis, ils s'enfoncent tous deux plus loin, toujours plus avant, ils tournent, retournent, dans le silence. Puis leurs pas résonnent et à nouveau le silence. Monsieur Rodin et Camille face à face dans la grande pièce du fond. La cheminée haute, les fenêtres, les vitres presque opaques d'oubli et partout des glaces, d'immenses glaces dorées, couvertes de poussière. Monsieur Rodin s'avance vers Camille adossée à la cheminée. Elle se voit multiple, elle le voit, trois fois, non quatre, non là-bas trois autres, ils approchent tous. Elle ne bouge pas, elle le sent proche, si proche de son envie à elle. Cela fait des semaines qu'ils se sont à peine embrassés. Il y a eu le Salon de mai, les expositions, les visites des ministres depuis le soir d'orage, *Le baiser*. Depuis cette tempête d'amour, combien de fois ont-ils pu réellement se retrouver ? Elle voit sa tête, sa belle tête, les lèvres épaisses, le nez droit, les narines qui palpitent, son parfum, son odeur à elle... Il l'a prise doucement. Sa main effleure le cou. Il entrouvre la robe lentement et de ses deux mains maintenant dégrafe le corset pour libérer les seins lourds. Camille veut l'aider.

« Ne bouge pas. Laisse-moi regarder. Laisse-moi faire. » Il ne se lasse pas de la contempler. Il y a si longtemps, si longtemps qu'il n'a pu l'avoir à lui. Ses seins magnifiques, ses hanches, violentes, dominatrices, larges, et sa tête si fière, ses deux yeux pétillant d'intelligence. Car elle est intelligente. En son for intérieur, il a peur par moments. Elle est plus intelligente que lui, plus intuitive. Elle a lu aussi, beaucoup plus. Il l'envie par moments de cette jeunesse, de cette inconscience aussi, de cette force. Il a peur qu'elle le juge, qu'elle ne l'admire plus un jour, qu'elle ne pose plus sur lui ce regard émerveillé d'enfant qu'elle a en ce moment. Cette totale confiance de tout son être. Il la regarde car elle lui donne jusqu'à son âme même en cet instant. Délicatement, il effleure les seins, le bout des seins qui se dressent vers lui. Rarement il a vu un corps aussi prompt à l'amour...

Rodin a possédé des femmes d'une bêtise sans remède, femmes du monde ou modèles. L'éducation n'y était pour rien. Malgré la splendeur de leur chair, leurs ébats ne lui avaient laissé qu'un goût fade, triste. L'intelligence, les caresses avaient besoin du regard, l'amour charnel, là aussi l'avait surpris ; lui aussi demandait une recherche, une exigence, une lueur de spiritualité. Son ventre à elle parlait, répondait à ses mains parce qu'elle-même lui disait quelque chose. Les jambes vivaient parce qu'elle-même, Camille, sa Camille avait quelque chose à dire. Il s'est penché et a pris un sein entre ses lèvres. Elle gémit. « Pas ici.

— N'aie crainte. Personne ne viendra. Ce que j'adore chez toi, dans ton corps, plus que sa forme si belle, c'est la flamme intérieure qui l'illumine. Voilà pourquoi je lui ai dédié *La pensée*. »

Il fait glisser la robe à terre, la voilà nue maintenant. « Ne bouge pas. » A genoux, il lui enlève les bottines, fait descendre les bas. Il veut la voir debout, nue, dressée, il veut la regarder là, clouée à la cheminée, à lui, tout entière sous son regard, photographiée là dans son œil de poète, livrée à lui seul, posant pour lui seul, ange plaqué contre le bloc de la cheminée, comme si le vent brutalement l'avait précipitée sur la terre, ses deux bras soutenant dans un dernier effort les ailes brisées... Comme si elle allait s'élancer à nouveau ! Icare femelle. Jamais il n'arriverait à exprimer la beauté de son corps !

« Je comprends les antiques. Pleins de respect et d'amour pour la nature, ils témoignent éperdument de leur respect pour la chair. C'est folie de croire qu'ils la dédaignent. Chez aucun peuple la beauté du corps humain n'a suscité une tendresse plus sensuelle. Tu es faite pour toutes les sculptures. Si j'en avais le talent, je pourrais faire un antique, là, de toi : « La Vénus ». Un ravissement d'extase semble errer sur toutes les formes qu'ils modelèrent. » Rodin suit le modelé du corps. La courbe des hanches, le vallonnement qui lie le ventre à la cuisse. Il enserre les reins, tâte les fossettes, revient au ventre, imperceptibles ressauts... Camille maintenant supplie, elle demande, elle appelle. Le corps s'agite : il n'est plus l'artiste mais un homme seulement.

Dans l'atelier, le poêle fumait. Yvette grelottant, nue, Camille avait détourné la tête. Yvette à genoux, Monsieur Rodin recule, tourne autour ; Yvette accoudée à la table. Monsieur Rodin et Bourdelle qui s'éloignent. Elle à genoux, minute après minute. Camille avait eu envie de crier. Monsieur Rodin creusant de sa main les reins. « Tends-toi plus, Yvo, s'il te plaît... là, écarte plus tes jolies rondeurs. » Yvette grasse, luisante près du poêle. Lui expliquant au praticien : « Regarde. C'est une urne, là. Le dos qui s'amincit à la taille et puis s'élargit formidablement, un vase au galbe exquis, l'amphore qui contient dans ses flancs la vie de l'avenir.

— Monsieur Rodin, j'grelotte. Causez pas trop.

— Habille-toi, c'est assez pour aujourd'hui. »

Rodin affectionnait cette position des modèles. Camille avait du mal à supporter. Seule femme de l'atelier, elle voyait ses compagnes à genoux, sexe ouvert, tendues, repliées suivant le désir des artistes — tous des hommes. Et voilà, elle avait été semblable à l'une d'elles, sans honte, comme Yvette. Yvette qui s'était relevée, avait cligné d'un œil, surpris le regard de Camille : « Eh ben quoi ? t'as jamais été comme ça ? »

Mais elle n'était pas ainsi exposée à tous les regards. Camille, tout à coup, prend conscience du privilège dont elle bénéficie. Elle comprend la haine d'Yvette, la vie difficile des modèles. Elle, c'est elle qui mène le jeu, elle ne subit pas. Elle a eu du plaisir, là, par terre, prise comme une bête, tandis que les autres là-bas, chaque jour, elles se déshabillent, qu'il fasse froid ou chaud, et ce sont des heures de travail, de pose. Il y a de mauvais modèles aussi ; ce n'est pas parce qu'on pose nue que tout est réglé. Les hommes eux semblent à l'aise, nus ils discutent avec les sculpteurs sans problème. Camille a souvent remarqué la différence. Les fesses tendues d'Yvette ? Est-ce qu'elle pourra un jour mettre un homme devant elle à genoux pendant des heures et dessiner le galbe exquis de ses fesses ? Un sourire amusé se dessine sur les lèvres de la belle endormie. Quelques vers lui reviennent à la mémoire :

« *Chair de la femme, argile idéale, ô merveille,*
O pénétration sublime dans le limon... »

Non, ce n'est pas cela.

« A quoi penses-tu ? » Monsieur Rodin est habillé,

Monsieur Rodin est penché vers elle. « Habille-toi, tu vas avoir froid.

— Attends, je cherche des vers, un poème de Hugo que j'avais appris, avec Paul, attends :

Chair de la femme, argile idéale, ô merveille,
O pénétration sublime dans l'esprit
Dans le limon que l'être ineffable pétrit,
Matière où l'âme brille à travers son suaire,
Boue, où l'on voit les doigts du divin statuaire,
Fange auguste appelant les baisers et le cœur,
Si sainte, si sainte

« Attends... ah ! voilà,

Si sainte qu'on ne sait, tant l'amour est vainqueur
Tant l'âme est, vers ce lit mystérieusement élevée

Non.

... mystérieusement poussée,
Si cette volupté n'est pas une pensée,
Et qu'on peut, qu'on ne peut,
Et qu'on ne peut à l'heure où les sens sont en feu,
Etreindre la beauté sans croire embrasser Dieu. »

Rodin a dit avec elle les deux derniers vers.
« Tu les connais ?

— Oui, je les connais. Je trouve ces vers de Hugo sublimes. Je n'ai pas eu une grande éducation, mais tu sais, après la mort de Maria, je t'ai dit, quand j'étais au noviciat, le père Eymard — c'était un vrai saint — c'est lui qui m'a sauvé du désespoir et en même temps il était convaincu de mon génie. C'est lui qui m'a conseillé de me consacrer tout entier à la sculpture. "C'est une erreur, répétait-il sans cesse, tu avais besoin d'une halte, c'est tout ! mais il te faudra retourner à ta sculpture. C'est là ta vocation." Il m'a beaucoup poussé à lire. "Lis tout ce que tu peux. Surtout les poètes." En sortant du monastère, en souvenir de lui, j'ai passé des heures dans les bibliothèques publiques : Hugo, Musset, Lamartine... C'est là que j'ai découvert Dante. Le père Eymard, c'était un saint ! »

Camille est toute rhabillée. Monsieur Rodin parle, le front appuyé contre la fenêtre. Il est encore tôt même si le fouillis des arbres et des arbustes obscurcit le jardin. Camille s'apprête, remet ses cheveux en ordre. « Il va falloir que je rentre.

— Ecoute ! Ecoute un moment. Cette vieille demeure appartenait à Jean-Nicolas Corvisart, le chirurgien de la Grande Armée, elle s'appelle "le Clos Payen" ou "la Folie Neubourg". C'était le médecin de Napoléon. Toi qui, à douze ans, sculptais Napoléon, voilà la maison de son médecin. Robespierre y a habité, puis Musset et George Sand. Enfin nous...

— Nous y sommes passés.

— Non, Cam'. Nous y habitons. Je l'ai louée. »

Camille s'appuie contre la glace. « Qu'est-ce que tu viens de dire ?

— Je l'ai louée. Voilà. Pour nous. »

Camille s'avance vers lui. Il regarde au-dehors le jardin. Elle appuie sa tête sur son épaule. « C'est vrai, Monsieur Rodin ?

— Oui, c'est à toi. Nous y travaillerons ensemble. Notre nouvel atelier. »

Camille éclate de rire, elle se met à danser. Elle a douze ans, elle se met à sauter à la marelle sur le parquet. La voilà qui court à travers toutes les pièces, elle monte les étages, galope.

« Camille... Cami-ii-iiille... Où es-tu ? Cami-ii-iii-lle...

— Monsieur Rodin. »

La voix est si loin, presque étouffée. Comment la retrouver dans ce dédale de pièces ?

191

« Vous n'êtes qu'une enfant mal élevée.

— Comment ?

— Sale gosse ! »

Camille s'amuse. Monsieur Rodin rage gentiment. Tout cela lui appartient, plus de famille, plus d'heure ! Monsieur Rodin lui appartient. Il ne la rattrapera jamais ; d'une pièce à l'autre elle va, grimpe jusqu'à la mansarde.

« La Folie Neubourg. »

Soudain elle est là. Couverte de toiles d'araignée, sale, elle fait la révérence : « La princesse de la Folie Neubourg. »

Elle lui tend une main souveraine, il l'enlace, la hisse contre lui. « Petite folle ! Petite folle ! »

Elle gigote comme une anguille.

« Monsieur Rodin, je vous aime à la folie ! »

Il l'a reposée. Elle est lourde, tout en muscles. Elle le regarde d'un drôle d'air. « Je me demande comment ils ont posé.

— Qui ?

— Les modèles pour *L'enlèvement*... Ça, j'aurais aimé voir. L'amour charnel... *Je suis belle, ô mortels, comme un rêve de pierre.* »

Rodin se souvient. L'homme tient la femme à bout de bras. « Vous êtes trop curieuse, mademoiselle le sculpteur. Je vous expliquerai. Si je vous livre tous mes secrets, vous me tuerez et vous deviendrez célèbre à ma place. Déjà vous avez du génie, alors pas de leçons pour les génies. Débrouillez-vous ! »

Il éclate de rire. « Allez, nous rentrons maintenant. Bientôt nous mettrons quelques meubles. »

Camille prend le bras de son compagnon. Ils referment la grille.

« A demain, ma "Folie". »

Le couple s'éloigne. Camille retire son bras. Tous deux marchent côte à côte maintenant.

LETTRE DE L'ASILE

« ... C'est réellement faire preuve de folie que de dépenser un argent pareil. Quant à la chambre, c'est la même chose, il n'y a rien du tout, ni un édredon, ni un seau hygiénique, rien, un méchant pot de chambre les trois quarts du temps ébréché, un méchant lit de fer où on grelotte toute la nuit (moi qui déteste les lits de fer, il faut voir si je [illisible] de me trouver là-dedans,   ... »

L'espérance sauvage

« ... Toi, misérable quelqu'un dans la
foule regardé, rien ne tient plus ! et il n'y a
rien à faire contre le débordement sauvage
de l'espérance !
« Rien à faire contre cette éruption comme
le monde au fond de mes entrailles de la Foi !
« Tout ce dont j'étais sûr, c'est fini ! et c'est
fini de tout ce qu'on m'a appris au lycée. »

PAUL CLAUDEL. le 25 décembre 1886.

« Mais qu'est-ce qu'il fabrique cet enfant ? Pour une
fois que nous sommes tous là. C'est incroyable ! »
Madame Louise proteste. Un 25 décembre, tout de
même, il pourrait être là pour dîner.

Camille vient d'avoir vingt-deux ans. Quinze jours
auparavant, le 8 décembre, Monsieur Rodin lui a offert
La pensée. Camille l'a laissée à la Folie Neubourg. Sa

194

mère l'aurait cassée. Par inadvertance, par maladresse. Mais qu'est-ce que peut bien faire son frère ?

« Raconte-moi, Camille. » Son père a l'air fatigué. Il supporte mal d'être éloigné de ses enfants. « Est-ce que tu progresses un peu ?

— Sûrement, elle passe son temps avec Monsieur Rodin. »

Louis-Prosper a haussé les épaules. « Qu'est-ce que c'est que cette histoire ?

— Monsieur Rodin a de plus en plus de commandes. Il a obtenu un autre atelier. »

Camille se garde bien de mentionner l'adresse. La jeune Louise enchaîne : « Tout Paris en parle. Elle pose pour lui. Va voir *Le baiser*, papa. Elle nous déshonore. Si je me marie un jour, j'aurai de la chance.

— Mais non, je suis son inspiratrice, si tu veux. Il a assez de modèles. Il n'a pas besoin de moi. Je me suis mise au marbre. »

Louis-Prosper décide d'avoir une conversation avec Camille — en tête-à-tête. Sa femme lui a raconté des horreurs, mais ne déteste-t-elle pas sa fille aînée ?

« Oui, tu sais, il a obtenu la commande des *Bourgeois de Calais*, plus *La porte de l'enfer*, les bustes... Il n'y arrive plus. Il y a de plus en plus de praticiens. Moi, je taille aussi. Le marbre, il m'a laissée l'attaquer. Alors maintenant...

— Camille, attends un peu, je t'en supplie. Explique-toi un peu plus clairement. Je ne suis pas sculpteur, moi. Quoi, Rodin taille lui-même, non ?

— Non, attends. Une sculpture, ce n'est pas comme un dessin. Tu ne prends pas le crayon et v'lan c'est fini. Je veux dire, beaucoup d'éléments entrent en jeu.

— Ecoute, Louis, nous allons souper maintenant, il est tard.

— Une minute, Louise, Camille m'explique.

195

— Voilà. Par exemple, tu décides de faire une sculpture. Bon... »

Paul arrive, essoufflé, tout rouge.

« Paul, qu'est-ce que tu as ?

— Rien du tout, maman.

— C'est une femme, c'est une femme !

— Arrête, Louise, occupe-toi de tes robes !

— Ah ! non, vous n'allez pas vous disputer le soir de Noël ! »

Louis-Prosper prend le bras de Camille. « Allons souper. Tu me raconteras la suite plus tard. » Il a chuchoté dans son oreille. Comme un secret entre eux.

La tablée est au complet. Il y a là Madame Louise, tout de noir vêtue, elle sert la soupe. Puis la jeune Louise, souriante dans sa nouvelle robe, ses boucles autour du visage, harmonieuses — pourquoi boude-t-elle si souvent ? En face Paul — mais il a l'air bouleversé, absent, comme si la foudre était tombée à ses pieds. Camille, à côté, un peu pâle dans une robe rayée — mais c'est encore la même que les années passées. Elle semble encore plus mince dans cette robe, son col blanc, tuyauté, ajoute à son air fragile.

« Tu devrais te payer une autre robe, Cam'.

— Elle dépense tout pour ses outils, ses matériaux, je ne sais quoi encore. C'est tout juste si elle se coiffe. »

« Ecoute, Papa... » Camille essaie de reprendre ses explications sur la sculpture.

« Ah ! non, vous n'allez pas recommencer. La sculpture, il n'y en a plus que pour ce maudit art. Dis-moi plutôt. As-tu vu les Thierry ? »

Et voilà, ils vont parler de la famille. Les enfants se taisent. Camille regarde Paul. Entre deux bouchées, elle lui lance : « Paul sur le chemin de Damas. T'as vu la foudre ou quoi ? Lis la bible que je t'ai donnée. »

Paul la regarde, éberlué.

« Eh bien, Paul, tu manges ?

— Oui, maman, j'ai presque fini. »

Par en dessous Camille observe son jeune frère. Il a l'air d'avoir rencontré quelqu'un, c'est curieux. Personne ne fait plus attention à lui, mais elle se revoit, le soir d'orage. Elle était comme lui. Qu'a-t-il bien pu se passer ?

La dinde arrive, grasse... les marrons. Camille déteste ces longs repas de fête. Heureusement son père est là.

« Dis-moi, Paul, tu as lu cet Arthur Rimbaud. En vous attendant, je feuilletais *La vogue* et je me suis mise à lire quelques poèmes. »

Paul est intarissable sur le sujet. Louis l'écoute. La mère continue à bougonner dans son coin, les assiettes font plus de bruit qu'à l'ordinaire, dix fois elle demande si personne ne veut reprendre de la dinde, des marrons, de la salade ; dix fois elle interrompt la conversation. La jeune Louise est ailleurs, elle pense au jeune Ferdinand de Massary qu'elle a vu l'autre fois. Mais leurs conversations sont d'un ennui...

« Rimbaud, Rodin, Rodin, Rimbaud ! »

Camille écoute son frère. Il lui a passé *Une saison en enfer*. Camille comprend sa fascination pour le poète. Il doit être fou quelque part dans le monde. Elle est sûre que Paul a été incapable de se renseigner comme elle le lui avait dit.

Enfin la bûche arrive. Ça, c'est le sommet ! Camille déteste ces bâtons verdâtres, gluants, chocolateux. La bûche !

En revanche, il n'y a pas de cadeaux. Leur père ajoutera sans doute un peu d'argent à la somme habituelle, mais dans cette famille, pas de cadeaux. Ah ! si, Louise arbore une broche ancienne à son chemisier. Camille regarde sa sœur, dont elle est en train de faire le portrait, mais Louise ne veut jamais poser, trouve mille excuses.

« Alors, Camille, parle-moi un peu de cette sculpture. »

Ils se sont assis au calme. Paul s'est plongé dans un livre. Camille jette un coup d'œil : tiens, il a ouvert la bible qu'elle lui a offerte voilà plusieurs mois. On sonne. Madame Louise va ouvrir. Ferdinand de Massary est venu chercher Louise. Ah ! c'est pour cela qu'elle portait la broche. Sans doute un cadeau de la mère. Présentations, saluts, re-saluts. Camille voit partir sa sœur et pense au jour où sa mère s'était dressée contre elle : « Tu ne sortiras pas. Je te ferai enfermer ! » Intérieurement elle sourit. Depuis, s'ils savaient les progrès qu'elle a faits.

« Alors Cam' !

— Je reprends. Oui, tu as un modèle. Déjà il faut le trouver. Si ce n'est pas un ami ou une amie, il faut le payer, acheter la terre, se la procurer, l'apporter. Tu sais, dix kilos de terre, ce n'est pas rien. Lorsque tu as réalisé ton ébauche, il faut vite cuire la terre sinon elle s'effrite, se casse sous l'action du gel, de la chaleur. Bon, tu peux la mouiller avec des chiffons mais au bout d'un moment, tout sèche. Monsieur Rodin, au début de sa carrière, a perdu des dizaines d'ébauches comme cela. Tiens, un des premiers bustes de Rodin est devenu un masque. Il s'appelait Bibi — un vieil homme de peine qui aidait à droite, à gauche... Rodin qui à l'époque n'avait pas d'argent a fait son buste pour présenter une œuvre au Salon. C'était en 64. L'année de ma naissance. Pan ! A cause du froid, Rodin travaillait dans une écurie sans chauffage, le buste s'est cassé en deux. Seul restait le masque : *L'homme au nez cassé*. Il l'a présenté tel quel. En plus il a été refusé. Quelques années plus tard, on a pris *L'homme au nez cassé* pour un superbe antique. Alors tu sais, les critiques... !

— Oui, mais pourquoi tailles-tu ?

— Attends... Une fois que tu as fait ton ébauche, il faut souvent l'agrandir. A ce moment-là, ou tu le fais seul et tu fais une sculpture tous les cinq ans, ou tu as des

198

praticiens qui font le travail. J'exagère à peine. Rodin, il a mis dix-huit mois à réaliser *L'âge d'airain*. En plâtre encore. Bon, tu peux le faire en plâtre, mais c'est extrêment fragile. Après tu peux couler ton modèle en bronze, cela coûte très cher. Il faut trouver le fondeur, souvent ils sont déjà retenus depuis des mois. Un mauvais fondeur peut te gâcher à jamais une statue. Tu peux aussi tailler directement le marbre ou la pierre, mais si tu peux gâcher la terre, tu ne peux pas te permettre de rater un marbre. C'est une fortune. En outre cela prend des heures de travail pour dégrossir le marbre. C'est pourquoi on le confie maintenant à des ouvriers qualifiés, des praticiens, et seul le sculpteur finit. Mais avant, il y a tout ce travail qui consiste à dégrossir la pierre ou le marbre. Moi, cela me passionne. Alors j'ai demandé à Monsieur Rodin de me laisser tailler le marbre directement.

— Oui, mais lui, qu'est-ce qu'il fait ?

— Ecoute, quand tu as fait ton modèle en terre, si tu continues tout seul, tu ne t'en sors pas. Tu as ce qu'on appelle les gâcheurs de plâtre, les gypsiers, ceux qui te préparent la matière. Bon, tu fais ton ébauche. C'est ça presque le plus important : c'est là qu'un sculpteur montre ce qu'il sait faire. Après tu fais agrandir par les praticiens, par ce qu'on appelle plutôt des metteurs au point. Monsieur Rodin ne travaille que de cette manière. On lui fait dix, quinze, vingt agrandissements et c'est à partir de ça qu'il se rend compte, qu'il indique. Ces esquisses, on les exécute au tiers ou à la moitié de la dimension voulue. Puis il demande qu'on lui augmente une des maquettes, alors seulement il reprend. Evidemment cela nécessite une main-d'œuvre importante. Pour le marbre et la pierre, les praticiens les meilleurs rendent des esquisses définitives. Lui indique d'un coup de crayon un mouvement à souligner, ou tiens, tu sais ce qu'il fait ? il sort ses mouchoirs, comme toi, tu sais ; il les pose aux endroits qu'il faut "fouiller". Ils ressortent aussi sales que les tiens quand tu répares quelque chose avec.

Son père sourit. « Mais toi, tu tailles.

— Oui, il paraît que je deviens sa meilleure ouvrière. Tu sais, le marbre, c'est très délicat, si tu tombes sur un "ver" — oui, c'est comme cela qu'on dit, quand le ciseau s'enfonce brutalement et que le marbre est comme pourri, si tu veux —, il va se casser, il faut tout recommencer. Moi, je veux devenir un grand sculpteur mais aussi un extraordinaire praticien. Je crois que je serais folle de rage si je voyais quelqu'un d'autre abîmer, toucher à mon marbre. Ma sculpture, je veux la sortir directement du bloc.

— Et Monsieur Rodin ?

— Oh ! tu sais, il a trop de commandes. Et puis il n'a jamais taillé directement. Enfin pas vraiment... Cela ne l'intéresse pas. Et puis il ne pourrait pas vivre de son métier. Déjà, là, il n'y arrive pas. »

Paul a levé les yeux de son livre. « Il n'est pas bête ton Monsieur Rodin. Il rêve et vous faites le travail.

— Tais-toi, Paul, tu n'y comprends rien. Je ne suis pas seule. Il y a un monde fou. D'ailleurs il aura bientôt trois ateliers : il y a Jules Dubois, Danielli, Jean Escouba, les frères Schneeg, Lefèvre, Fagel. »

Monsieur Claudel est inquiet. « Tu es sûre que tu ne te fatigues pas trop ?

— Mais non, papa, je suis très heureuse. Il m'a confié les mains et les pieds des *Portes de l'enfer*. Tu sais, il a obtenu aussi la commande du monument pour *Les bourgeois de Calais* et...

— Très bien, Camille. Mais toi, qu'est-ce que tu réalises en ce moment ?

— J'ai fait son buste ; il faut que tu viennes le voir. Et *Paul à dix-huit ans*.

— Pour ce qui est de moi...

— Plains-toi, Paul, tout le monde m'a demandé qui était ce fier centurion. Il y a Louise aussi que je sculpte.

Louis-Prosper regarde sa grande fille avec admiration. Il est évident qu'elle est passionnée par ce qu'elle fait. Mais il aimerait bien voir d'un peu plus près ce Monsieur Rodin. Camille a vingt-deux ans maintenant ; elle ne dit pas un mot de sa vie privée, elle est secrète. Sa mère a dû très mal se débrouiller. Il regarde cette grande amazone assise à califourchon sur cette chaise, les mains sur le dossier. Arrivera-t-il à déverrouiller ce cœur ? Demain il ira voir cet atelier. « Dis, Cam', tu me feras visiter ?

— Si tu veux, mais ne t'offusque pas des modèles nus. »

Louis éclate de rire. « Ai-je tellement l'air d'un curé ? »

Louis s'est levé et va se servir un peu de marc. « Tu en veux, Paul ? »

Paul a grommelé un refus. Il a l'air toujours aussi absorbé dans sa lecture.

« Donne-m'en une goutte, Papa. » Cela énerve Camille. Elle n'a pas forcément envie de cet alcool mais que son père soudain la renvoie aux fourneaux la met hors d'elle. Louis la sert.

« Ecoute, Louis, tu ne vas pas la soûler maintenant, gronde la mère.

— Tiens, prends aussi un verre.

— Jamais de la vie.

— Mais si, cela nous fera à tous du bien. Allez, Paul ! »

Camille retient difficilement une envie de pouffer. Sa mère tient le verre telle une limace gluante. Ses lèvres se plissent, pincées.

« Je voulais vous dire. Je vais être nommé à Compiègne. Cela me rapproche enfin de vous. Je m'ennuie. Mes dîners à l'hôtel, l'absence de mes enfants... et toi, ma femme. »

Camille les regarde. Son père a soixante ans maintenant. Il est un peu voûté. Sa tête blanche, les pommettes saillantes, sa petite calotte, sa barbiche lui donnent un curieux air de vieux savant.

« Enfin, on ne te verra pas plus. » Madame Louise a lancé sa réplique.

« Mais si, Louise, et puis je serai plus près, tu comprends. »

Louise déguste l'alcool. Camille remarque le plaisir évident que procure à sa mère ce petit verre d'alcool.

« Eh bien, tu vois, Louise, que c'est bon !
— Pas du tout. Il faut bien te faire plaisir. »

Camille déteste ces femmes qui ne disent jamais ce qui leur fait ou non plaisir. Eternelles victimes, elles se sacrifient à tout jamais. Ayant refréné leur joie, elles ne peuvent plus que subir. Elles ont dressé un tel barrage devant le plaisir que même un plat, une fleur, ne provoquent plus chez elles le moindre acquiescement. Toute existence est en forme de croix. Camille du fond du cœur remercie Monsieur Rodin de lui avoir communiqué le goût du plaisir. De toute façon, elle l'aurait trouvé. Toute petite, elle s'était juré de chercher toujours plus loin. Il y a un certain égoïsme qui est une forme de santé. La réflexion de son père, un jour, est restée gravée dans sa mémoire d'enfant. « Camille, dis aux autres ce qui te fait plaisir. Le sacrifice peut aliéner tout le monde. Que les autres sachent ton vrai désir. Rien n'est pire qu'on se sacrifie pour vous. Ce n'est pas un cadeau à faire. Pour un homme. C'est une forme insupportable de chantage. »

Elle se souvient. Son père était en colère ce jour-là. Louise et lui s'étaient heurtés. Camille ne sait plus très bien pourquoi. Sa mère était sortie en jetant à Louis : « Je me sacrifie déjà tant pour ces enfants. »

Ils ont reposé leurs verres. « Demain nous irons tous au restaurant.
— Ecoute Louis, c'est bien trop cher. »

Louis s'est dressé brutalement de son fauteuil. « Eh bien tu resteras si tu veux. J'emmènerai Camille et Paul. »

La porte a claqué. Monsieur Louis est sorti. Dehors il neige.

Camille songe à Monsieur Rodin. Où est-il ce soir ? Il était hors de question qu'elle reste avec lui ou qu'elle l'invite à dîner avec sa famille. Où peut-il être ? Le Clos Payen — la Folie Neubourg — est devenu leur lieu de rendez-vous. Personne d'autre n'y vient. Ils y travaillent tous les deux. Jamais Camille n'a été plus heureuse. La concierge a ordre d'interdire toute entrée et de ne renseigner personne. Ils sont là tous les deux, cachés par les broussailles, les arbres, les herbes sauvages. Seules les vacances les séparent. Camille ne se lasse pas d'aller à Villeneuve comme chaque été. Si elle pouvait y aller avec lui... Quel bonheur ! Il est souvent à la campagne. Parfois Camille a envie de l'interroger à propos de Rose, mais elle se tait. Il lui parlera d'elle sûrement. Elle ne veut pas s'abaisser à questionner. Monsieur Rodin a maintenant trois ateliers. Camille sait qu'il devient de plus en plus célèbre. Des femmes du monde, des hommes politiques, des sculpteurs, des Anglais, des Suédois, des Américains même débarquent le samedi. Tous veulent voir *La porte de l'enfer*. Camille les voit s'agiter autour de Monsieur Rodin. S'ils savaient !

C'est vrai : son père a raison. Elle est l'ouvrier de Rodin, son modèle, son inspiratrice et sa compagne. Parfois le soir elle ne tient plus sur ses jambes. Les cheveux couverts de poussière, de glaise, d'éclats de pierre, dans ses sabots, Camille rentre chez elle, titubant de fatigue. Lorsqu'elle a passé sa journée à dégrossir un bloc ou un marbre, elle le ressent physiquement — elle aussi parcourt les trois ateliers. Quelquefois elle pose des heures pour lui au Clos Payen. Il veut la dessiner, il veut la modeler. Elle est secrètement heureuse d'être son modèle, mais survient aussi, parfois, un curieux pincement au cœur, comme tout à l'heure, lorsque son père lui a demandé ce qu'elle préparait. Elle ne travaille pas assez pour elle. Dans sa tête, alors qu'elle pose, un monde peuplé de sculptures imaginaires s'agite. Elle voit des scènes, des groupes, des bustes — et puis un jour son œuvre colossale. Mais comment refuser à Rodin d'être là, de lui donner ce qu'il demande ?

L'autre fois, il lui a dédicacé *La méditation* — et l'un de ses plus beaux morceaux, *La Danaïde*. Il a dû le réaliser au début du printemps. Elle se revoit alors ! Elle s'était endormie dans l'atelier. Il faisait encore chaud. Il venait de l'embrasser, de l'aimer ; elle s'était recroquevillée sur le divan et endormie tout simplement. C'était d'ailleurs idiot, elle avait pris froid naturellement. Lui ne songeait nullement à la recouvrir, il s'était mis à pétrir sa glaise et tranquillement il sculptait. Il avait chaud, il travaillait. Elle s'était réveillée avec un horrible torticolis. Tout d'abord elle s'était attiré les réprimandes de sa mère, et le lendemain une atroce angine lui serra la gorge. Elle n'avait rien dit mais avait traîné pendant presque un mois en toussant, la gorge en feu. Sa mère pas une seule fois ne s'était inquiétée. Seule Victoire l'avait bien soignée lorsqu'ils étaient arrivés à Villeneuve comme chaque année à la fin du mois de juillet.

« Une Danaïde, qu'est-ce que c'est exactement, Paul ?
— Un papillon.
— Hein ?
— Un beau papillon des régions tempérées. »
Camille reste pensive. Un beau papillon. Elle est tout sauf un beau papillon. Ce n'est peut-être pas elle qui a servi de modèle pour cette Danaïde.
« Une des filles de Danaos.

204

« — Ah ! bon. Et qui étaient-elles ?

— Elles tuèrent toutes, sauf une, leurs époux la nuit de leurs noces. »

Camille est stupéfaite. « Quoi ?

— Aux Enfers, elles reçurent un châtiment : elles devaient remplir un tonneau sans fond, éternellement. On compare au tonneau des Danaïdes un cœur dont rien ne remplit les désirs. »

Camille a horreur des gens satisfaits. Elle l'a dit à Monsieur Rodin un jour. De là à la comparer à une Danaïde... Soudain Camille a envie de lui faire mal, de le mettre en colère. Tiens, elle ne l'a encore jamais vu en colère.

« Ecoute, Camille. » Paul est enfoncé le nez dans la Bible.

« *Dis à la sagesse : « Tu es ma sœur ! »*
Donne le nom de parente à l'intelligence,
Pour te garder de la femme étrangère,
De l'inconnue aux paroles doucereuses... »

Camille se sent lasse, un peu soûle. Ils ont bu du vin au dîner, puis le marc. Camille a envie de quelque chose d'autre.

« *La sagesse n'appelle-t-elle pas ?*
L'intelligence n'élève-t-elle pas la voix ?
Au sommet des hauteurs qui dominent la route,
Au croisement des chemins, elle se poste... »

« Qu'est-ce que c'est, Paul ? » Camille s'approche, un peu titubante. Pourtant elle n'a pas beaucoup bu. C'est la fatigue, et puis elle a peu mangé durant ce long dîner.

« Le chapitre VIII des *Proverbes*. La Sagesse, la Sagesse symbolisée sous les traits d'une femme. L'âme humaine, l'inspiratrice. »

Camille regarde Paul. Ils ont tous besoin d'une inspiratrice. Elle voit Paul, Monsieur Rodin, tous ces hommes qui travaillent là autour d'elle. Elle ne sait rien d'eux finalement. Le monde des hommes. Le monde des jeunes garçons. Mais pourquoi alors est-elle si exclue aussi du monde des femmes ? Oui, il y a la vieille Hélène, Victoire, Eugénie, mais elle se sent mal à l'aise en général. Elle s'ennuie bien souvent en leur compagnie. Dès qu'elle est avec son père, ou Rodin, ou dans l'atelier, elle a l'impression d'être libre. Mais c'est vrai qu'elle ne les connaît pas non plus. Oui, leurs désirs, leurs airs d'enfant aussi parfois, leurs figures soudain démunies et puis tout à coup leur concentration, leur volonté, leur faculté d'être inaccessibles, absorbés tout entiers par leur tâche.

« Paul, j'ai envie de sortir, d'être gaie. » Camille connaît bien ce désir qui la prend soudain de faire des bêtises, d'aller jusqu'au bout de son humeur. Elle boit un autre verre de marc. « Ça brûle en moi ! Là tout au fond de la gorge. Regarde si ça ne flambe pas ! »

Elle a resservi son frère qui boit aussi sans s'en apercevoir. La voilà qui commence à chanter un air de l'époque en esquissant des pas de danse :

« Mad'moiselle écoutez-moi donc,
J'voudrais vous offrir un verre de madère
Mad'moiselle écoutez-moi donc
J'voudrais vous offrir un Amer Picon
Non monsieur, je n'vous écoute pas
Je n'bois pas d'tout ça, je n'bois que d'l'eau claire
Non monsieur je n'vous écoute pas,
Je rentre chez moi, je d'meure à deux pas. »

Enfin deux pas et demi — et demi. Elle hoquette et lance sa jambe désarticulée comme si elle rythmait un french cancan, avec une seule chaussure.

« Cam', arrête !

— Qu'est-ce qu'il y a ?

— Je ne sais pas. Un jour de Noël ! »

Camille éclate de son grand rire de géant . « Mais oui ! Noël ! les bûches ! la religion, la famille, la patrie, Ta-ta, ta-ta-ta-ta ! » Soudain Camille s'arrête. « Moi, j'aime la vie ! l'amour ! l'espérance ! sans récompenses. Au jour le jour. Sauvage. Je suis un sauvage.

« Mad'moiselle écoutez-moi donc... »

Quand elle est déchaînée — Paul la connaît — on ne peut rien. Louis-Prosper vient de rentrer. Les voilà qui s'élancent tous les deux dans une valse. Camille hurle de rire. Madame Louise apparaît en chemise de nuit, un châle autour de ses épaules. Camille la regarde et se met à rire, à rire. Un fou rire.

« Ce n'est rien, maman, elle est un peu ivre. »

Paul les regarde tous. Et lui, qu'est-ce qui vient de lui arriver ? Il est allé à Notre-Dame aujourd'hui, lui l'athée, l'élève de Renan, il a été écouter le *Magnificat* à Notre-Dame tout à l'heure. Comment leur dire qu'il a senti une présence, qu'il a été frappé en plein cœur par la présence de quelqu'un ? Comment leur avouer cette rencontre qui balaie tout ? Tout ce qu'il a appris au lycée, c'est fini. Il revoit la Vierge là dans la pénombre, son enfant dans les bras, le sourire ineffable de cet enfant, cette promesse d'innocence, cette profonde joie. Camille rit de plus en plus, mais lui a envie d'éclater en sanglots — larmes de joie. Il a envie de crier, d'expulser de son cœur toutes les horreurs de ces dernières années. Pour la première fois il a été désarmé, bouleversé de fond en comble ! Quelque chose s'est déchiré en lui ! Il a envie de leur dire, de leur hurler lui aussi cette espérance sauvage qui lui arrache les entrailles. Et il sait que ce n'est pas l'alcool. Depuis tout à l'heure, ça brûle en lui, depuis cette fin d'après-midi il est embarqué dans une terrible aventure. Alors tous les vaisseaux sont brûlés, tout est déjà largué, voilà que lui aussi se lève. Louis s'est arrêté, fatigué de cette ronde folle, et Paul attrape sa sœur et les voilà qui tourbillonnent, hurlant de rire, comme lorsqu'ils étaient enfants. L'un revient de Notre-Dame. l'autre travaille aux *Portes de l'enfer*. Ni l'un ni l'autre n'ont livré leur secret. Qu'importe ! Ce soir, ils sont fous de joie.

Rose Beuret

> « ... Ah, si cet homme ne veut pas en
> cueillir la grappe,
>   Ah, s'il veut continuer à faire le juge
>   Ah, s'il ne veut pas l'emmener, il ne fallait
> pas lui prendre la main
>   Ah, s'il ne veut pas épuiser la coupe, il ne
> faut pas y mettre les lèvres... »
>
> PAUL CLAUDEL, *La cantate à trois voix*.

Il faisait froid — glacé même. Février finissait dans les
tempêtes, les giboulées. Camille se sentait piétiner,
comme ces chevaux musclés qui marchent au pas sans
plus avoir le courage de ruer dans les attelles. Camille
était mécontente d'elle-même. L'année 1887 ne l'intéressait pas. Voilà, c'était comme ça. Pourtant elle voyait
plus souvent Monsieur Rodin. Elle avait un atelier magnifique. La Folie Neubourg enneigée avait été plus que

209

jamais un havre de paix, de volupté, de travail. Mais curieusement elle sentait qu'autre chose devait se produire.

« C'est un temps qui ne me dit rien », disait la vieille Hélène.

Louise s'affairait. Elle allait se marier avec Ferdinand de Massary, un jeune homme fin avec sa petite moustache et sa barbiche. Camille avait proposé de réaliser son buste. En même temps que le frère, le père, le beau-frère, la sœur, Rodin ; elle tournait en rond. Elle aurait voulu un vrai modèle, à elle, un couple, une femme nue, un homme nu, échapper à cette série de bustes qui la poursuivaient, tels des fantômes. Elle voulait de la chair nue à façonner, de la vie et non pas ces bustes, cette série de bustes avec lesquels elle se faisait la main comme un chirurgien attendant le jour où il pourra vraiment opérer pour de bon.

Monsieur Rodin avait été complètement absorbé par la grosse commande des « Bourgeois de Calais ». L'échec, les critiques, ils n'étaient jamais contents là-bas ; plusieurs fois Camille avait dû réconforter son professeur : ils trouvaient « les bourgeois de Calais affaissés », « ils n'étaient pas assez élégants ». Quand on croyait avoir gagné sur un point, il y avait toujours un scribouillard pour écrire une bêtise et qui avait voix au chapitre. Par moments, Rodin était prêt à tout détruire. Elle le sentait fou de rage. Pourtant elle avait suivi de près l'histoire de cette sculpture, le soin que Rodin y avait apporté. Il était bouleversé par cette scène où les six otages de Calais offrent leur vie pour sauver celle de leur cité. Il avait demandé à Camille de faire des recherches. Souvent ils s'étaient penchés des heures durant sur les mains — celles de Pierre de Wiessant. Elle avait une préférence pour Pierre de Wiessant, insolent, une âme fière, hautaine, qui se jetait avec morgue dans le sacrifice suprême. Et Jean de Fiennes, le plus jeune, magnifique, presque entièrement devêtu. Voilà ce qu'elle aurait aimé sculpter, une tragédie humaine. Chacun seul en face de son destin, et pourtant emporté dans une même aventure politique...

Camille vient de s'asseoir devant le buste auquel elle travaille. A quoi bon ? Finalement elle avait plus de courage du temps de ses douze ans ; à ce moment-là elle s'attaquait à l'histoire d'Antigone, Bismarck, David et Goliath... Mais qu'est-ce qu'elle attendait ? Demain elle allait demander à Monsieur Rodin deux de ses modèles. Elle entreprendrait un groupe : la tragédie d'Œdipe ou une scène des poèmes d'Ossian. Salgar échevelée, dans le vent sur la lande, appelant et découvrant les cadavres de son frère et de son amant.

La tempête fait rage dehors. Rodin est parti quelques instants chercher un peu d'alcool chez l'épicier du coin. Ils feront du vin chaud tout à l'heure car l'atelier est glacé. Les portes battent de tous côtés, les pièces vides se répondent les unes aux autres. Parfois quelques ardoises ou tuiles tombent du toit délabré. Ils n'ont pas assez d'argent pour réparer cette immense demeure.

« Mon Dieu ! la pluie qui s'abat. Il va encore y avoir des fuites, la grêle maintenant... » Camille se remet à sculpter — difficilement. Il va falloir arrêter. C'est à peine si elle distingue l'arête du nez, les lèvres. Elle essaie d'en rendre la sensualité. Deux fois déjà la terre s'est craquelée. Camille attaque maintenant le plâtre. Peut-être sera-t-il plus résistant.

Camille se fige, les mains sur le buste. Quelqu'un est là derrière elle, et ce n'est pas Rodin. Elle sent une présence — hostile. Camille essaie de se calmer. Son cœur bat. C'est la guerre qui arrive. Quelqu'un est là. Il faut faire face. Le diable à Villeneuve... Il est là cette fois-ci, tapi dans la pénombre. Camille empoigne un ciseau, elle ne sait plus, et fait volte-face, prête à bondir. Elle distingue, d'abord mal, une silhouette sombre qui se tient là-bas contre le mur, habillée de noir. Une femme est là, trempée, échevelée, une vieille femme mais grande, svelte et droite. Son chapeau a glissé sur le côté, pend sur l'épaule. Camille est là, dans sa grande blouse blanche, ses bas, ses sabots, les cheveux relevés par un ruban de petite fille. Les deux femmes ensemble. Prêtes à tuer peut-être. Camille murmure : « Rose ! Rose Beuret !

— Oui, Rose ! Sa Rose ! » Rose s'est avancée et Camille distingue maintenant les cheveux encore fauves, semés de blanc, la face anguleuse, les yeux violines, farouches.

« J'ai voulu voir. Traînée ! Voleuse ! Vous n'êtes pas la seule. Il en a eu d'autres... Petite arriviste ! Elève de mes fesses ! C'est facile maintenant de l'avoir !

— Taisez-vous !

— Non, ma petite. Ecoutez. Nous crevions de faim. On vivait dans une écurie. Moi, j'ai été couturière pour gagner l'argent. Je n'étais pas entretenue. Jamais entretenue... » Rose s'approche de plus en plus de Camille. Camille qui tient ses ciseaux et son maillet. « ... Je mouillais ses plâtres, je tenais les comptes. Tu ne me fais pas peur, enfant de garce, j'ai vu la Commune, moi ! Il ne me quittera jamais ; jamais, entends-tu ? »

Rose a crié, elle crache à la figure de Camille.

« Alors, qu'est-ce que vous craignez ? Vous avez peur, c'est ça ! vous avez peur ?

— Moi, je l'ai eu jeune, il était jeune quand je l'ai connu.

— Alors de quoi te plains-tu, vieil épouvantail ? »

Rose a reculé sous l'affront. Ses bras se tendent, prêts à frapper. Camille a prévu le geste. Elle a lâché les outils et arrêté net les poings qui allaient s'abattre. Les deux femmes se sont empoignées.

« Garce ! Garce ! Sculpteuse d'hommes, tu parles !

— Va à ta soupe !

— Les autres, je les ai supportées. J'ai tout supporté. Les modèles, les femmes du monde. Il n'y a qu'une chose qui compte pour lui, son travail. Mais toi c'est différent. Je te tuerai. Tu es devenue la sculpture même. Tout le monde m'a parlé de toi. Je t'écraserai ! Il est envoûté. Regarde la maison qu'il t'a payée. T'as pas honte quand moi je crève de faim. Garce ! Garce ! Et notre fils, espèce de sale entretenue, demi-mondaine... Et tu sculptes, et tu oses le représenter. Attends ! »

Rose s'est jetée sur le buste de Rodin. Alors Camille devient folle, une rage froide l'habite tout entière, une colère meurtrière. Rose est soulevée, projetée...

« Camiiiiiiiiiiillle ! » Monsieur Rodin hurle. Le miroir vole en éclats. A terre il y a Rose, peut-être blessée. Camille plus loin, elle aussi, gît à terre. La sellette lui est tombée dessus, avec le buste. Elle a très mal.

Rodin, horrifié, se tient devant ses deux femmes, ne sachant vers laquelle aller. L'une et l'autre se taisent. Alors lentement il se dirige vers Rose qui geint doucement. « Rose, tu as mal. Ma bonne Rose... » Il l'aide à s'asseoir. « Tiens, bois ! tu es sûre que tu n'as rien ? »

Rose pleure, hoquette, ses épaules tressautent. Rodin sort son mouchoir, lui écarte les mèches, essuie le visage. Rose maintenant sanglote tout à fait. Rodin la berce. « Rose, ton cœur, comment va ton cœur ? Viens, je vais te raccompagner. Il ne fallait pas venir ici. Pourquoi es-tu venue, toi si obéissante d'habitude, ma pauvre petite ? » Lentement il la met debout.

Camille écarte les débris du buste qui couvrent son corps, repousse de ses deux bras la sellette qui vient de s'écraser sur son ventre ; elle a affreusement mal, quelque chose avait éclaté à l'intérieur. A genoux, elle se redresse péniblement et titube jusqu'à la cheminée.

« Tu n'as rien, Camille ?

— Non, monsieur Rodin. » La jeune fille s'appuie contre la cheminée. Rodin ne voit pas son visage, Rodin ne voit pas les deux larmes muettes qui ruissellent, infinies, les deux coulées silencieuses qui maintenant atteignent le coin des lèvres.

« Camille, j'ai absolument horreur de la violence. Rose est malade du cœur. Je vais rentrer avec elle. »

Camille acquiesce de la tête. Elle a tellement mal, tellement mal qu'elle ne peut pas parler. Elle s'agrippe au rebord de la cheminée, c'est tout. Elle entend les pas qui décroissent, la porte qui se referme, le grincement de la grille et une horrible nausée la secoue tout entière. Elle glisse, elle glisse.

« Auguste ! » appelle-t-elle, désespérément.

Quelle heure est-il ?
Elle est là depuis combien de temps ?
L'aube.

Les mardistes

« Mallarmé est le premier qui se soit placé devant l'extérieur, non pas comme devant un spectacle, ou comme un thème à devoirs français, mais comme devant un texte, avec cette question : Qu'est-ce que cela veut dire ? »

PAUL CLAUDEL, *Mallarmé*.

Accroupi, puissant, un torse de femme. Sa mère dirait « obscène ». Rodin s'est arrêté. Dans le soleil de ce mois d'avril, il lui tourne le dos, provocant. Repliée sur elle-même, une femme dont on ne voit pas la tête se tient tapie. Rodin s'avance. C'est elle, elle qui a produit cela de ses mains, elle qui a moulé ce plâtre. Aussi puissant que son *Penseur*, aussi brutal que *Le baiser*, elle a cette fois déployé toute sa connaissance de la chair, du modelé.

Sous prétexte d'une étude de nu, la jeune femme a

215

attaqué sans attendre. Les bustes, autour, regardent cette puissante qui les défie tous de sa nudité, de sa chair déshabillée. Rodin avait commencé un torse semblable qu'il appelait « Tête de la luxure ». Mais elle, voilà qu'elle a frappé vite et fort. La position hardie, tout à coup, le trouble. Que lui fasse une sculpture semblable, oui ! mais elle, comment a-t-elle fait, qui a posé ?

« C'est moi qui ai posé. Vous êtes étonné, monsieur Rodin ? » Elle éclate de rire. « Je voulais m'attaquer au nu. Alors voilà... »

En dépit de son admiration, l'œuvre lui fait peur. Ses sculptures suscitent déjà le scandale ; on le traite de satyre, de faune lubrique, de bouc débridé, mais si *elle* se met à produire une sculpture érotique, sensuelle, elle va se faire massacrer ! Car le problème n'est pas le fait de se consacrer au nu : il y a des nus qui ne vous font ni chaud ni froid, qui sont dépourvus de volupté. Mais elle, elle a le don de la chair. Ce nu est insoutenable. Elle a osé et elle osera plus encore. Cela ne fait pas de doute. Mais pourquoi ne s'est-elle pas contentée des bustes ? Elle aurait pu aussi continuer les nus en travaillant aux *Portes de l'enfer*. Tout le monde aurait cru qu'il en était l'auteur. Alors que là, elle exposera seule.

« Camille. »

Il admire la souplesse du torse, il le touche, ce dos tendu, les fesses écartées. C'est elle qui a posé pour elle-même. Elle devait être là, nue, accroupie. L'autre est là debout, dans sa blouse claire, intacte, immatérielle. Comme si elle lisait dans ses pensées, Camille sourit de ce sourire ironique qui lui plisse la bouche « en trois rides tracées comme avec le crayon le plus fin ». C'est ainsi que Paul l'a défini un jour.

Depuis l'autre soir, le soir du pugilat, Camille est devenue plus dangereuse, elle se pare davantage, comme si elle avait été fustigée. Rodin n'oubliera jamais le combat des deux femmes. Heureusement tout s'était bien terminé ; Rose avait fini par se calmer.

Rodin craint que Camille ne lui demande : « Monsieur Rodin, voulez-vous poser nu pour moi ? » Elle le dévisage, comme si elle voulait l'humilier. Elle est heureuse de le voir là devant la femme outrageusement accroupie — elle-même. Elle a envie de l'insulter. Elle n'oubliera jamais les jours qui avaient suivi l'intrusion de Rose : sans nouvelle aucune ! Il n'était pas revenu au Clos Payen durant plus d'une semaine. Elle aurait pu mourir, disparaître. Pas une minute il n'avait demandé de ses nouvelles. Et elle, elle chassée le lendemain matin par sa mère.

Elle était rentrée au petit matin, heureuse de se sentir sauvée, sortie enfin de cette nuit atroce, heureuse de retrouver le foyer. Sa mère était là devant son bol de café et de lait. « J'ai à te parler.

— Je me suis endormie. Je n'ai pas osé affronter les rues, la nuit.

— Suis-moi. »

Elles s'étaient enfermées dans la chambre des parents. Le grand lit, le crucifix. Camille bêtement n'avait cessé de regarder le crucifix au-dessus du lit tant que sa mère avait parlé. A voix basse, sifflante, retenue : « Maintenant, tu prends tes affaires, et tu pars : Louise va se marier. Il n'est pas question de scandale en ce moment. Alors tu ne dis pas un mot. Tu vas vivre à ta guise, je suis d'accord. J'ai fait tes paquets. Je ne veux pas savoir avec qui tu vis, qui tu rencontres. Evitons le scandale, les questions. Je dirai à ton père que j'ai accepté que tu vives seule. Tu vas où tu veux. Je pense que tu ne manques pas d'hommes pour t'accueillir. Cela durera ce que cela durera. Tu as choisi. Je t'avais prévenue. Plus un mot là-dessus. Tu pars. Eugénie va t'aider... »

Camille avait ravalé ses larmes. Elle était bannie, blessée — elle n'avait rien fait et elle était condamnée et

217

jugée. La honte s'accrochait à elle comme un feu rongeur, une lèpre. Elle se tairait. Puisque tout le monde la croyait coupable, elle partirait.

Sa mère était sortie de la chambre. Camille avait regardé le grand lit, la chambre du couple. « Papa ! Papa ! » Il n'était pas là, lui aussi l'aurait chassée peut-être. Le Christ était devant elle, écartelé, tête inclinée. Elle le détestait. Non, elle ne se laisserait pas faire. Ils verraient, tous ! Elle aussi était sortie de la chambre, mais derrière elle, elle abandonnait définitivement la petite fille trop confiante ; Camille sentait qu'une part d'elle-même était couchée là, entre son père et sa mère, là dans le grand lit.

Paul n'avait rien dit. Il avait appris la nouvelle, le soir. Eugénie lui avait raconté le dîner familial. Il avait pâli, s'était levé et enfermé dans sa chambre. Entre lui et sa mère, c'était maintenant la guerre froide, impitoyable, ils ne se parlaient plus du tout. La jeune Louise tout occupée d'elle-même ne voyait, ne s'apercevait de rien. Sa sœur était partie, elle avait la chambre pour elle toute seule, elle pouvait rêver à sa guise à Ferdinand.

Au début, Camille avait été un peu déboussolée : se faire à manger, le silence, l'absence totale de Rodin... Heureusement Eugénie était venue tous les jours la soutenir, l'aider. Elle seule savait où Camille habitait. Mais si jamais Monsieur Rodin l'abandonnait, comment arriverait-elle à payer le loyer du Clos Payen ? Il fallait trouver autre chose. Et puis un matin, à l'aube presque, il était arrivé. Il l'avait surprise endormie ; qu'est-ce qu'elle faisait là ? Il s'était assis sur le lit et il avait fallu tout raconter. Le coup dans le ventre, la nausée, la perte de mémoire... Comment avait-il pu ? Il s'occuperait d'elle désormais. « Enfant, pauvre enfant ! »

Les larmes que Camille retenait depuis si longtemps avaient éclaté. Secouée de sanglots, elle s'était laissée aller et il l'avait consolée, cajolée. Avec adoration. Le soir, il était resté. Pour la première fois Monsieur Rodin était resté, couché près d'elle, il l'avait tenue enlacée. Elle délirait, elle ne savait plus où elle était. Au petit matin elle était calmée et curieusement elle avait été soulagée de le voir partir.

La vie avait repris. Grâce à son père, Camille pouvait à nouveau aller dîner, souper chez elle. Paul n'avait jamais reparlé de tout cela avec elle, mais il venait la chercher maintenant au Clos Payen. Sa sœur était la maîtresse de Rodin. Personne ne savait ce qu'il pensait de la question. Camille avait gagné sa liberté, son indépendance. Son père aussi avait compris. Jamais il n'en parlait. Tout était rentré dans l'ordre. Camille avait un atelier à elle.

« Camille, oui ? Elle travaille toujours avec Monsieur Rodin.

— Le célèbre sculpteur ?

— Oui. » Sa mère se rengorgeait presque. « Elle a même *son* atelier ! »

L'honneur était sauf, hypocrisie ! source du mensonge ! La bienséance avait à nouveau revêtu sa robe à collet monté. Tout le monde y trouvait son compte.

Seul Rodin s'inquiétait. Il ne pouvait passer toutes les nuits au Clos Payen, et Camille devenait plus libre, plus indépendante, plus hardie. Ce buste, là devant lui, annonçait une nouvelle manière. Il avait affaire à un autre sculpteur, son élève encore mais pour combien de temps ? Et pourtant ils s'aimaient toujours à corps éperdus.

Elle était là, sa disciple la plus aimée, solitaire, et son amante, attendant ses critiques encore, son jugement, humble, attentionnée. Qui était-elle donc ? Bestiale, spirituelle, esclave, dominatrice... Sainte ou prostituée ? En tout cas, une jeune femme dont il était éperdument amoureux — sa démence à lui. Jusqu'où allait-elle l'entraîner ?

Il l'embrasse dans le cou, la mord. « Méfie-toi, Cam'. Qu'on ne t'abîme pas ! » Il l'embrasse encore et encore, là dans le creux des seins qu'il a déjà déshabillés.

« Paul !

— Quoi Paul ?

— J'ai oublié. Il passe nous prendre. Nous allons d'abord voir, tu sais, le dernier tableau de Puvis de Chavannes. Et ce soir, c'est mardi, nous dînons tous les trois avec ton ami Roger Marx. »

Monsieur Rodin avait oublié. Depuis un mois, il les a présentés à Mallarmé. Il fait partie du Groupe des Vingt qui existe depuis 1883 : il y a là Félicien Rops, Whistler, Catulle Mendès, Odilon Redon, Villiers de l'Isle-Adam. Depuis quelques années, au 87 rue de Rome, des poètes, des peintres, des écrivains se rassemblent chez Stéphane Mallarmé. Un jour, il avait parlé de Mallarmé à Camille, de ses rencontres avec Puvis de Chavannes, Verlaine, Carrière, Charles Morice... « Je vais t'emmener. »

Elle lui avait demandé : « Et Paul ? Tu crois ? On peut emmener Paul ? Justement il m'a dit qu'il avait envoyé des vers à Mallarmé. Cela lui ferait plaisir.

— Paul écrit ?

— Il paraît. »

Alors le mardi, ils avaient été tous les trois au 87 rue de Rome.

Camille aimait beaucoup ces soirées, cet homme exquis, affable, entouré d'artistes. Il était là, assis, avec sa barbe grisonnante, presque blanche, ses yeux sombres, scrutateurs, un vieux plaid à carreaux sur le dos, élégant, strict. Elle aimait les regarder tous. Paul avait vu Verlaine, mais sans oser lui parler. Quel idiot ! Il se tenait assis là-bas sur le canapé, distant, gêné peut-être par la présence de sa sœur. Peu de femmes, beaucoup d'écrivains. Rodin lui non plus n'était pas très à l'aise ; Camille aimait ce monde raffiné, discutant du manifeste symbo-

liste, du livre de Huysmans qui faisait fureur, *A rebours*.
Joris-Karl Huysmans la fascinait, bien qu'elle eût détesté
son livre. Elle gardait son opinion pour elle, mais « ses
vaporisateurs, les parfums déployés, le chypre, le cham-
paka, le sarianthos », tout cela agaçait un peu son sens
brutal des réalités. Elle les trouvait décadents. Ils
l'étaient, s'en glorifiaient même. L'attrait des paradis
artificiels, le goût du morbide, le charme des conditions
déviées, tout cela la rebutait plutôt. Seul un jeune homme
brun attirait curieusement son attention. Son front surtout. Elle aurait aimé le sculpter. Il avait comme deux
énormes bosses qui pointaient. Quelqu'un avait murmuré
son nom : Claude, Claude Debussy. Il était pianiste. Villiers de l'Isle-Adam la terrorisait avec son ironie et ses
yeux glauques. Il faudrait qu'elle lise ses œuves. Mais le
temps manquait. Le soir, à la Folie Neubourg, à la lueur
des bougies, elle lisait, elle dévorait mais les livres coû-
taient cher. Elle avait tant à apprendre, tant à lire et puis
souvent elle dessinait, des heures et des heures durant jusque très tard dans la nuit. Personne n'était là pour lui
dire de dormir. Rodin ne restait pas toujours, contraire-
ment à ses promesses.

« Camille, Rose est malade. Il faut que je rentre, tu
comprends. » Qu'y faire ? Il lui avait parlé de Rose, de sa
rencontre avec elle, à l'époque où il avait quitté le couvent du père Eymard. Elle lui avait tout donné, ses vingt
ans, sa joie, pendant des années, et supporté la pauvreté,
son absence à lui durant la Commune tandis qu'elle résis-
tait au froid, à la faim, aux combats. Quand il était parti
travailler en Belgique, elle était restée seule avec l'enfant.
Elle mouillait ses plâtres, elle avait recueilli son père à lui,
lorsque sa mère était morte, durant cette terrible année
1871. Non, il ne pouvait pas, c'était trop lui demander...

Camille écoutait. Cette Rose qu'il avait rencontrée
l'année de sa naissance à elle, elle la sentait là. Elle aussi

221

lui avait donné ses vingt ans, elle aussi l'aimait. Camille comprenait. Il avait peur. Peur de recommencer l'histoire de Maria. Maria qui était morte en quelques mois d'avoir été délaissée. Plus jamais il n'abandonnerait une femme.

« Et puis elle ne dit rien. Elle n'a jamais rien demandé. Elle est là derrière moi. Elle ne m'a pas demandé de l'épouser, ni même de reconnaître Auguste. Jamais rien. Elle est là. Elle m'aime. C'est tout. »

Oui, mais qu'est-ce qu'elles allaient devenir toutes les deux ? Camille essayait de se calmer quand il regardait sa montre, enlevait sa blouse et prenait son chapeau. Souvent elle montait vite s'enfuir sous les couvertures. Ne pas le voir partir, ne pas entendre la grille qui se ferme. Commençaient les longues heures de solitude...

« Rhabille-toi, Cam'. » Camille boutonne le haut de sa robe. Ce soir ils seront tous ensemble. Comme cela finira tard, il restera sûrement avec elle. Allons, la vie est belle !

« Tiens, voilà Paul. » Camille regarde par la porte-fenêtre.

« Qu'est-ce que tu as à rire comme ça ?

— Paul vient de s'accrocher à une ronce, il s'est pris le pied dedans.

— Paul ! » Elle le voit qui bougonne, lève la jambe, essaie de détacher la plante qui s'agrippe.

« Ha ! ha ! ha ! » Camille a le fou rire.

« Non, Camille. »

Lorsqu'elle prend le fou rire, aucun moyen de l'arrêter. Elle ouvre la fenêtre : « Paul, tu veux un ciseau ? »

Il faut dire qu'il est là par terre dans l'herbe.

« Voilà notre poète, les quatre fers en l'air. »

Heureusement Paul est de bonne humeur : « Je me vengerai, Cam'. Je décrirai d'horribles mégères et ce sera toi. »

Camille rit de plus belle. Elle a sauté par-dessus le petit rebord, et s'est précipitée pour aider son frère à se relever

Paul s'est arrêté net. Il vient d'apercevoir la femme accroupie. Il est choqué.

« C'est moi qui ai fait ça. Regarde, Paul. » Camille fait tourner son nu. Paul reste muet. « Approche. Elle ne te mordra pas. Mallarmé dirait qu'avant de prononcer un jugement il faut longuement s'interroger. Le spectacle ne suffit pas. Il faut une certaine volonté pour comprendre, pour ne pas refuser l'œuvre. C'est le principe de la science aussi bien que de l'art. »

Camille les imite tous : Mallarmé, Villiers de l'Isle-Adam, Huysmans. Paul en est « comme deux ronds de flan », se dit Camille.

« Bon, vous n'allez pas passer la journée à regarder mes lignes et mes courbes ! »

Paul ne comprend pas. Camille esquisse deux pas de danse. « Mademoiselle Camille Claudel par le grand sculpteur Camille Claudel ! Et hop-là boum ! » Elle vient d'un coup de reins de se taper sur le derrière comme les danseuses de french cancan.

« Allez on y va, les mardistes ! » Paul se laisse emmener. « C'est comme ça qu'on nous appelle, nous, les *ceusses* qui vont au mardi du Prince des Poètes. »

Monsieur Rodin les suit. La sœur et le frère. Elle, peut-être un peu plus grande que lui. Vingt-deux ans, vingt ans. Il se sent étranger à eux, hors de leur complicité, de leurs jeux d'enfance, de leurs disputes même. Où va-t-elle cette grande jeune fille là, devant lui, qui s'enfonce sous les arbres, dont il entend le rire clair et la voix grave, moqueuse ?

« Attention, Paul, si tu tombes, je te laisse tomber », et elle chantonne : « Si tu tombes, je te laisse tomber. » « Vous nous suivez, monsieur Rodin ? » L'éclat de ses yeux. Un éclair !

Elle revient prendre son bras, attire Paul de l'autre main.

« Aimez-moi fort. »

Le Sakountala

« Je dors, mais mon cœur veille.
J'entends mon bien-aimé qui frappe.
Ouvre-moi, ma sœur, mon amie,
Ma colombe, ma parfaite !... »

Le cantique des cantiques.

Camille attend. Salon des Champs-Elysées 1888. Camille n'en peut plus d'attendre le résultat. Alors elle va, elle marche. Elle passe devant l'exposition, s'éloigne, revient. Des jours et des jours de travail acharné. Elle est épuisée. Elle a travaillé, retravaillé le couple des dizaines de fois — sans aide, sans conseils : même Rodin n'a pas eu droit à la parole — son œuvre à elle ! Plus tard, tout à l'heure, elle lui dira ce qu'est cette sculpture.

Elle marche, elle a chaud, elle voit de loin la foule. Il fait beau, mais pour elle, suspendue à l'annonce des résultats, plus rien n'a d'odeur, elle n'entend plus aucun

224

son, elle ne saisit aucune parole. Elle marche, elle tourne autour du Salon. Encore une demi-heure, peut-être une heure. Elle s'adosse à la muraille, là dans la ruelle un peu déserte, quelques secondes de calme. Le temps de reprendre souffle. Là-bas, ils sont tous le nez sur le couple, avec leurs lorgnons, leurs décorations, leurs fronts soucieux, comme s'il s'agissait d'eux, de leur vie à eux. Ils tournent autour avec leur sale moue, leurs bouches pincées. Eux qui sont incapables pour la plupart de pétrir une boule de glaise. Les vieux, les fades, les blasés ! Elle a eu envie de crier : « Il s'agit de mon âme, de ce que j'ai de plus sacré. » Elle a eu envie de les éloigner, de les jeter dehors. Ils parlaient, discouraient, et elle voyait entre leurs pattes grotesques sa propre vie dévidée, broyée, lacérée.

« Monsieur, ce sont des heures de travail, des heures d'interrogation, des heures où mon âme a brûlé. Pendant que vous mangiez, rigoliez, pendant que vous vous bâfriez de la vie, j'étais seule avec ma sculpture, et c'est ma vie qui se coulait peu à peu, dans cette glaise, mon sang que je laissais s'enfouir au plus profond, mon temps de vie. »

Elle voit les têtes penchées sur la femme et l'homme. L'homme est agenouillé, la femme légèrement inclinée vers lui. « Monsieur Rodin. » Il fait froid. Ils ont fait du feu pour se réchauffer — une odeur de bois, une odeur de forêt...

Elle était rentrée de Villeneuve. L'hiver commençait. L'année 87 allait s'achever. Vingt-trois ans, elle allait avoir vingt-trois ans. Et voilà qu'il s'était passé quelque chose d'atroce.

Six heures, un soir d'hiver : elle se dirigeait vers l'atelier J, Monsieur Rodin depuis plusieurs jours lui avait demandé si elle voulait reprendre une des ébauches pour *Les portes de l'enfer*. Elle avait décidé de passer avant la nuit prendre les croquis pour les ramener au Clos Payen.

Ainsi elle pourrait les regarder à loisir. La pancarte qui se balance. Attention Camille ! La pancarte est là. Elle ne l'a pas vue, elle pense à la statue qu'il ne cesse de reprendre, qui devient tour à tour « La prière », « L'invocation », « L'Appel suprême ». Le jeune enfant qui tend ses mains avant d'être englouti.

La femme grasse, cuisses ouvertes, assise sur l'homme, enfoncée sur lui, vissée, lui assis, grotesque. Elle lui voit des cornes. Un des bras passe sous la cuisse droite de la femme. Il lui tient la main gauche qui va et vient sur le sexe. Il est enfoncé en elle. La femme se caresse et le caresse. Camille est là, aussi immobile que les groupes de marbre qui l'entourent. Il faut qu'elle fasse quelque chose. Elle ne sait que répéter dans sa tête : « Mon beau petit amant charmant, viens que je baise un peu ta belle grande oreille. » Les vers de Shakespeare, de Titania amoureuse de l'âne. Monsieur Rodin vous êtes devenu un âne. Je vois votre museau, Monsieur Rodin, vous n'entendez pas, vous bramez maintenant. Monsieur Rodin ahane contre l'épaule blanche.

Camille est cinglée par le rire d'Yvette, Yvette là sur les genoux de Rodin. « Alors quoi ! Tiens, Auguste, v'là la pucelle. Monsieur Rodin, faites quelque chose. Non pas vous, pas vous... Alors quoi, t'es sculpteur ou pas ? Faut pas avoir froid aux yeux. Ton Rodin, il trouve pas ses sujets chez les décadents. Il lui faut la vie. Allez, m'sieur Rodin, c'est pas grave. Elle est sculpteur, un artisan comme toi. Y faut savoir. Ou elle est un homme, ou une femme. Tu fais pas cette tête quand c'est Desbois ou Escoula. »

Yvette a frappé fort — et vite. Alors Camille s'avance, insolente, mais les mots ne passent pas. Elle est dehors, elle n'a pas pu. C'est lui, lui. Mais Yvette a raison. Elle est tellement sculpteur qu'elle s'oublie aussi : les plaisanteries ont repris d'ailleurs à l'atelier sans qu'on prête attention à elle. Elle veut être parmi les hommes, eh bien elle doit assumer comme eux leur grossièreté, leur manque de tact. Elle est passée de l'autre côté. Ils font la loi. Elle ne peut pas jouer sur les deux tableaux. Yvette a raison.

Une semaine avait passé. Ils travaillaient côte à côte, l'atelier J était un peu tendu. Camille était venue chercher les dessins, elle retravaillait la statue mais chacun sentait comme une hostilité entre le professeur et son élève. Yvette n'avait rien dit ; elle avait pitié de Camille. Elle la voyait si jeune face à tant de contradictions. Elle lui trouvait même du courage à cette fille-là, secrètement elle aurait voulu lui serrer la main.

Et puis une fin d'après-midi, Monsieur Rodin avait demandé à Camille de dîner avec lui. Après le restaurant, il l'avait raccompagnée au Clos Payen. Le feu dans la cheminée. Camille s'était moquée d'elle-même. Elle aimait un sculpteur et pas n'importe lequel. Alors... Elle avait plaisanté avec lui, leur « collage » c'était un don, un cadeau libre, elle était plus grande que Rose, elle ne voulait pas faire semblant, ignorer ses liaisons à lui, non elle faisait face, elle aussi aurait ses liaisons à elle...

Rodin l'avait agrippée aux poignets, violemment. « Ne fais pas ça, Cam'. Pas toi. Ne commence pas. C'est la fin après. Pas toi, Cam'. »

Camille le regardait, cet enfant qui s'agrippait. Elle reculait, et lui s'accrochait comme si elle allait le quitter, les yeux désespérés, implorants. Démuni, un homme démuni, à genoux, un visage ravagé. Si elle devenait semblable aux autres, alors c'est que la vie entière était sale. Il ne croirait plus en rien. Mais Camille s'était abandonnée. Il était là, à genoux, entourant sa taille, elle était adossée au manteau, son dos chauffait. Odeur de la forêt craquante...

Elle penche la tête vers lui, l'embrasse à la tempe, délicate, ineffablement tendre, elle lui donne tout, son cœur

227

même... « Monsieur Rodin ». Elle frémit, se donne, cède. Elle va au-delà d'Yvette, du faune, de l'âne, elle est dévastée d'amour. Qu'il prenne tout jusqu'à la mort même !

Les bûches flambent. Elle s'aperçoit, elle l'aperçoit, reflétés, démultipliés par les miroirs, la grande flambée derrière eux. Il devient l'autel pour le sacrifice, elle la proie, elle se penche sur lui, joue contre sa joue, encore debout, elle est tout entière en train de glisser, contre lui, agenouillé. Il la retient encore mais déjà la tête s'affaisse. Un des bras pend, sans force... Dans un dernier geste, elle presse sa main contre son cœur — une douleur sourde qui serre, la joie trop forte de le retrouver, la seconde avant le contact, elle s'abandonne alors, elle meurt. Il a refermé sa main sur le sein, il l'a tout entière à lui, le cœur, le corps, il l'emporte tout au loin...

Quand elle s'est réveillée, elle était seule. Il se faisait tard. Il avait croqué son visage et écrit de son écriture un peu tremblée : « L'éternelle idole. » Envie de sculpter vite. Réaliser enfin son couple. Elle savait ce qu'elle voulait faire. Le café avalé, elle avait cherché hâtivement les légendes indiennes. Voilà, le Sakountala, le roi ivre de retrouver la bien-aimée perdue, sa mémoire reconquise, dans un instant d'éternité.

Mon Dieu ! mais qu'est-ce qu'elle fait là ? Elle se précipite vers le Salon. Un grand mouvement de foule. Elle se faufile. Elle entend : « Le Sakountala. Plâtre. Sculpteur : Mademoiselle Camille Claudel. Mention honorable. »

Les autres, peu importe. Elle est reconnue, elle a enfin une place parmi les sculpteurs. Ses yeux se mouillent. La foule se presse autour d'elle, mais lui où est-il ?

« Elle ne fera jamais que du Rodin.

— Il a dû y mettre la main. »

Les deux répliques viennent de heurter de plein fouet Camille.

228

« Enfin, c'est son élève. Il lui a tout appris.

— Même le reste à ce qu'il paraît. Il aurait eu tort de se priver. »

Camille étouffe. On lui a tout gâché. Les salauds — puanteur, puanteur — ils salissent tout. Ils ne voient que le mal. Incapables de rien faire par eux-mêmes, ils démolissent, détruisent.

« Vous vous trompez, messieurs. » La voix de Rodin s'élève, glacée. Jamais Camille ne l'a vu ainsi. Une colère froide, métallique. « Il est vrai, Mademoiselle a été mon élève. Peu de temps. Très vite elle est devenue ma collaboratrice, mon praticien le plus extraordinaire. Je la consulte sur toute chose. Elle est mon meilleur compagnon. Ce n'est qu'après m'être mis d'accord avec elle que je me détermine définitivement. Pour clore ce débat, je vous dirai ceci : "Je lui ai peut-être montré où elle trouverait de l'or mais l'or qu'elle trouve est en elle." »

Il l'a aperçue. Il lui sourit. La foule s'écarte devant le couple. Demain tout Paris en parlera. Il est fier d'elle. Il l'entraîne pour fêter son succès. Les artistes les entourent. Monsieur Rodin et Camille Claudel. Il rayonne, la regarde ; souple, grande, elle se tient silencieuse devant les félicitations, souriant un peu, avec ce sourire de côté qui n'appartient qu'à elle, l'âme impénétrable, « *Virgo admirabilis* » comme lui a dit un jour son frère Paul. Elle écoute, répond, mais qui a accès à cette âme fière ? Devant les deux sculpteurs qui sortent côte à côte, chacun ressent comme de la crainte. Une femme et un homme qu'une même sculpture enlace.

Rodin, Rodin, Rodin

Depuis des jours il neige. L'hiver 90 lui sort par les yeux : bouillasse sale qui vous laisse abattue, endolorie. C'est à peine si elle arrive à sculpter. On n'y voit rien. Deux heures à peine pour sculpter. Tout est faux dans cette lumière. Assez, elle en a assez. Elle vient d'avoir vingt-six ans. Elle est vieille, elle a échoué. Presque aucune commande, mais par contre la haine, l'envie, la médisance ou le silence, l'indifférence. Voilà ce qu'elle attire. Même Rodin est de mauvaise humeur. Depuis sa mention honorable du Salon presque deux ans ont passé, et tout est rentré dans « la gentillesse banale ».

Les éloges, l'avenir qu'on lui promettait, que reste-t-il de tout cela ? D'ailleurs, elle déteste ces débuts d'année : comme si tout allait changer parce que l'année change d'unité ! Risible !

Par deux fois elle s'est levée, avant de se recoucher Il fait tellement sombre qu'elle n'arrivera à rien. Alors elle reste là, bête, inutile, sans projet, sans demande. Qui a besoin d'elle ? Elle fait le tour des amis, de la famille. Rodin, lui, a Rose, ses modèles, sa sculpture. Il faudrait être essentiel à quelqu'un pour avoir envie de se lever par une journée pareille. Pour du travail, elle a du travail ! Ou plus exactement, Monsieur Rodin déborde de commandes. Ses praticiens n'y suffisent plus. On appelle « Rodin and Co » les trois ateliers qui ronflent comme des forges toute la journée. On l'attaque ici, on le défend là. Alors il faut consoler l'artiste, le rassurer. Les critiques pleuvent, il passe pour une victime et tout le monde s'occupe de lui.

Il y a le scandale des *Bourgeois de Calais*. Le monument n'est toujours pas mis en place, l'hostilité du Comité calaisien ne démobilise pas. C'est l'incompréhension totale. Depuis un an, Rodin a obtenu la commande du Victor Hugo, monument qui sera élevé à Paris, puis *Les portes de l'enfer* inachevées, le monument de Claude Lorrain à Nancy, sans parler des hommes politiques, et de toutes les femmes riches qui veulent qu'il fasse leur buste. Ah ! ces femmes-là, si Camille pouvait leur enfoncer son pouce dans les orbites. Elles arrivent, se trémoussent, supplient, se font recommander, ondulent des fesses. Pourtant, grâce à elles, Camille a trouvé sinon une amie, du moins une complice. Quand elles ont déblayé le terrain, avec leurs parfums, leurs bijoux, leur argent, leurs cartes de visite, Camille et Yvette s'en donnent à cœur joie. Elles les trouvent ignobles ; ce sont elles les entretenues, les parasites de la société. Sous prétexte qu'elles sont mariées et qu'elles ont de l'argent, tout leur est permis. Elles ont même le privilège d'approcher le faune des formes humaines... « Oh, oh ! Monsieur Rodin... »

Auguste Rodin va souvent chez Madame Adam. Il y a

là Gambetta, Waldeck-Rousseau, Eugène Spuller, ministre des Beaux-Arts, le tout-puissant critique d'art Castagnary. Camille ne l'accompagne plus. D'abord on ne l'a invitée que rarement et puis elle n'avait pas de robes. Elle se souvient de la dernière grande soirée : Rodin entouré, dévoré, assailli ; même Castagnary voulait son buste. Surtout lui d'ailleurs. C'est peut-être la seule chance qu'il ait de passer à la postérité. Camille ne le supporte pas, celui-là. Comme elle se tenait à la porte du salon, seul Charles Gounod lui avait adressé la parole. Mais elle ne connaissait rien à la musique. Elle avait parlé de Faust, du mythe de la jeunesse, du pacte de Faust avec le Diable. N'avait-elle pas toujours eu un faible pour le vieux Faust ? Gounod, qui allait sur ses soixante-dix ans, souriait dans sa grande barbe blanche.

Aujourd'hui elle comprend le pacte. Le temps qui s'en va, l'impudence de la jeunesse ; voilà précisément ce qu'elle est en train de perdre. Ils vont l'user grain à grain.

Rodin a envahi l'année 1889. Il s'est imposé. Camille est là, dans son lit, blottie, recroquevillée.

Elle l'avait rejoint à sa demande : « Tu seras là, hein, Camille ? Je t'attendrai. C'est important pour moi. Et puis tu es présente dans toutes mes sculptures. C'est une sorte d'hommage. » Elle était belle, tout en blanc. Les passants se retournaient sur cette grande silhouette lumineuse qui allait vers quelque rendez-vous d'amour. Les hommes se plaisaient à rêver, les femmes enviaient cette compagne libre qui marchait seule — et, semblait-il, attendue.

Brise, odeur des lilas. Camille approche de la galerie Georges Petit. Un monde ! Soudain elle a peur, elle ne reconnaît aucun visage. Parmi la foule qui se presse autour d'elle, elle entrevoit à peine les toiles de Monet, les sculptures du « maître » comme elle l'appelle avec une pointe de tendresse et d'ironie mêlées. Car elle pense toujours à « maître » par rapport à « maîtresse ». Elle est sa *maîtresse*, il est son *maître*. Le double sens l'a toujours fait rire.

Il l'a vue, va vers elle, la prend par le cou. « Je suis heureux. Je suis si heureux que tu sois là. » Une jeune femme s'approche : « Tu connais Blanche, non ? — Camille Claudel. »

Il s'est un peu tourné vers cette jeune oie qui est là, quelqu'un le prend par le bras, ah ! oui, c'est Octave Mirbeau, elle l'aime bien, lui. Mirbeau entraîne Rodin pour le présenter à quelqu'un. Le voilà happé, enlevé. Elle essaie de dire quelques mots à Blanche, mais Blanche a des amis.

« Pardonnez-moi, Mademoiselle comment ? » Camille n'a pas eu le temps de dire son nom, et puis à quoi bon ? Ils l'ont déjà tous oubliée. Elle voit son regard à lui de loin ; il la surveille, en fait. Elle connaît bien ses yeux. Cela fait plusieurs fois qu'elle a remarqué son manège ; inquiet de la voir parler à l'un de ses amis, il n'est pas jaloux à proprement parler, mais il est Rodin — inquiet de toute amitié qui lui échappe, qui se déplace sur un autre, sur une autre, sur *l'autre*. Rodin ne l'a même pas présentée en tant que sculpteur. Elle ne voit rien : ni les peintures, ni les sculptures. Elle reviendra visiter l'exposition plus tard, au calme. D'ailleurs tous ces gens s'en moquent complètement, de l'exposition. Ils sont là pour se faire voir, non pour voir. Comment pourraient-ils prendre le moindre recul, attendre qu'une œuvre les pénètre.

Un triomphe ! Les soixante-dix tableaux de Monet mêlés aux trente-six figures de Rodin : « Une consécration retentissante. »

Eugène Carrière semblait lui aussi un peu délaissé. Il était sorti avec Camille. Ils avaient marché, parlant de choses et d'autres. Elle l'aimait bien Eugène, et c'était réciproque. Tous deux avaient remarqué que Rodin avait été happé par les flatteries, une cour qui, la veille encore, lui crachait dessus et qui, vraisemblablement, recommencerait le lendemain. « Le novateur numéro un, le libérateur de la sculpture... L'exposition qui vient de s'ouvrir... a été un colossal succès pour les deux merveilleux artistes... Ce sont eux qui dans ce siècle incarnent le plus glorieusement, le plus définitivement, ces deux arts. » Et elle, quelle place lui restait-il ? Etre l'élève de Monsieur Rodin.

Camille s'est retournée brutalement dans le lit. Ce n'est pas qu'elle soit jalouse, mais elle ne voit pas d'issue. La réussite entraîne la réussite. Quelques mois plus tard, Antonin Proust, commissaire spécial aux Beaux-Arts, avait mis d'autres locaux à la disposition du sculpteur.

Pour être présente, ça, elle l'était ! Partout sculptée par lui, transformée par lui ! Chacun rêvait à leur amour fou, le Tout-Paris l'enviait, les femmes la jalousaient. N'avait-il pas réalisé *L'éternelle idole* où chacun l'avait reconnue ? — l'homme embrassant délicatement sous les seins une jeune fille assise sur ses genoux. Camille, elle, avait cru revoir son *Sakountala*. Deux personnes en avaient même fait la réflexion. Mais qu'est-ce que cela faisait ? Tout le monde avait déjà oublié *Le Sakountala*. Les critiques s'extasiaient devant le couple de Monsieur Rodin, « cette merveille de tendresse. »

Camille s'est retournée sur l'oreiller blanc. Elle les aperçoit, dans la chambre. L'homme et la femme enlacés, sculptés amoureusement par elle, sa seule mention « Honorable » ! Pourquoi l'ont-ils abandonnée ? Personne n'a acheté. Personne n'en a voulu. Sa défaite est là, devant elle.

Il faut qu'elle se lève. Victoire disait toujours : « Aide-toi, le Ciel t'aidera. » Villeneuve ! Même Villeneuve lui répugnait. Elle n'avait pas voulu y mettre les pieds cet été-là. Le vin blanc du maire, les innombrables visites. les voyages. « Vous êtes notre enfant, l'enfant du pays, notre artiste. Et Monsieur Rodin, est-ce que nous le verrons un jour ici ? » Et puis la nouvelle était tombée, incroyable.

Ils refusaient que ce soit elle qui réalise le monument commémorant le centenaire de la Révolution. Sur la petite place de la République, là où elle avait joué enfant, un autre sculpteur se chargerait de cette tâche. Ils avaient trouvé des excuses : c'était une grande artiste maintenant. Et puis, elle était née à Villeneuve, les gens jaseraient. Le conseil municipal ne voulait pas faire de favoritisme. Enfin, on verrait... Cette histoire l'avait laissée sans ressort, irrémédiablement blessée. Il y avait Rodin. Monsieur Rodin. Et elle, qui la reconnaîtrait ? Mieux vaut en finir tout de suite.

La grille rouillée. Les semelles qui frappent le sol. Le parapluie qu'il accroche. La lourde montée de l'escalier...

— Cam', Cam', tu es malade. Qu'est-ce qu'il y a ?

— Je n'y arriverai pas. C'est fini. Je suis oubliée. » Elle pleure, secouée de sanglots. Elle s'en veut d'être comme ça ! Voilà, elle hoquette maintenant. Et devant lui !

« Arrête, ma Camille. Tu vas te rendre malade.

— Personne ne me commande rien. Je n'existe pas.

— Qu'est-ce que tu racontes ? Lhermitte t'a commandé le buste de son fils, Charlot.

— Oui, mais c'est à toi qu'il a demandé conseil pour le couler en bronze. Et il a fallu ta recommandation pour que Liard fasse ce que je demandais. La patine noire... Et puis c'est ton ami et tu n'avais pas le temps de réaliser le buste. Alors il s'est rabattu sur moi.

— Tu divagues. Et *La prière* ? Ce n'est pas moi qui l'ai réalisée. Je suis un vieux mécréant. Ta *Prière*, jamais je n'y serais parvenu. Et tout ce que tu fais avec moi... »

Par un après-midi de chaleur, elle était entrée, seule, dans une église dont elle ne savait pas le nom. Le calme, le silence, la paix. Camille assise sur la chaise de paille. Une jeune femme était là, à genoux, tête renversée, radieuse. Béatitude. Un jour Camille avait lu une complainte : *Les béatitudes*. Cette femme, elle l'avait regardée ; que faisait-elle, à quoi pensait-elle ? Quelle était cette joie solitaire, cette lumière sur ce visage répandue, au-delà de toute pensée humaine ? Camille ne la quittait pas des yeux ; au loin une lumière rouge palpitait — comme un cœur. Camille se sentait en paix, à l'abri. Ordonnée. Deux bigotes étaient entrées, papotant entre haut et bas, sifflant entre leurs dents comme sa mère lorsqu'elle bougonnait — crachotant leur méchanceté —, et elles s'installaient avec un bruit de vieilles breloques. Camille ne quittait pas des yeux l'implorante. Pas un muscle de son visage n'avait bougé. Dans quel univers était-elle ? Cette joie !... Camille avait fui, comme si elle avait voulu échapper à cette paix qui lui était refusée.

« Je vais m'en aller au loin, partir.

— Mais où donc ? Ecoute, Camille, j'ai presque cinquante et un ans. Cela fait un an que je commence à m'en sortir, à avoir des commandes. Toi, tu as toute la vie devant toi. C'est long la sculpture. Tu y arriveras. De la patience avant tout... »

Mais justement Camille n'avait pas le temps. Elle le sentait bien. Ce n'était pas à soixante-dix ans qu'elle avait envie de sculpter. Tout et tout de suite ! « Tout de suite ! Pendant que je suis jeune... Dans dix ans, je ne ferai pas mieux.

— De la patience, Camille. L'inspiration, ça n'existe pas. Nous sommes d'honnêtes ouvriers, des artisans du temps. Si ton talent est neuf, tu ne peux compter que peu de partisans et une foule d'ennemis. Ne te décourage pas.

Les premiers triomphent parce qu'ils savent pourquoi ils t'aiment, les autres ignorent pourquoi tu leur es odieuse ; ils n'ont aucun zèle durable, ils tournent à tous vents. Regarde, même pour moi, cela continue. Tu as vu le *Victor Hugo*, ça les met à feu et à sang parce que je veux le représenter nu. Pour moi, on ne revêt pas un dieu d'une redingote ! » Camille sourit. « Ecoute, Cam', ma première vraie sculpture, je l'ai faite à trente-sept ans seulement. Avant je travaillais comme ouvrier, comme employé. »

Tout ça, elle le sait. Mais elle, c'est différent. Elle n'a pas le temps. Elle n'aura pas le temps.

« Enfant, tu es une enfant. Tu verras plus tard. Travaille. Tu as voulu sculpter. C'est long, c'est dur. Cela n'intéresse personne. Qui aurait besoin de tes sculptures ? On se moque bien de ce que tu fais ou pas, et si tu arrêtais, cela ne les réjouirait même pas. Ils resteraient indifférents. C'est à toi de créer chaque matin ton désir, ton besoin — ta propre justification, si tu veux. Mais si tu tiens la longueur, si tu réussis comme Michel-Ange, alors c'est toute l'humanité à jamais que tu prends avec toi, que tu rends essentielle — que tu rends plus belle... »

Et Rodin ajoute, comme pour lui-même : « ... Surtout à cette époque où l'on recherche avant tout l'utilité dans la vie moderne. Pas l'esprit, la pensée, le rêve... »

Elle le regarde, de son regard bleu perdu ; il est là, un peu voûté, contemplant quelque chose au loin, perdu lui aussi : « Les artistes sont les ennemis. Allez, venez boire votre café, mademoiselle le sculpteur. Vous m'avez fait dire assez de bêtises. Un vieux grand-père qui radote ! »

Elle rit. Camille l'entrevoit tel qu'il sera, avec son vieux manteau et un plaid de fourrure sur les genoux. Car il sera célèbre, adulé, riche, sa belle barbe blanche toute blanche, un châle ou une laine sur les épaules et son vieux béret, son grand béret qu'il affectionne, sur la tête.

Elle se blottit sur ses genoux. « Dites-moi, monsieur Rodin, comment était-elle cette Camille ? Il paraît que vous l'avez beaucoup aimée. Elle faisait de la sculpture, ou était-ce simplement une belle jeune fille que vous avez aimée ?

— Attendez, je vais vous expliquer. » Rodin attrape Camille, roule sur elle. Elle lui tire la barbe. « Attends, tu vas voir un peu qui est ton vieux sculpteur ! »

Il la tient fermement. « Mais vous avez froid, mademoiselle, attendez. » Il a relevé la chemise, il la retourne sur ses genoux et frotte vigoureusement ses fesses. Camille se débat mais Rodin l'étreint vigoureusement. « Il faut des muscles, mademoiselle, pour être sculpteur. Il faut tailler, frapper avec le maillet. »

Camille a le nez dans les draps. Ses jambes gigotent mais, déséquilibrée, elle manque de force. Il lui claque les fesses et la jette sur le lit, et lui par-dessus. Elle rit, sans résistance. Non, il ne sera pas dit qu'elle cédera ainsi. Elle se démène, envoie des coups de pied, arque les reins pour le désarçonner. Mais il pèse de tout son poids, elle sent le manteau rugueux, l'écharpe. Maintenant il a trop envie d'elle. Elle de lui. Sa lutte est comme une provocation supplémentaire. Elle sent les doigts de l'homme qui cherchent. Elle se donne un peu plus. Il la maintient là, repliée entre ses bras comme si elle dormait. Elle s'ouvre un peu plus... se souvient de Psyché-Printemps... Elle veut savoir et se laisse faire. La sculpture de Rodin lui apparaît : il l'avait appelée *Psyché-Printemps*. La violence du geste l'avait fascinée — et voilà qu'elle aussi désire qu'il la force. Le doigt la pénètre doucement par-derrière, sans aucune pudeur alors de sa main elle écarte elle-même ses fesses. Camille voit la tige sur laquelle elle enfonce la grosse motte de glaise, la terre molle et noire ; le pivot autour duquel elle pétrit, d'où elle fait naître une forme nouvelle. Camille est pivot. Et Rodin la manipule, la prend, la maintient. « Non, pas encore... » Elle s'effrite, la terre glisse, la glaise va s'échapper. Non, voici qu'il est à nouveau contre elle. Elle est reprise, réarchitecturée. Il la pénètre, l'élève sur le sexe dressé, plonge dans le limon. Il la terrasse tandis qu'elle se déploie autour de la pierre mère, de la clef de voûte. Il s'arc-boute, frappe d'avant en arrière. Ogive, cercle, rosace, trèfle — la rose noire. Prodigieuse arabesque de vie et de mort. Semence et fumier. Le cloaque mais aussi le ventre. La fin et le commencement. L'oméga et l'alpha, un monde entier suspendu dans une seconde, un monde — une seconde arrêté dans sa marche... Quel est ce secret qui s'élabore entre leurs deux bouches fumantes ?

Brillants, luxurieux, trempés, parfumés, ils dorment maintenant. Engloutis l'un dans l'autre, absents au monde.

LETTRE DE L'ASILE

« ... *En réalité on voudrait me forcer à faire de la sculpture ici, voyant qu'on n'y arrive pas on m'impose toutes sortes d'ennuis. Cela ne me décidera pas, au contraire...* »

« Faut-il donc penser qu'à force de fréquenter les sépul-
cres, la sculpture soit aujourd'hui un art si mort qu'il ait
perdu jusqu'à sa raison d'être ? Non pas...

« Mais désormais proscrite de la place publique et du
plein air, la sculpture comme les autres arts se retire dans
cette chambre solitaire où le poète abrite ses rêves
interdits [1]... »

Les chambres de la Folie Neubourg.
Elle disait : « C'est une folie ! » Elle riait. « C'est trop
cher, cette vieille demeure ! » Il la prenait dans ses bras et
lui murmurait : « Ma folie à moi. » Ils couraient à travers
les quinze pièces du Clos Payen, se perdaient pour mieux
se retrouver, dans leur « Folie Neubourg ».

Elle a appris sa leçon depuis — n'emploie plus jamais
ce mot. « On faisait une folie », « On s'aimait à la
folie »... Plus jamais. Vous entendez ?

---

1. Paul Claudel, août 1905.

Depuis son enfance, la sculpture était la révolte qu'elle menait.

Au fond de cette chambre reculée où ils l'avaient laissée, elle devenait la seule liberté qui lui restait de dire NON.

De ses dix doigts muets, aujourd'hui elle avait décidé de crier son Absence.

Pour jamais ?

Tel Orphée, elle osait affronter les Enfers...

La princesse

« ... O mains ! ô, ô bras ! je me souviens !
je suis fixée ici par les mains !
Et, brisée, je tombais en rêve, malheureuse !... »

Paul Claudel, Tête d'Or.

Il écrivait.

C'est donc ça son secret. Depuis des mois il semble occupé, distrait. Paul écrit. Il est passé tout à l'heure pour lui offrir un livre, *son* livre. Camille est heureuse. Le premier tirage. Elle va lire toute la soirée. Il lui a juste laissé le livre, sans un mot ; c'est bien lui ! Elle était sortie. Il faisait encore froid et elle voulait se faire une bonne soupe chaude pour le soir. Depuis quelque temps, elle se sent frileuse, avec des envies subites de dormir. Quelquefois, en plein après-midi, elle sombre.

Paul avait posé le livre là, sans explication.

244

Aucune commande, aucune sculpture en vue. Seul l'immense travail pour Rodin l'absorbait. De toute façon elle n'avait pas de modèles, pas assez d'argent pour les payer et, à plusieurs reprises, Rodin avait « oublié » de lui en fournir. Elle n'avait rien dit, se jurant de ne plus jamais pleurer devant lui. Après leur « orgie », comme elle disait, ils avaient pris le café ensemble. Il la regardait, presque timide ; elle lui avait demandé si quelque chose n'allait pas. Il semblait vouloir lui dire quelque chose mais il s'était tu, se contentant de répéter : « Tu sculptes comme un homme. Ne t'inquiète pas, tu y arriveras. » Il ne proposait rien de concret : il fallait qu'elle continue, elle était la sculpture, elle *était*, voilà tout.

Le mois de février allait enfin s'achever. Ils pourraient travailler plus longtemps. Rodin était préoccupé. Elle aussi aurait bien aimé avoir à se plaindre du surcroît de commandes !

« Il faudrait reprendre les mains du « Désespoir », cette petite figurine. Tiens, tu lui ressemblais l'autre soir ! Et Eustache de Saint-Pierre, je n'en suis pas content. *Les bourgeois de Calais* me rendent fou. J'ai trop de choses à faire. Je n'y arriverai pas.

— Moi, j'aime Eustache de Saint-Pierre. C'est le plus digne, il a compris que tout est dit, qu'il n'y a plus qu'à obéir. Il marche vers la mort, simplement, sans résignation. Il va, c'est tout.

— Il faudra que tu m'agrandisses les mains, celles de Pierre de Wiessant. Je suis content de mon ébauche. Une main blasphème presque, l'autre invoque.

— Eustache, il me fait penser au *Dieu d'Amiens*.

— Tu crois ? Ah ! si je pouvais un jour, ne serait-ce qu'un peu, m'approcher de l'art de ces grands statuaires. Je ne me lasse pas de visiter les cathédrales... Mais Victor Hugo, non ! Je refuse de l'habiller. Je ne céderai pas. Qu'est-ce que vous en pensez, mademoiselle Claudel ? »

Camille allait répondre mais il ajouta : « Quant à vous, habillez-vous vite sinon vous prendrez un rhume. Ce n'est pas le moment que mon meilleur praticien tombe malade. » Elle s'était levée, un peu brusquement. Il venait de la blesser, nul doute, mais sans comprendre à quel point.

« Tu m'as bien dit que ton frère voulait passer le concours des Affaires étrangères ? Le 15 janvier, c'est cela ? » dit-il pour rattraper sa maladresse. Camille avait approuvé de la tête. Elle ne voyait pas le rapport avec leur discussion.

« Je vais écrire pour le recommander au ministre. C'est un ami. Cela ne sert à rien mais on ne sait jamais. Tu es contente ? » Camille était contente, bien sûr. Pour son frère... Mais en quoi cela la concernait-il ? D'ailleurs, Paul n'avait pas besoin de recommandation.

Elle était montée s'habiller. A ce moment-là, elle le détestait presque, cet homme suffisant qu'il fallait presque remercier. Si elle avait pu, elle aurait fait tomber le plafond sur sa tête. Boum ! Ecrasé, le maître ! Une galette, un sac de plâtre, de la poussière. Et elle ? Qu'est-ce qu'elle devenait là-dedans, ballottée entre Paul et Rodin ? Au train où allaient les choses, elle pouvait tout aussi bien disparaître, ils ne s'en apercevraient même pas. Fantôme entre deux hommes... Inspiratrice, Modèle, Sœur, Servante de deux grands génies ! Monsieur Rodin avait agrippé un bras, Paul l'autre et ils tiraient sur ce cœur qui lui manquait un peu plus chaque jour.

Tête d'Or. Paul Claudel. Le livre-là, qui attend. Camille se dépêche. Elle a froid. Elle ne l'ouvrira qu'après le dîner. Elle aime rêver d'abord autour du titre. Souvent elle regarde les livres mais ne les achète pas. « Tête d'Or » : c'est beau. On dirait une sculpture. Faire une sculpture d'or, une tête en or. Tailler l'or directement. Couler l'or directement, le mouler, le faire surgir du creuset comme les alchimistes. Ce n'était pas Rodin qu'elle ferait en or, sûrement pas. Non, une femme, une femme splendide, une guerrière qui, peu à peu, se métamorphoserait en sainte. Un Christ, tiens donc, encore un nom qui n'avait pas de féminin.

La terre. Voilà, elle ferait une gigantesque Femme-Terre qui serait en train d'accoucher d'un Soleil-Homme. Elle voyait les pieds de la déesse, largement enfoncés dans la glaise, accroupie, presque touchant le sol, genoux écartés. Quelque chose de fantastique, de terrifiant, et tout en haut la tête illuminée, resplendissante, transfigurée. Et les mains, paumes ouvertes, offrant, donnant, sans violence aucune, prêtes à tout accueillir. Nue, elle serait nue, l'homme accouché sous elle, émergeant du ventre et de la terre en même temps.

Plouf ! la carotte est tombée. Camille se baisse. Ah ! non, deux pommes de terre ! Une hécatombe ! Pour le moment, ce sont les légumes qu'elle sculpte. Monsieur Rodin doit savourer une bonne soupe auprès de sa Rose, « si obéissante », comme il dit.

Camille croque une carotte — clac ! — si elle commence à manger à droite et à gauche, il n'y aura pas de soupe. Elle se lasse très vite de cuisiner. Mais elle a si froid ce soir, il faut qu'elle mange chaud. Les poireaux à gratter, les pommes de terre en rondelles, clac ! clic ! clac ! clic ! Camille s'amuse, fait des dessins. C'est sinistre, ce Clos Payen désert. Vite le printemps. Dès que le printemps vient, Rodin s'attarde toujours. Heureusement, demain Eugénie dînera avec elle et restera coucher aussi. Camille a obtenu de sa mère, grâce à une intervention de son père, qu'une à deux fois par semaine, Eugénie vienne lui tenir compagnie. Quelle fête à chaque fois ! Quel bonheur !

Tête d'Or. Elle n'y tient plus. Elle commence à lire en attendant que la soupe cuise. A la lueur de la bougie qui se consume, elle tourne les pages et dévore les images. Quelle secousse ! Comme le vent à Villeneuve... Elle oublie presque que c'est l'œuvre de son frère. Ici ou là elle reconnaît bien un détail, tel ou tel souvenir, mais le flot l'emporte. Le rythme !

L'histoire du jeune paysan Simon Agnel, sa violence, ses cris. La rencontre avec son ancien compagnon d'enfance Cébès, dans les champs, tandis que le soir tombe. Et cette jeune femme que Simon ramène au Village pour l'enterrer. Elle est morte, morte entre ses bras — toute jeune.

« Nous avons réuni nos bouches comme un seul fruit

Ayant notre âme pour noyau, et elle me serrait de ses bras naïfs ! »

Camille rit. Elle a reconnu la butte du Géyn. C'est elle et ce n'est pas elle. Elle se rappelle l'attente, les deux enfants perdus, le froid qui gagne, elle et lui serrés l'un contre l'autre.

Mon Dieu ! la soupe qui déborde ! Elle verse le liquide fumant dans la vieille tasse ébréchée et continue. Les deux jeunes garçons ont enterré cette jeune fille qu'ils aimaient l'un et l'autre. Les voilà seuls dans la nuit, marchant. Les pages tournent, la bougie diminue. Champ éclairé par la lune, pacte d'amour des jeunes garçons. Sensuel, provocant. Cébès agenouillé contre Simon :

« Quelque chose coule sur ma tête. »

Elle lit. Paul sculpte les mots encore plus violemment que Rodin la terre. D'où tient-il cette violence, cette luxuriance ? Finalement, elle le connaît si peu. Voilà l'étreinte des deux paysans. Cébès part maintenant, il disparaît dans la nuit. Simon seul, Simon qui jure de faire son œuvre. Simon qui baise, embrasse la terre, et s'endort plein de menaces.

Vite, elle tourne la page : Deuxième partie. Le palais, le roi, la princesse, Cébès agonisant. La mort qui éclate aux quatre coins du palais — atroce cancer — partout elle règne, terrible, sans espoir, et Cébès adolescent ne passera pas la nuit. Il attend le retour de Simon qui est parti sauver le pays ; il mourra.

Camille est dans le noir. Elle a oublié de changer la bougie. Elle farfouille. Là, à quatre pattes sous la table où elle a rangé un carton de bougies. Elle en était au moment où la princesse va se déguiser sur l'ordre de son père. Et voilà ! elle apparaît tel un soleil. C'est elle, Tête d'Or ! Mais non, puisque Cébès a appelé Simon Tête d'Or. C'est lui Tête d'Or. La princesse qui offre aux hommes la grâce, sa grâce.

« Je me tiens sur les marchés et à la sortie des bals, disant :

Qui veut changer des mains pleines de mûrons contre des mains pleines d'or ?

Et se peser avec son cœur humain un éternel amour ? »

Camille revoit le dîner. Mais oui ! Paul absorbé dans le chapitre VIII des *Proverbes*, il y a quatre ans maintenant. Déjà ! Le soir de Noël... Paul transfiguré. La parabole de la sagesse. Camille lit. Peu importent les références, et l'anecdote même. C'est la façon dont Paul agence les mots qui est proprement fascinante...

Les hommes rejettent la princesse. Camille a froid. La cuisine est glacée. Combien de temps est-elle restée penchée sur la petite table, lisant, relisant ? Elle coupe un morceau de fromage, un bout de pain, un bout de chocolat et monte se coucher. Sous l'édredon, elle n'aura pas froid pour lire. Preste, elle enlève sa jupe, son jupon, garde ses bas de laine, et se glisse sous les couvertures.

« La dame belle et illustre qui parlait tout à l'heure n'est plus. »

Adossée contre les oreillers, et le mur qui s'en va par plaques, elle continue à tourner les pages. Voilà Cassius.

Quelle victoire ! Elle aimerait réaliser une sculpture de Tête d'Or victorieux tel que le décrit son lieutenant Cassius. Quelle force ! Voilà ce qu'il faudrait à Rodin pour les chevaux d'Apollon. Son frère est un visionnaire : elle retient l'image pour elle-même.

« O joie ! la Victoire hennissante, comme un cheval
S'est roulée sur ce champ de bataille,
Se débattant de ses sabots étincelants, tournant vers le ciel son ventre de truite ! »

Il a du génie. Le voici, voici Tête d'Or. Elle le voit — colossal, sanglant — tandis que l'aube se lève. Camille a laissé passer le temps ; elle assiste bouleversée à la mort de Cébès, alors que le soleil va poindre, tandis que l'alouette chante.

« La Mort,
La Mort m'étrangle avec ses douces mains nerveuses. »

Tête d'Or tue le roi et il rit et chasse la princesse. Il veut tout. Il est à la fois homme et femme avec ses cheveux longs, sa jeune face et le sourire perfide de la jeune fille, mais il tue sans remords. Il rit de son meurtre, chasse les femelles, la princesse aussi. Voici qu'elle est bannie, traîne son père dehors — son père mort.

Camille ne s'attendait pas à cette démence, ce martèlement du mot, du son.

Troisième partie. Camille est toujours là, recroquevillée dans son lit, seule avec Tête d'Or. Tête d'Or battu, abandonné, agonise sur cette pierre, limite du monde. Camille est là-haut, elle est sur la butte de Chinchy, les arbres flambent de soleil, ce soleil qui va s'éteindre en même temps que Tête d'Or, couché nu, blessé. Et la princesse, clouée par les mains tel l'émouchet, à demi violée par un déserteur — suprême dialogue ! Trois heures vont sonner. Elle va mourir, la crucifiée. Dans un ultime baiser, elle étreint celui qui vient de la reconnaître aux yeux de tous, elle, la reine.

« Mais toi, aimé !
Cela est ineffable
Que je meure par toi !
Tu trembles mon cœur ?
Je suis née pour vivre. Et je meurs pour... »

Camille ferme le livre amer ; elle est encore là-bas dans le vent de Villeneuve, et le soleil va disparaître. « Mon petit Paul. » La princesse couchée à ses côtés, là. Elle les voit tous deux, gisants d'or, dormeurs de pierre, sculptés dans ses mots à lui. Elle n'a jamais rien lu de semblable. Cette écriture rapide, flamboyante, cassée, retenue, reprise, lui aussi a le don, le don de la vie, il écrit.

Mais pourquoi entre-t-il aux Affaires étrangères ? C'est de la folie ! Il est poète. Qu'irait-il faire dans ces bureaux sombres, avec des fonctionnaires ? L'autre jour, ne lui a-t-il pas lancé qu'il voulait partir, quitter la famille, quitter tout ce qui l'entoure ? Rimbaud, elle pense à Rimbaud. Mais oui, il veut le rejoindre. Sûrement. Et la princesse ? Camille ne lui connaît pas d'amie, pas de femme ! Où a-t-il été la chercher celle-là ?

Camille sourit. Serait-ce elle qui l'aurait inspiré ? Elle revoit la scène. Mais oui ! Elle était tombée sur un manuscrit : « L'Endormie ». Il y a de cela combien, ah ! oui, deux ans déjà. Elle cherchait un crayon. Elle était chez Paul.

« Mais qu'est-ce que c'est ? Je peux lire ?

— Si tu veux. »

Un petit poète amoureux de la belle Galaxaure. Elle avait reconnu le bois de Chinchy, et là le vieux Danse-la-Nuit. « Elle est belle Galaxaure. Elle ressemble à la Danaïde que Rodin a faite. Tu sais...

— Tu n'es pas le modèle, cette fois-ci. Crois-mois. » Soudain, il s'était tourné vers elle, agressif. « Lis plus loin, tu te reconnaîtras. »

Strombo, la grosse, l'horrible monstresse, qui ronflait

dans la grotte. La soûlarde — celle qui manquait d'avaler le petit moutard de poète, l'ogresse avec sa bedaine, « baleine pâmée », retournée la quille en l'air, agitant ses jambes. Elle lui avait jeté le livre à la tête. Il riait, ravi de l'avoir mise en colère. Et puis, il avait raison. Personne n'est vraiment le modèle d'une œuvre. Elle-même amalgamait divers éléments qu'elle retravaillait sans cesse. Ses sculptures la racontaient mais elles mentaient aussi, loyalement. Les modèles ne sont que des prétextes pour les artistes. Combien de fois s'était-elle aperçue que le modèle était le support de son rêve ?

Cela mettait en colère Monsieur Rodin : « L'imaginaire n'existe pas. Appuyez-vous sur la nature. Soyez farouchement véridique ! » Camille souriait. « Il ne s'agit pas de créer. Créer, mot inutile. »

Mais en même temps, il s'en prenait à ceux qui reproduisaient servilement les détails : « Il faut s'adresser à l'âme. »

Paul était de ceux-là ! Son illuminé de frère ! Elle voulait le lui dire. Il ne pouvait pas être fonctionnaire, ambassadeur ou je ne sais quoi. Il fallait qu'il écrive, qu'il poursuive son rêve jusqu'au bout.

Ils avaient fait un pacte tous les deux. Le cimetière dans la nuit, les loups qui jappaient... Il avait pris l'épée de Sieglinde et de Siegmund, ils avaient mêlé leur sang coulant aux poignets.

« Paul, ne me laisse pas. »

Paul a dix ans, elle sent qu'elle perd son sang, elle est assise là sur la borne, perdue au milieu de la lande.

« Paul, Paul... »

« Chienne, chienne, tu as couché avec lui ! » Il se penche, l'enfant de la lumière, elle voit ses lèvres mordorées, sa jeune bouche, ses yeux ardents, il se penche, plus près, elle brûle tout entière, il se penche encore, elle sent le baiser. L'enfant recule, rit, ses longues boucles dansent, il lui tend les mains, c'est elle, l'enfant c'est elle — géante. Statue d'or blanc. Paul est à ses pieds, il meurt lentement.

« Tu ne devais pas lire. Tu ne devais pas lire. » Cependant, elle n'a pu s'empêcher de voir le titre : *Une mort prématurée*. Elle s'approche encore du jeune homme, il est d'or comme elle, il murmure :

« Allons !

J'ai fait ce qu'il m'a plu de faire et je mourrai par moi. »

« Hypocrite ! Hypocrite ! » Elle éclate de rire. Soudain il se relève et part en courant.

« Viens jouer avec moi. A toi la Mort. »

Camille est trempée. Elle vient de se réveiller. La bougie s'est éteinte. L'aube blafarde... Que s'est-il passé ? Aurait-elle rêvé ? Pourtant elle sait. *Une mort prématurée* existe. Elle avait oublié, mais elle revoit la colère de Paul lorsqu'elle avait feuilleté les pages sur la table. Elle se souvient des vers qui l'avaient frappée.

« Souviens-toi ! souviens-toi du signe !

Tout est fini. La nuit efface le nom. »

Et l'effroyable emportement de Paul, arrachant, déchirant les pages : « Sors d'ici, ne mets plus jamais les pieds dans ma chambre. Va-t'en ! » Pourquoi avait-il été si brutal ?

Le jour se lève. Elle ne dormira plus maintenant. Soudain, la tête lui tourne. Une nausée la prend. Vite, elle se précipite hors du lit, vers la cuvette. A la peur qui l'étreint se mêle un ineffable et incompréhensible sentiment de plaisir. Elle a franchi toutes les limites.

Un enfant l'attend déjà.

LETTRE DE L'ASILE

« ... Aujourd'hui 3 mars, c'est l'anniversaire de mon enlèvement à Ville-Evrard : cela fait 7 ans... faire pénitence dans les asiles d'aliénés. Après s'être emparés de l'œuvre de toute ma vie ils me font faire les années de prison qu'ils auraient si bien méritées eux-mêmes... »

« Il y a un émouchet qu'on a fixé par les ailes au tronc de ce sapin.

— C'est un usage très barbare.

— Tu remplaceras cet oiseau tout à l'heure.

— Tu ne penses pas faire ce que tu dis ?

Tu ne me fixeras pas à cet arbre comme un oiseau qu'on cloue par les ailes [1]... »

Mon petit Paul !

Pourquoi avait-il écrit cela... Il y a près de cinquante ans ?

Elle avait aimé la terrible histoire.

Ici la réalité avait un autre visage.

La princesse — « Une Camille à Montdevergues, terriblement vieille et pitoyable, avec sa bouche meublée de quelques affreux chicots... »

Ils sont deux mille comme elle. Ici à Montdevergues.

---

1. Paul Claudel, *Tête d'Or*.

Le château de l'Islette

> « ... Apprends que je fus le comte
> Ugolin... J'entendis clouer les portes de l'hor-
> rible tour : je regardai mes enfants sans par-
> ler : je ne pleurais pas, tant je me sentis en
> dedans devenir de pierre... »

DANTE, *La divine comédie.*

Monsieur Rodin,

*Comme je n'ai rien à faire, je vous écris encore. Vous
ne pouvez vous figurer comme il fait bon à l'Islette. J'ai
mangé aujourd'hui dans la salle du milieu qui sert de
serre où l'on voit le jardin des deux côtés. Madame Courcelles m'a proposé (sans que j'en parle le moins du
monde) que si cela vous était agréable vous pourriez y
manger de temps en temps et même toujours. (Je crois
qu'elle en a une fameuse envie.) Et c'est si joli là !...*

Camille a relevé la tête. Elle voit par la fenêtre ouverte le petit pont de bois, la rivière. Elle entend la roue qui frappe l'eau en cadence. Pas un souffle d'air aujourd'hui. Elle a peu mangé mais elle a mal au côté droit. L'enfant appuie, elle le sent chaque soir maintenant qui agite ses bras, ses jambes. De la main elle cherche la tête, elle lui parle doucement. La vieille Madame Courcelles la surveille du coin de l'œil. Elle aurait aimé avoir auprès d'elle Victoire ou la vieille Hélène, mais il n'en est pas question. Elle a réussi à dissimuler sa grossesse. Personne n'y a songé, d'ailleurs. Elle voyait si peu de monde et à l'atelier, la blouse cachait tout. L'atelier ! Oui, Rodin n'était guère rassuré. Il avait eu peur de Rose, peur du scandale, peur d'une décision à prendre, mais il l'avait laissée avoir cet enfant. Elle n'en demandait pas plus.

Camille reprend son souffle. Elle vient de recevoir un bon coup de pied. Comme elle a mal aujourd'hui ! L'enfant a brusquement grossi depuis quelque temps.

Camille se remet à sa lettre, on voit le petit bout de sa langue qui pointe contre la lèvre supérieure. Elle s'applique. Sa plume se dessèche tout le temps, ses « t » traversent la feuille. Il lui répète sans cesse : « Ne fais pas tes barres si longues et si dures ; on dirait que tu griffes. »

... et c'est si joli là, et c'est si joli là. Je me suis promenée dans le parc, tout est tondu, foin, blé, avoine, on peut faire le tour partout c'est charmant. Si vous êtes gentil, à tenir votre promesse, nous connaîtrons le paradis...

Camille l'attend. Pourquoi est-il reparti à Paris ? Dire qu'il désirait cet enfant serait exagéré. Un jour, tiens ! à la même époque de l'année à peu près, deux ans auparavant, ils marchaient tous les deux, elle l'avait un peu raccompagné, quelques pas, ils venaient de s'aimer. Il était en vacances avec Rose, il était revenu à Paris assister à l'enterrement d'un ami ; elle était à Paris encore,

258

attendant à son tour de rejoindre sa famille à Villeneuve. Elle lui avait dit doucement : « Je voudrais un enfant de vous. » Il était resté muet, souriant d'un air absent, comme s'il eût été pris d'un accès d'extrême pudeur dicté par la peur. Elle avait plaisanté, lui avait pris le bras. Il ne répondait toujours pas. Elle venait de dire d'un ton léger une parole où elle s'engageait toute — sa vie, son âme, son art, son cœur — et lui semblait n'avoir rien compris.

Camille a mal à la tête. Flap ! flap ! flap ! la roue bat l'eau. Il fait vraiment très chaud, trop chaud. La plume est encore à sec. Pourvu qu'il revienne avant la fin de la semaine... Il se sent coupable vis-à-vis de Rose, alors il retourne souvent là-bas à la campagne pour la rassurer. Et puis, inquiet, il revient vite à Azay-le-Rideau, où à nouveau il s'angoisse pour Rose. Camille étouffe dans cette chambre. Elle va à la fenêtre, pas d'air, rien, le rien — flap ! flap ! flap ! dans sa tête... Pourtant elle aime ce vieux château qu'il a loué pour elle en Touraine. Elle reprend la plume, la trempe dans l'encrier, où en est-elle ?

... nous connaîtrons le paradis. Vous aurez la chambre que vous voulez pour travailler. La vieille sera à vos genoux, je crois.

Le bruit infernal de la roue à nouveau... Elle se lève, plonge un mouchoir dans la cuvette, se rassoit, et pose le linge sur son front, avant de se remettre à écrire :

Elle m'a dit que je devrais prendre des bains dans la rivière, où sa fille et la bonne en prennent sans aucun danger. Avec votre permission, j'en ferai autant car c'est un grand plaisir...

Elle a vraiment du mal à respirer aujourd'hui. Elle sent l'enfant, qui doit appuyer sur les poumons. Son cœur à elle saute par moments. Il faut qu'elle finisse cette lettre, il faut qu'il revienne.

... plaisir et cela m'évitera d'aller aux bains chauds à Azay. Que vous seriez gentil de m'acheter un petit costume de bain bleu foncé avec galons blancs en deux morceaux, blouse et pantalon (taille moyenne), en serge, au Louvre ou au Bon Marché ou à Tours !

Personne ne la verra se baigner. Elle peut se baigner. Elle est à six mois, et l'eau froide, elle l'a toujours pratiquée. Mais pourquoi n'est-il pas là ? Elle a mal aux reins, mal à la tête. Flap ! flap ! flap ! flap ! flap ! cela cogne et recogne dans son crâne, son cœur, ses reins, partout... que fait-il là-bas avec Rose ? Oublie-t-il que *son* enfant se forme ? On n'abandonne pas comme cela une sculpture...
« Monsieur Rodin, je vous en supplie, dépêchez-vous. »

Je couche toute nue pour me faire croire que vous êtes là.

Pourtant il est heureux lorsqu'il vient dans leur château. Elle le taquine, elle l'appelle son Barbe-Bleue, et lui « ma princesse ». Cela la fait rire. S'il savait. Paul, où est Paul ? S'il était là au moins... Cette vieille Madame Courcelles lui fait peur. Elle ressemble à la fée Carabosse.
L'élégant château Renaissance de l'Islette... Elle y était bien même si elle se doutait qu'il la cachait là, qu'il dissimulait ainsi sa grossesse. Qu'importe ! Depuis un mois, elle vivait comme une recluse, heureuse, elle sculptait, dessinait, il faisait beau et l'enfant prospérait — cet enfant qui allait ressembler à elle et à lui — seconde d'éternité partagée et à jamais élargie, démultipliée...
Quand elle le lui avait annoncé, on eût dit qu'il était vaincu, comme puni : « C'était l'autre fois, tu sais, cette folie, cette folie. Je ne savais pas ce que je faisais. Tu pleurais. Je ne sais plus. Et voilà, j'en étais sûr. »

Elle n'avait rien ajouté. Comment pouvait-il ainsi regretter ? Elle ne voulait pas en entendre davantage. A elle de prendre toujours tous les risques ! Elle qui ne réservait rien — jamais —, avançant, donnant, se donnant tout entière parce qu'elle aimait. Bientôt, elle le savait, la société des lâches la montrerait du doigt : une fille-mère... Elle la revendiquait déjà cette marque « infâme ». Mais à haute voix !

Flap ! Flap ! Papillons noirs devant les yeux. Il lui manque, elle l'appelle. Une chaleur torride. Elle n'a gardé que son jupon, sa chemisette, et pourtant elle sent entre ses omoplates la sueur qui ruisselle. Les fleurs qu'elle a cueillies dégagent une odeur forte. Elle reprend la plume :

Je couche toute nue pour me faire croire que vous êtes là... toute nue... mais quand je me réveille, ce n'est plus la même chose.

Ça y est, l'orage gronde. Tant mieux, cela va rafraîchir un peu. Sa tartine de confiture à moitié mangée là près du papier blanc.

Je vous embrasse. Camille.

Le cœur serré, elle ajoute vite :

Surtout ne me trompez plus.

Elle va plier la lettre. Flap ! flap ! flap !...

« Madame Courcelles ! » Elle a crié, elle est tombée ; son corps est happé par la roue. « Madame Courcelles ! » Elle hurle maintenant — tout son ventre se déchire. Elle hurle plus fort, elle est là, à terre, déchiquetée, tordue, son corps entier tressaute.

« Non, non... » Elle veut les arrêter, elle veut les empêcher, alors elle fuit, court, le souffle lui manque, elle tombe, roule le long des rochers, la pierre dure, voilà, ils sont sur elle, elle sent leurs mains, elle hurle, on la bâillonne, on l'attache, on la fouaille, les mains grimpent le long de son ventre.

« Ne me le tuez pas ! Je l'aime ! Non, je ne veux pas ! » Elle ouvre, elle ouvre pourtant les yeux, gémit. « Madame Courcelles, ne les laissez pas ! »

La vieille est là, penchée. « Ne bougez pas, on s'occupe de vous, ce n'est rien. »

Elle tourne la tête. Elle voit la petite fille blonde, la petite châtelaine avec ses yeux tristes, effrayée. « Sors de là, toi, allez, fiche le camp ! Va vite chercher le docteur. »

Alors Camille sent sa tête qui heurte — flap ! flap ! flap ! — la roue à chaque lamelle qui passe. Sa tête bat la cadence. Le cou se rompt, la tête se dévisse, tombe à l'eau. Les couteaux déchiquettent un peu plus le reste de son corps ; ils ont pénétré, lui ouvrent le ventre, la vident.

Rodin a été prévenu. Monsieur Rodin est là, debout près du lit. Depuis trois jours, il pleut sans arrêt. Le château semble noyé dans la brume. Aucun bruit, seule l'eau qui monte tout autour. Camille est couchée dans ses draps blancs. Le visage émacié, les deux orbites sombres, elle ne dit rien, elle a fermé les yeux, elle ne prononce pas une parole, ses longues mains reposent sur le lit, ses cheveux défaits, fragile elle repose. Elle sait. Elle n'a rien demandé mais elle a compris. On la change, on la lave. Elle repose là, comme dans son suaire. Elle n'a plus rien à dire. Elle a perdu — elle l'a perdu ! Elle ne désire plus qu'une chose, qu'on la laisse. L'hémorragie n'a pas cessé, elle le sent bien, comme si sa vie s'en allait goutte à goutte, lentement, doucement — tel un sommeil. Elle ne demande qu'à s'endormir. Elle n'a plus mal nulle part. Elle fait corps avec le néant, embarquée sur la rivière sombre. L'homme qui est là debout à ses côtés, elle ne le connaît pas. A quoi bon entendre les raisons, la lutte avec Rose ? la sellette sur le ventre ? l'hérédité ? sa mère semblable à elle ? la fatigue ? à quoi cela servirait-il de « savoir » ! Le jeu était truqué. Il faut toujours un mort dans une partie de cartes. Elle n'aime pas jouer, de toute façon.

Rodin est là au pied du lit. Il n'a même pas osé lui prendre la main. Il regarde Camille. Camille qui le quitte. Camille qui le laisse — sa Camille — son *Baiser*. Il ne dit rien car il porte la mort en lui. Maria est là, couchée, et lui refuse de penser à cet enfant dont il repousse sans cesse la vision. Des mois et des mois il s'était acharné sur cette sculpture. 1882 : Ugolin à la fois femelle et mâle. Aujourd'hui il apprenait « La douleur ».

Il a fermé les yeux. Pourquoi était-il parti ? Rose allait bien. Il faisait son buste à elle, pour qu'elle oublie, qu'elle évite de le harceler. Pendant ce temps-là, Camille seule, Camille qui tombe, qui s'accroche au petit bout de lettre. On avait retrouvé dans sa main crispée le papier froissé — une lettre — pour lui. Monsieur Rodin porte la mort avec lui. Les portes de l'enfer ont claqué dans son dos. Les deux battants à jamais refermés derrière lui. Il est en enfer. La comédie est finie. Portes de l'amour et de la mort. Le glas sonne. Non, c'est la petite cloche du château...

Depuis trois jours il est condamné, il est jugé. Il se tient debout près d'elle, son inspiratrice, elle qui lui insufflait la vie ; depuis trois jours, il entend le rire un peu rauque, sa prodigieuse capacité à vivre. « Mais moi j'aime la vie ! »

« Faites qu'elle vive. Mon Dieu, j'ai cru en vous. Epargnez-la. Qu'elle se lève. » Monsieur Rodin s'est agenouillé. Si elle venait à le quitter, il deviendrait fou de douleur, fou comme son père.

Ses doigts ont bougé, elle veut parler. Yeux rouverts. Lentement, gravement, elle lève la main. Ses doigts frêles effleurent le front, et glissent sur les yeux de l'homme qui pleure.

La petite châtelaine

> « Aux quelques êtres qui m'aiment et que j'aime — à ceux qui éprouvent plutôt qu'à ceux qui pensent — aux rêveurs et à ceux qui font confiance aux rêves comme aux seules réalités... »
>
> EDGAR POE, Dédicace d'*Eurêka*.

La gelée blanche. Le jour comme une page non écrite. Elle avait réfléchi toute la journée. Marché, marché longtemps. Des heures et des heures. Depuis plusieurs semaines, il en était ainsi. Aujourd'hui elle avait pris sa décision. Il avait fallu plus d'une année entière — une autre année allait encore s'effiler entre ses mains. Elle n'avait rien fait : il était temps de reprendre les cordages, de reprendre maille à maille la vie. Puisque la mort n'avait pas voulu d'elle, il fallait forcer la vie, l'envahir à nouveau. Elle relevait la tête. Ses forces étaient revenues peu à peu. Elle avait vingt-sept ans. Le mois de janvier allait s'achever. Le printemps, elle le sentait déjà dans ses jambes, dans son corps. Même si dehors le grand silence blanc avait recouvert la Ville. Il lui avait fallu longtemps avant de pouvoir se lever et de reprendre goût aux journées.

Rodin venait souvent à Azay-le-Rideau. Il travaillait peu, avec difficulté. On ne voyait le couple ni aux salons ni aux expositions. Les parents de Camille avaient jugé que son départ était une nouvelle folie. Mademoiselle se retirait à la campagne pour mieux travailler. Pas une fois sa mère ne lui avait écrit. Seul son frère et elle correspondaient. Un jour elle le mettrait au courant. Peut-être, elle ne savait pas. Quand elle s'était sentie plus forte, elle avait fait le voyage jusqu'à Paris. Son père lui avait trouvé mauvaise mine. « L'air de la campagne ne te fait pas de bien. Tu dois encore rester enfermée à sculpter. Autant être à Paris... »

Elle voyait bien que son père était attristé. Plus personne ne parlait d'elle à Paris. Il avait sans doute espéré la gloire, au moins pour elle, mais elle semblait oubliée, et elle-même ne luttait plus. Il trouvait son attitude peu courageuse. « Il faut se battre, Cam'. Attaque, ne te laisse pas marcher sur les pieds ! »

Elle aurait voulu lui dire à quel point elle avait été loin de toute cette société parisienne. L'important avait été de se reconstituer, de remodeler les débris épars. Elle parait au plus pressé. Mais aujourd'hui l'heure était arrivée. Non, elle n'allait pas devenir une Rose ! Elle avait pris sa décision. Grâce à la petite châtelaine.

Quand elle allait mal, chaque jour la petite fille blonde était venue. Tout d'abord, Madame Courcelles avait essayé de l'éloigner. Elle avait peur que cette enfant ne ravive la blessure ; au début, lorsque Camille l'apercevait, ses larmes se mettaient à couler. Elle voyait la petite fille au loin, comme sous la pluie, qui lui faisait un petit signe de main. Puis peu à peu elle s'était habituée à sa présence, aux fleurs qu'elle cueillait pour elle. Un jour, elle avait apporté des fraises des bois. Et puis à l'automne, elles firent de longues promenades ensemble, la petite main guidant celle qui avançait encore chancelante.

Au début Jeanne, elle s'appelait Jeanne, parlait peu. On avait dû lui recommander de ne pas fatiguer la jeune dame. Mais de jour en jour elle était devenue plus hardie, posant à Camille d'innombrables questions, exigeant des réponses. Et puis un jour, elle l'avait regardée, se tortillant d'un pied sur l'autre : Camille se reposait, allongée dans une chaise longue en osier, encore dolente. Camille avait ouvert les yeux, et la petite avait tendu un crayon et une feuille : « Apprends-moi, tu sais, toi. Apprends-moi. » Camille avait esquissé un geste de recul mais la menotte qui se tendait, l'air de Jeanne, ses yeux grands ouverts, quêtant le dessin magique, son rêve, tout cela avait balayé sa résistance. Camille s'était installée et avait commencé le dessin. Cela avait duré l'après-midi entier. La petite fille allait sans cesse chercher du papier. « Continue, Camille !

— Mais je ne vois plus rien. » Il avait vraiment fallu que le soleil disparaisse pour que la petite abandonne le terrain. Camille avait mal partout. Jeanne avait emporté tous les dessins comme un immense trésor.

Le lendemain la scène se reproduisit, mais cette fois Camille se ménagea des pauses, exigeant de se reposer à l'heure du goûter.

Jour après jour, la petite apprenait, se risquait elle-même à illustrer un animal, une fleur. Rodin les avait trouvées un jour toutes les deux penchées sur la table, la jeune fille brune et la petite fille blonde. Leurs deux têtes entrelacées au-dessus des dessins, les crayons...

« Mais qu'est-ce que c'est ? » Il avait pâli. La petite fille lui avait tendu un magnifique dessin, précis : un lapin ébouriffé.

C'était le lapin qu'elle avait pris l'habitude d'amener avec elle et qui sautait sur les dessins ou qui les grignotait à la grande fureur de Camille. Elle l'appelait « Matuvu ».

« Jamais Auguste n'a pu réaliser le quart d'un dessin pareil. Et pourtant j'aurais voulu, j'aurais tant voulu... lui apprendre... la Beauté. »

Camille avait levé les yeux. Il s'était troublé. Quel idiot ! Venir précisément lui parler de son fils, du fils de Rose, un vaurien qui dépensait tout son argent à boire, à traîner alors qu'elle justement...

Il avait balbutié : « Pardon, Camille. » Il était sorti, elle l'avait vu par la fenêtre, accoudé sur le petit pont, les yeux perdus dans le vague.

Une petite main avait tiré sur la jupe : « Dis, tu crois qu'il l'emportera mon dessin, Monsieur Rodin ?

— Mais oui, ma chérie », avait dit Camille en lui caressant la joue.

Puis le temps était venu où elle avait pu se rendre à Paris. Paris ! Son anniversaire, ses vingt-six ans. Elle s'était forcée, elle était là à la table familiale, elle avait envie de pleurer. Heureusement il y avait Nini, Eugénie. Elle ne lui avait rien dit, mais Eugénie avait compris. Camille n'allait pas bien du tout. La neige, la grande gelée blanche de janvier. Ses couleurs revenaient. Comme ce soir-là, il y avait de cela juste un an. Les longues marches et lui, le jeune homme. Avec lui, elle commençait à retrouver le désir, l'envie de sculpter. Elle l'avait déjà vu chez Mallarmé. Des amis communs — Monsieur et Madame Godet — les avaient présentés l'un à l'autre.

Elle revoit le café, un jour comme aujourd'hui. Tout était net, comme une première page, encore vierge. Il y avait des peintres, des journalistes, ils étaient joyeux, bohèmes. Claude Debussy l'avait présentée à tous. Certains se moquaient. « Mais elle est connue, ton amie.

— C'est un sculpteur. »

Ils étaient jeunes, ils avaient le même âge à peu près. Ils se connaissaient depuis peu et déjà ils conversaient ensemble, se découvrant les mêmes passions. Hokusai, surtout, les avait immédiatement rapprochés. Lui, un bohème, et elle, encore fragile, penchant sa tête vers lui. Camille avait redécouvert le rire aussi ; elle échappait pour la première fois depuis des années au silence de l'atelier, aux angoisses de Rodin, aux commandes de Monsieur Rodin, à Rose, au patriarcat. Elle découvrait qu'elle était jeune, qu'elle avait vingt-six ans. Claude en avait vingt-huit. Elle contemplait sa frange brune qui dissimulait mal les deux saillies du front, ses yeux nocturnes... Elle admirait ses longues mains agiles et nerveuses.

Elle échappait enfin au vieux château, à sa vie retirée. Claude était là comme un demi-frère. Et elle avait envie de vivre, de s'élancer sur ses deux pieds, elle la boiteuse, comme pour s'envoler...

« Qu'est-ce que tu racontes, Claude ? » Elle riait, un peu essoufflée. Il était couvert de dettes, avait quitté Rome avant la fin de son prix de Rome, il s'enthousiasmait, vibrait, se passionnait, sans arrière-pensée.

Camille regarde le visage ambré, les mèches folles, les prunelles, il ressemble à un chasseur aux aguets, il lui décrit un air — ce sont les violoncelles dans le grave : *mmmmmmmm...* — puis il miaule à bouche fermée, claque les lèvres, danse, rit de son rire fauve...

Camille se sent légère, elle a envie de se lever aussi. Ils partent tous les deux. Il l'accompagne.

Un jour blanc, une patinoire lisse — une page, page de garde...

Plusieurs fois ils s'étaient revus. Ils ne se quittaient plus.

Turner, elle connaissait ? Mais comment ? Il s'étonnait de sa culture, de la variété de ses connaissances. Grâce à ses amies anglaises elle avait vu des reproductions de Turner. Rodin lui en avait parlé, mais lui n'appréciait pas trop. Malgré son immense amitié pour Claude Monet, Rodin ne faisait pas le même genre de recherche. Il avait sa voie à lui, et à ses yeux, rien ne le rapprochait du travail de ceux que l'on commençait à nommer « les impressionnistes ». De toute façon, peinture et sculpture étaient deux arts complètement différents. Rodin se rendait peu chez Mallarmé, fréquentait rarement les autres artistes : il sculptait... Il avait la cinquantaine passée, s'acharnait autour de sa terre, car il se savait déjà sur l'autre versant. Par moments, il se désespérait : ah ! s'il n'avait pas attendu trente-sept ans pour commencer.

Auprès de Claude Debussy, Camille redécouvrait qu'elle était jeune. Turner n'était pas leur seule passion commune ; il y avait Edgar Poe aussi. Parfois, lorsque Debussy avait un peu bu, excité, il lui demandait des nouvelles de son vieux Klingsor. Camille alors fermait les yeux une seconde, se taisait, ne répondait rien. Il la croyait morte pour quelques secondes. Il l'avait emmenée au Weber, rue Royale, où se retrouvait l'élite du monde artistique. Un soir elle y avait aperçu Marcel Proust. Elle s'en souvenait, Claude avait semblé mal à l'aise. Comme elle s'étonnait, Claude avait avoué n'être qu'un ours. Monsieur Proust et lui n'avaient pas les mêmes conversations !

Elle préférait le Reynold's, un bar américano-irlandais. Il y avait là Toulouse-Lautrec, des lads, des jockeys, des entraîneurs, de la musique : l'Anglaise, son fils et le banjo. Ainsi, il existait d'autres femmes qui menaient une vie hors les normes. D'autres femmes qui se battaient seules. Cette femme aux yeux fatigués qui accompagnait son fils de couleur, quelles aventures avait-elle traversées ?

270

Camille aurait aimé lui parler, mais elle n'osait pas. L'autre l'avait regardée, un peu hautaine. Pour elle qui jouait chaque soir, cette jeune femme et ce jeune homme devaient représenter le bonheur et l'aisance. Elle n'était là que pour les distraire. Alors Camille avait cessé d'aller au Reynold's. Là non plus elle n'était pas à sa place. Les cris, les rires des filles du boulevard, les courtisanes, les femmes entretenues qui déployaient leurs gorges grasses, cavaleuses, cela non plus, ce n'était pas pour elle. Les mondaines, les femmes du monde du Weber, par contre, la toisaient, dédaigneuses.

Ce qu'elle aimait, c'était marcher aux côtés de Claude, aller aux expositions, admirer ensemble un Hokusai, et l'écouter jouer, lui. Ils passaient chez les amis de Claude, Monsieur et Madame Godet, qui l'accueillaient toujours avec joie. Elle s'asseyait alors discrètement et tandis qu'il jouait, elle dessinait.

Camille s'éloignait de la technique rodinienne, des explications strictes, des proportions, des modèles. Avec Debussy, elle prenait conscience qu'elle n'était pas seule à se préoccuper du mystère, du non-dit. La brume au lieu du muscle, le droit à la transgression en quelque sorte...

Chez Hiroshige, le contemporain d'Hokusai, la pluie pouvait devenir brume argentée, pluie blanche qui disparaît avant de toucher le sol, ou simples lignes parallèles...

Des heures, ils restaient devant la gravure d'Hokusai. La vague énorme, gravée par l'artiste, déferlait devant eux, perspective étonnante. « La pluie de gouttelettes ayant la forme de griffes d'animaux. » La tête trop lourde sur la tige trop fine... Camille maigrissait de jour en jour. Elle avait la pâleur sensuelle des gravures du grand Japonais. Son ami Godet avait dit à Debussy qu'elle était seule à tailler directement le marbre. Comment faisait-elle ? Quelle force terrible recelait cette passante, « l'Inconnue » ? Elle semblait traverser la vie et derrière elle, elle laissait une traînée qui vous poursuivait, à vous en rendre malade. La douceur de vivre, sans la vie, le Rêve enlacé au Néant et le sourire... Un sourire à vous faire sauter l'âme !

Un soir, ils avaient un peu bu. Atmosphère renfermée. Nuit de lune. Ils riaient. La route était glacée. Ils glissaient, patinaient. Il l'avait raccompagnée. Elle oubliait qu'elle marquait la cadence à contretemps tandis qu'il lui chantait un air. Elle aurait voulu valser ; jamais pareille folie ne lui était venue à l'esprit. Il l'avait prise dans ses bras, enlacée, sur le chemin blanc, et ils avaient tourné. Son pied s'était dérobé, celui qui claudiquait, alors il l'avait serrée un peu plus fort, l'avait retenue. Elle inclinait la tête vers son épaule. Elle était là dans ses bras, impalpable ; le chignon avait glissé, les longs cheveux s'étalaient sur ses épaules, il la regardait, la neige la poudrait d'or pâle ; elle tournoyait les yeux éperdus. Elle ressemblait à Ligeia, Morella, aux héroïnes d'Edgar Poe, elle semblait porter en elle la mort, l'approche de la mort, fantôme de cette nuit, il la serrait fort — redoutant qu'elle ne disparût — une légère buée et il n'y aurait plus rien. Il avait arrêté le mouvement une seconde, leur couple un instant suspendu, aux frontières de l'impossible, il avait murmuré près des lèvres pâles qui tremblaient là : « Tu es étrangement belle quand je t'embrasse ainsi. Tu es si belle qu'on dirait que tu vas mourir. »

Il s'était penché vers elle un peu plus. Elle avait les yeux agrandis par la peur, des yeux de folle, s'était-il dit, des yeux de folle... Elle voyait quelque chose, loin derrière lui, elle devinait quelque chose ou quelqu'un... « Jamais plus ! Jamais plus ! »

Elle l'insultait maintenant. Elle était partie, claudiquant, courant, échevelée. Elle s'était fondue comme la neige, dans la neige, telle une apparition. Pour lui, « le rêve de ce rêve ! »

Un jour comme celui-ci. Le givre partout. Elle était là comme aujourd'hui devant les miroirs. Toute la nuit, elle avait claqué des dents, recroquevillée. Au matin, elle repartait vers Azay-le-Rideau. Il y avait juste un an. Elle ne savait plus si elle avait rêvé la scène ou si elle l'avait vécue. Une seule chose sûre : elle l'avait quitté brusquement ce soir-là.

Plus de musique. Le château vide, triste. Aujourd'hui elle quittait Monsieur Rodin. Une vie restait à écrire.

Presque vingt-huit ans. Aucun salon, aucune sculpture. Il était temps. La Folie Neubourg et ses miroirs, le château de l'Islette, tout cela elle l'abandonnait. Elle était là, solitaire, au milieu de la pièce, comme l'autre fois, mais cette fois-ci, elle ne partirait pas à l'aube vers Azay-le-Rideau. Elle se voit, là et là, reflétée dans les miroirs. Elle tient son balluchon à la main, sa pèlerine sombre pèse un peu sur ses épaules. Il est temps de partir. La grande pièce... Elle entend la voix qui l'arrête : « La beauté change vite. La vraie jeunesse, celle où le corps, plein de sève toute neuve, se rassemble dans sa svelte fierté et semble à la fois craindre et appeler l'amour, ce moment-là ne dure guère que quelques mois. Sans parler même des déformations de la maternité, la fatigue du désir et de la fièvre de la passion qui détendent rapidement les tissus et relâchent les lignes. La jeune fille devient une femme : c'est une autre sorte de beauté, admirable encore, mais cependant moins pure... »

Sa voix. C'était autrefois. Mais elle n'écoute plus. Il discourait. Elle l'avait écouté recueillie : elle trouvait ça beau. Le sens — aujourd'hui seulement, elle entendait vraiment —, c'était ridicule ! Il disait n'importe quoi. Moins pure ! moins pure ! qu'est-ce que cela voulait dire ! Et la souffrance ? Et le patient amour ? Et la Belle Heaulmière ? et l'humanité dans toute sa tendresse ?

« Eh bien non, Monsieur Rodin ! » Elle se redresse, fait une grimace à la glace. Elle a mis le chapeau haut de forme. Tiens, il l'a oublié là, alors elle l'imite, elle grimace, redevenue malicieuse, enfin.

La petite châtelaine et sa drôle de frimousse, Camille lui avait appris à pétrir la glaise, à manier la terre. Et puis un jour, oui, c'est là qu'elle avait pris sa décision. Rodin et elle travaillaient au Balzac. Depuis l'été précédent, l'été 91, il avait obtenu une commande, le Balzac, une statue colossale. Alors il cherchait des modèles en Touraine, elle, elle lui lisait des pages entières, discutant avec lui, comme d'habitude. Elle se passionnait comme s'il se fût agi de sa propre sculpture, d'une commande qu'on lui avait faite, et soudain elle avait aperçu la petite derrière lui. Furieuse d'être délaissée, jalouse de Monsieur Rodin, elle l'imitait, prenait des poses, se passait un doigt sur le front, soucieuse, plissait la bouche.

Camille avait eu un mal fou à retenir un rire. « Vanité des vanités ! » C'était elle-même qu'elle voyait ainsi derrière lui. Mais qu'est-ce qu'elle attendait ? Elle ne sculptait plus, elle ne réalisait plus. Quelle différence avec Rose ?

« Je vais rentrer à Paris. »

Elle l'avait coupé net, interrompu dans son élan. Elle avait pris la petite dans ses bras : « Tu viendras aussi, de temps en temps, dis, petite bonne femme, il n'y a que là qu'on sculpte, n'est-ce pas, Monsieur Rodin ? »

« Je lui ai montré où elle trouverait de l'or mais l'or qu'elle trouve est en elle... »

Elle lève le chapeau haut de forme : « Au revoir, Monsieur Rodin ! »

Il y a un an à peine, un jour blanc comme celui-ci, elle le quittait, l'autre, brisée. « Au revoir, Monsieur Debussy ! »

La petite sirène

Chien rongeant un os
(seule œuvre signée)

Buste de Rodin (1886)

Le sakountala (L'abandon) (1888)

Le sakountala (détail)

L'implorante (Le dieu envolé) (1890)

Clotho (1893)

La valse (1893)

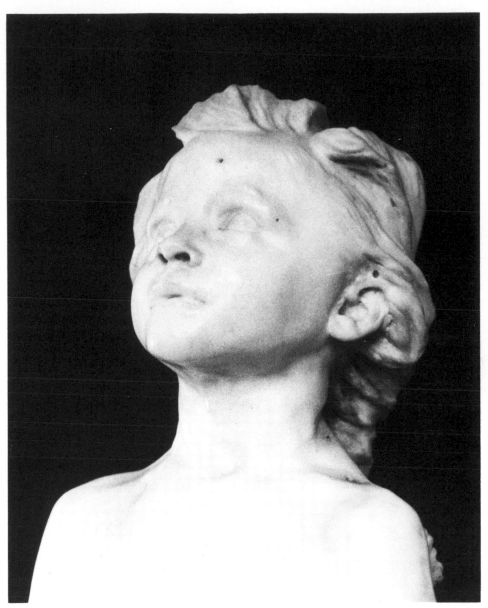

La petite châtelaine (1893)

Les causeuses (1895)

L'âge mûr (Les chemins de la vie) (1899)

L'éternelle fugitive, sera-t-elle condamnée à n'être qu'une éternelle fugitive. Elle reprend son balluchon. Elle reviendra chercher ses affaires — plus tard. Son atelier est loué. Nouvelle adresse : Camille Claudel, 113 boulevard d'Italie. Monsieur Rodin a été prévenu, mais il n'en a rien cru. Elle emporte avec elle son *Sakountala*. Il pèse lourd.

Trois ans de silence. Elle a refermé la porte.

LETTRE DE L'ASILE

« ... *Je voudrais bien être chez moi et bien fermer ma* *porte. Je ne sais pas si je pourrai réaliser ce rêve, être chez* *moi !...* »

113, boulevard d'Italie

« O vraiment fils de la terre ! ô pataud aux
larges pieds ! ô vraiment né pour la charrue,
arrachant chaque pied au sillon !
   O sort d'une Immortelle attachée à ce
lourd imbécile !
   Ce n'est point avec le tour et le ciseau que
l'on fait un homme vivant, mais avec une
femme... »

PAUL CLAUDEL, *La muse qui est la Grâce*.

Camille va droit devant elle, au hasard. Elle découvre
Paris. Elle découvre la Ville à nouveau. Elle s'aperçoit
qu'elle est libre, regarde de toute la force de ses yeux
grands ouverts le spectacle de la rue, de la vie quoti-
dienne. Elle respire enfin. Le mois de juin éclate de promesses, de bourgeons, de rires d'enfants.
   Camille avance, rapide, s'arrêtant parfois brusquement

pour prendre vite un croquis : de cette femme, là, qui s'avance à sa rencontre, de ces deux jeunes gens, de cet homme hésitant. Elle va. Une femme. Elle était née dans un village de trois cents feux, son travail, c'était de sculpter, elle marchait dans la rue. Une Femme. C'est justement la rue qui l'inspire. Un passant, une famille là sur le banc, des ouvriers occupés à leur ouvrage, et vite elle entrevoit l'œuvre future.

La tête pleine d'images, de visions, elle rentre 113, boulevard d'Italie. Depuis plusieurs mois elle a son atelier à elle. Elle rentre dans *son* atelier, se met à modeler. Il y a du temps à rattraper. Elle sculpte, elle ébauche, elle cherche.

Encore une année de perdue, mais l'année prochaine, elle est bien décidée à sortir de nouvelles sculptures. Elle ne travaille plus pour Rodin, elle a du temps. N'a-t-elle pas déjà perdu trop d'heures à attendre, à l'attendre ?

Il ne l'a pas crue, estimant qu'elle racontait n'importe quoi. Et puis c'était arrivé. Il était revenu au Clos Payen. Plus personne. La mort dans l'âme, il avait cessé de louer la vieille demeure. L'écriteau se balançait à nouveau à la grille rouillée... Camille passait devant... Son atelier se trouvait à deux pas.

« Eh ben, mam'zelle Claudel, vous en avez assez fait, de la trotte. Regardez vos bottines. Vous allez vous escouiner les jambes ! » Camille rit. La concierge est sa seule complice. Sinon, elle ne reçoit personne, elle veut travailler au plus vite. Mais heureusement qu'il y a la Pipelette : elle n'arrête pas ! Camille sait tout ce qui se passe dans le quartier.

Réciproquement, Camille se doute bien qu'elle-même doit être la cible des potins. Mais elle a trop besoin d'une compagnie pour risquer ne serait-ce qu'une réflexion à sa concierge. Et puis les inutiles commérages la distraient. En revanche, Paul, son frère, qui passe rarement d'ail leurs, ne supporte pas les agressions du Cerbère. C'est ainsi qu'il l'appelle : le Cerbère.

« Tiens ! ton Cerbère m'a envoyé le seau dans les jambes au moment où j'entrais.

— Elle lavait !

— J'ai juste eu le temps de sauter de côté, sinon j'étais trempé. »

La Pipelette grommelle : « Si c'est pas malheureux, un jeune gars comme ça, toujours renfermé dans ses chaussettes, moi j'te l'dégourdirai c'ti là ! » Et Camille rit, de son rire devenu plus rauque encore.

Silence. Solitude. Camille lutte. Elle triomphera aux Salons prochains. Cette année même, elle a retravaillé le buste du maître et l'a fait fondre en bronze. Rodin, elle le revoit. Il ne comprend pas. Elle l'a quitté et elle lui rend une sorte d'hommage. Il est bouleversé. « Pour sculpter Rodin, Camille a fait du Rodin. » Voilà ce que dit le bouche à oreille et Camille contre-attaque : « Justement ! Pour exprimer l'homme, il fallait sa patte, à lui ! »

Elle bravait l'opinion, chacun croyait à une rupture. Elle habitait seule, ne travaillait plus dans ses ateliers et voilà qu'elle était là, avec le maître, plus belle que jamais. Elle avait mûri. Ses yeux semblaient encore plus sauvages, mais tous pouvaient constater qu'elle avait acquis une sorte d'assurance, de paix intérieure. Elle était déterminée, et c'est lui qui se tenait à ses côtés, silencieux, un peu en retrait, presque effacé. Près du buste, il y avait ses cartes. Chacun pouvait lire :

MADEMOISELLE CAMILLE CLAUDEL, STATUAIRE,
113, BOULEVARD D'ITALIE.

Après le Salon, elle fut nommée sociétaire de la Société nationale des beaux-arts. Toute seule, elle s'était attiré de bonnes critiques. On vantait l'emploi « des tons rougeâtres ou verts de son bronze qui rehaussaient la figure

280

du grand sculpteur ». On citait Léonard de Vinci. Raoul Sertat dans *La gazette des beaux-arts* se montrait enthousiaste. Rodin n'exposait pas. Mais grâce à elle, tout le monde parlait de lui.

Elle était sociétaire mais « on savait bien pourquoi... Il était derrière elle. » Ce genre de réflexion suscitait même la colère chez Rodin : « Tous ont l'air de croire que Mademoiselle Claudel est ma protégée quand même ! quand c'est une artiste incomprise. » Ou bien on les opposait, comme si on espérait qu'ils se déchirent.

« Tiens, m'sieur Rodin, il est passé. Il reviendra tout à l'heure qu'il a dit. » La Pipelette a surgi... Camille arrête son geste. Elle était en train d'enlever ses bas. Elle a peur de les user ; dès qu'elle rentre, elle chausse ses sabots, pieds nus.

Rodin était venu. Parfois il semblait hésiter à le faire, comme s'il avait été inquiet. Il l'aidait, pourtant. Elle aurait préféré s'en sortir toute seule, mais elle n'avait aucun argent d'avance et les commandes ne venaient pas. Sa sœur Louise s'était mariée, ses parents pour le moment ne pouvaient rien lui avancer. « Qu'elle se débrouille ! » Elle n'avait rien à vendre. Le « Sakountala », il aurait fallu le couler en bronze, mais cela coûtait trop cher. Or, pour vendre, il faut disposer d'exemplaires, de copies. Déjà pour exposer au Salon le buste d'Auguste Rodin, il s'était proposé de l'aider. Elle le rembourserait. « Cela n'avait pas d'importance », avait-il dit. Mais elle y tenait, se cramponnait à l'idée. Il haussait les épaules. Lorsque le second terme du loyer de l'atelier était arrivé, elle se trouvait sans le sou. En dépit de toutes les privations, elle n'y arriverait pas.

Rodin avait des commandes. Le Balzac allait être une magnifique affaire. Son ami Emile Zola s'était battu pour qu'il l'obtienne. Le monument du peintre Claude Gellée dit le Lorrain allait être inauguré à Nancy. Quant à Rodin il était nommé chevalier de la Légion d'honneur.

« Quel jour sommes-nous ?

— Le 9 juin. Si c'est pas malheureux ! »

On ne savait pas pourquoi, mais pour la concierge, c'était malheureux ! Camille sourit. L'inauguration du Lorrain avait eu lieu avant-hier. Camille n'avait encore aucune nouvelle. Sans doute était-il passé pour lui raconter.

« Oh, mam'zelle Claudel, Monsieur Rodin, il était vert de rage. Il ne décolérait pas !

— Contre moi ?

— Non, les journaux. Là-bas à Nancy. L'inauguration... »

Camille s'inquiète. Cela avait dû bien mal se passer. Il faut dire ! Camille revoit l'ébauche des chevaux. Une catastrophe ! Rien n'allait. Il aurait dû renoncer. Elle imaginait mal le sculpteur de *L'enfer* réaliser un monument pour celui qu'on surnommait « le peintre de la lumière ». Lui voulait cette commande. Elle le voit encore dans un atelier, rue des Plantes, costumé, habit noir, souliers vernis, chapeau haut de forme. Et elle, elle riait de le voir accoutré ainsi, pompeux, m'as-tu-vu. Tiens, MATUVU ! Il fallait absolument qu'elle ait des nouvelles de Jeanne. Cela faisait trois semaines maintenant... Enfin elle la retrouverait à Azay-le-Rideau l'été prochain. Elle se tenait les côtes de rire, il était furieux. « Je sors du ministère. C'est moi qui fais le monument à Nancy. »

Non, jamais elle ne s'attiferait ainsi pour avoir une commande. Comment avait-il pu ? Où étaient sa blouse, sa simplicité, ses mains d'artisan, son travail d'ouvrier dans ce fatras de pédanterie. Et elle, il faudrait qu'elle mette un chapeau, une voilette pour voir le ministre. Tout cela devenait ridicule. Il risquait de devenir ridicule, lui aussi.

« T'nez, le voilà, votre homme. »

La concierge n'en ratait pas une. Elle voulait savoir.

Etaient-ils ensemble ces deux-là ? Elle écoutait à la porte, épiait — en vain. Non, ce n'est pas possible ! Il est encore endimanché comme l'autre fois. Camille l'aperçoit dans la cour qu'elle appelle la Cour des Miracles. Rodin relève son pantalon, enjambe les ordures. Elle n'est pas mieux avec son bas qu'elle tient toujours à la main... Elle pouffe : pan ! le chapeau dans la mare aux petits bateaux. Les enfants autour crient de joie — ses petits amis, les trois pestes comme elle les appelle tendrement, poussent des cris guerriers. Il aurait dû se changer !

Madame De-quoi-je-me-mêle se précipite. Un beau Monsieur bien habillé. Monsieur Rodin depuis ce matin est remonté dans son estime ; elle déteste ces artistes sans le sou et sans pourboires. Camille la voit ramasser le chapeau, chasser les gamins, ... et qui parlemente avec lui. Il a un air épuisé, dépassé par les événements, un air d'orphelin. Camille a envie de courir vers lui. Il semble désarçonné, perdu au milieu de cette cour.

Alors elle ouvre vite la porte, elle l'appelle, se précipite à sa rencontre. Il la voit, son bas à la main, dans le soleil, une, une-deux, une, une-deux, sa course un peu heurtée, le pied qui se dérobe, juste un petit peu, son charme secret, alors il la saisit, la garde contre lui, murmure, simplement : « Je suis fatigué, si fatigué.

— Venez... vous rafraîchir à l'intérieur. »

Il se laisse tomber dans le vieux fauteuil en osier qui balance, son vieux fauteuil à elle, usé — c'était la seule chose qu'elle avait apportée au Clos Payen. Un peu plus tard, ils avaient acheté un autre fauteuil pour lui, « pour les soirées du Clos Payen ».

Le verre de citronnade glacée. Où l'a-t-elle trouvé ? Elle vit avec si peu et subitement, tout est là : le calme, le silence, la soif qui s'apaise, la paix.

La main fraîche sur le front. Il la sent, cette longue main qu'il connaît si bien.

Alors il parle, il dit tout : l'interminable voyage à Nancy, les jardins de la Pépinière, le président de la République, Sadi Carnot, qui est là pour dévoiler la statue, la foule, Léon Bourgeois, le ministre des Beaux-Arts et de l'Instruction publique... Et vlan ! pan ! rataplan ! la musique militaire, les discours, le voile qu'on retire, et tout à coup les cris, les cris d'indignation, la foule hurle, proteste, ricane, le montre du doigt. Il se réfugie à l'intérieur mais il entend jusque-là les réflexions.

« Qu'on imagine deux petits chevaux gros comme des épagneuls, perdus dans une tempête de mastic... mal dégrossis par un sculpteur trop pressé... »

« Ecoutez, monsieur Rodin, tout cela est sans importance. Vous avez toujours été critiqué. Souvenez-vous, *La porte de l'enfer*, le *Victor Hugo* et même *L'homme qui marche,* votre première sculpture. Cela n'a jamais cessé. Laissez-les donc hurler. » Elle trouve les mots, elle lui redonne la force. Comme pour la sculpture, à nouveau elle lui insuffle patiemment la vie, le désir, la foi.

« Souviens-toi de ce que tu me disais. La patience. La patience ! Laisse faire le temps. Tiens, tu sais ce qu'il disait le grand Katsushika Hokusai, tu sais, le vieillard fou de dessin, je me le répète souvent — pour moi... "Tout ce que j'ai produit avant l'âge de soixante ans ne vaut pas la peine d'être compté. C'est à l'âge de soixante-treize ans que j'ai compris à peu près la structure de la nature vraie. Les arbres, les herbes, les animaux, les poissons, les insectes, par conséquent, à l'âge de quatre-vingts ans, j'aurai fait encore plus de progrès..." »

Il la regarde. Elle a fermé les yeux. Elle est là accroupie sur les talons, elle ressemble à un vieux moine japonais en prière, transfigurée. Il écoute, plein de respect et d'admiration.

« "A l'âge de quatre-vingt-dix ans, je pénétrerai le mystère des choses, à cent ans, je serai vraiment parvenu à un degré de merveilles et quand j'aurai cent dix ans, chez moi, soit un point soit une ligne, tout sera vivant." »

Elle murmure encore : « Katsushika Hokusai, né de parents inconnus le vingt-troisième jour du neuvième mois de mille sept cent soixante à Edo. »

Silence d'un après-midi d'été. Elle se tait, agenouillée, recueillie, la cour derrière eux, ensoleillée ; ils sont là, à l'ombre, tranquilles. L'homme et la femme, côte à côte, redessinent sur le mur en face, de leurs deux ombres, toute l'harmonie du monde.

« Aïe ! » Camille crie et, pleine de rires, tombe sur les fesses. « Une crampe ! je veux jouer au vieil Oriental et j'attrape des fourmis ! »

Elle gigote sur ses jambes, il la frictionne, l'aide à se remettre debout. Elle s'appuie sur le paquet qu'il a apporté. « Et puis d'abord, qu'est-ce que c'est ce machin ficelé comme une saucisse ? »

Il s'excuse, timide : « C'est moi. Je ne sais pas bien faire des cadeaux. Je voulais te l'offrir. Je l'ai acheté là-bas à Nancy. »

Elle s'active. Elle n'a jamais de cadeaux. Ni de son père, ni de sa mère... « Tu as dû user toutes les ficelles de Nancy ! », s'exclame-t-elle en s'escrimant sur les nœuds. Elle s'arrête : elle a dans les mains une ombrelle, une superbe ombrelle rouge, dentelée, flamboyante !

Il la regarde. Ses joues se sont enflammées. Elle est là dans sa vieille blouse, un pied dans un sabot, l'autre nu, et elle contemple l'ombrelle. « C'est trop beau pour moi. » Jamais elle n'a eu une si belle ombrelle.

Et soudain celle qui sculpte, celle qui parle de matériaux à longueur de journées, celle qui fait elle-même ses outils est bouleversée. Elle est une femme à qui on peut offrir quelque chose d'inutile, de superflu. Voilà ce dont elle avait besoin — la petite chose en trop, le cadeau par excellence, acte gratuit. Lentement, avec attention, elle ouvre l'ombrelle, inquiète du moindre bruit suspect qui pourrait révéler un défaut, une tige mal pliée comme s'il s'agissait de sa propre vie. Voilà qu'elle la déploie toute grande, immense soleil au-dessus de sa tête, grande fleur tonitruante. Elle se met à marcher de long en large, la femme, elle est une femme qui porte une ombrelle. Elle, le garçon manqué, un homme lui a offert cet objet d'amour. Elle, qui a le visage tanné par les longues marches, et qu'on appelle la Maure par moquerie.

« Camille ! Camille ! Viens ! »

Il s'explique. Il faut qu'elle continue à travailler seule. Elle gardera son atelier, il l'aidera mais il veut vivre avec elle. Depuis des mois, il vit un enfer, il ne fait plus rien. Elle n'a plus besoin de lui, il le sait. Bientôt elle aura des commandes. Les journaux de Paris parlent d'une commande de l'Etat, elle a reçu la « médaille d'argent en blanc et noir ». Il a d'ailleurs tancé *Le courrier de l'Aisne*, qui la néglige. Il a écrit au rédacteur en chef, et puis Lhermitte vient de lui dire qu'il allait lui demander son buste. C'est elle qui réalisera le buste du grand peintre. Il n'a même pas pensé à Rodin. Non, elle n'a pas besoin de lui pour sculpter alors que pour lui, elle est la femme dont il ne peut se passer, sa compagne, sa vie, sa femme.

Camille a relevé le dernier mot : il veut l'épouser ! Ainsi ils pourront vivre ensemble, s'aimer devant tout le monde, ses parents, son frère — et il la reconnaît aussi comme sculpteur, comme son égal.

« Tu veux, dis, tu veux bien ? » Il va louer un appartement 11, avenue de la Bourdonnais. Il a vu quelque chose de très bien. Le temps de régler ses affaires...

Oui, elle veut bien. Elle gardera son atelier indépendant, mais la vie va être comme une fête. Finies les longues soirées mornes, terminées les conversations désespérées avec Madame la Pipelette pour ne pas s'avouer qu'elle est seule, finis les cauchemars la nuit, l'autre nuit encore, non, ne pas y penser — l'horrible vieille femme — fini !

Il est là comme un fiancé. Elle pouffe, une main sur ses lèvres : « C'est pour ça que tu as mis ton bel habit ! Pour demander ma main... »

On frappe à la porte. Ah ! qu'est-ce qu'elle veut encore, celle-là ? « J'ai nettoyé vot'chapeau ! Et puis il y avait ça... » Camille est horrifiée : le petit papier qu'elle tend, l'autre là, c'est le loyer, elle l'a reconnu tout de suite. Quelle mégère ! Elle se venge. Elle a dû entendre par la fenêtre. Monsieur Rodin lui offre des ombrelles, un appartement ! Eh bien qu'il continue avec le loyer et s'il pense aux petites étrennes, cela ne sera pas si mal.

Rodin n'a rien compris à ce galimatias. Camille devra se débrouiller pour trouver de l'argent. Rose doit s'en sortir mieux qu'elle... Oh ! échapper à tout cela ! Aux nuits, à l'insomnie. Ne plus parler tout haut pour être sûre qu'on ne perd pas la tête.

La vieille, décharnée, a surgi l'autre nuit, dans l'ombre, hideuse. C'était son enfant — son enfant perdu, une petite fille —, mais elle avait déjà le masque d'une vieillarde.

« A demain, monsieur Rodin. » Elle lui a tendu la main. Franche, directe, elle a tout dit par cette réplique nette, sans appel. Son « non » est un non terrible, violent, meurtrier. De même quand elle dit oui, quand elle acquiesce, on est ébloui de lumière, de confiance. Elle donne tout. Elle livre tout. Elle vous fait roi.

Monsieur Rodin sort. Il ne marche pas, il vole. Dans la cour, il n'a pas vu la mare, qu'importe, il y patauge royalement.

« Oh ! vous avez vu, mam'zelle Claudel. Si c'est pas malheureux. Ces gosses. Il leur a donné des sous. Cette jeunesse !

287

— Oh ! ça leur passera ! allez, c'est pas méchant, on a tous fait ça ! »

La concierge se dit que, décidément, elle aura tout entendu aujourd'hui.

Depuis l'inauguration, Monsieur Rodin n'avait toujours pas pris le temps de se changer.

LETTRE DE L'ASILE

« ... me refuser un asile à Villeneuve. Je ne ferais pas de scandale comme tu le crois. Je serais trop heureuse de reprendre la vie ordinaire pour faire quoi que ce soit. Je n'oserais plus bouger tellement j'ai souffert. Tu me dis qu'il faudrait quelqu'un pour me servir ? Comment cela ? Je n'ai jamais eu de bonne de ma vie... »

La valse de Clotho

« Oh ! où fuir ? Ne sera-t-elle pas ici tout à
l'heure ? N'ai-je pas entendu son pas sur
l'escalier ?...
— Insensé ! Je vous dis qu'elle est maintenant derrière la porte. »

EDGAR POE, *La chute de la maison Usher.*

« C'est elle ! » Elle serre des mains, remercie. Ses yeux
voilés de tristesse regardent la foule qui se presse. Il y a
quelque chose de hautain ou de distant chez cette jeune
femme de presque vingt-neuf ans. Vingt-huit et demi
exactement. Est-ce la bouche un peu lasse, le front qui
par moments frissonne comme traversé par des migraines
légères ? Les yeux sont toujours aussi immenses mais ceux
qui la connaissent y entrevoient parfois des éclairs terribles ou des fixités étranges. Mais qui peut comparer celle
d'hier à celle d'aujourd'hui ?

290

Un homme est là, immobile, silencieux. Jeune, drapé dans un large vêtement, un immense chapeau qu'il tient à la main, il regarde alternativement l'artiste qui remercie et les deux sculptures qui suscitent tant de commentaires. *La valse. Clotho.*

Certains reculent d'horreur devant celle qui s'intitule *Clotho.* La petite vieillarde n'en a cure. Elle les nargue, avec son ventre balafré. L'un des seins semble se perdre en un long filet de pus, tandis que les jambes musclées projettent des avancées meurtrières — elle tue —, et elle rit de son épouvantable rictus. Elle progresse à pas terribles et s'encapuchonne de bandages à moitié défaits.

Claude Debussy ne peut plus s'en détacher. Ses yeux bruns sont fixés sur ce fantôme blanchâtre. Pourquoi a-t-elle réalisé cette sinistre figure ? Elle l'a nommée « Clotho » — l'une des trois Parques, celle de la naissance.

Ils font la fine bouche, ne comprennent pas. Ils trouvent ça laid, obscène, vulgaire presque. Les femmes se détournent, portant leur mouchoir à leur nez.

Alors il la regarde une nouvelle fois. Camille est là, penchée, aimable en apparence, mais elle a quelque chose de spectral. Tout en noir, presque masculine, le teint livide, le cerne violacé, pâle, trop pâle dans le vêtement sombre. Claude Debussy cherche dans sa mémoire. Lady Madeline dans le conte d'Edgar Poe ! Il a toujours pensé que Camille appartenait à la race de ces poètes maudits.

Elle vient vers lui. Elle l'a vu. Elle est devant lui, aussi grande que lui. Elle semble heureuse de le retrouver, mais au fond des prunelles elle garde une lueur de bête traquée. Légèrement il pose sa main sur le bras, comme s'il voulait s'assurer de sa présence charnelle. Il lui sourit. « Un rêve. Je croyais avoir rêvé... Où étiez-vous tout ce temps ? Vous avez bien travaillé ! »

Elle sourit. « Sans commentaires, monsieur Debussy. »

Il répond à son sourire, se souvient. Elle n'aimait pas trop la musique. Plutôt, elle détestait les concerts, le bruit des gens, les pieds qui raclent, les gorges discordantes. Avec lui, elle avait appris à goûter les sonates en solitaire, en toute quiétude. Elle l'écoutait longtemps, longtemps, sans rien dire. Elle ne s'y connaissait pas assez. Alors, au lieu de se répandre en banalités superficielles, elle se redressait lorsqu'il avait quitté le piano et lui disait simplement : « Sans commentaires, monsieur Debussy. » Et il savait que pour elle, l'artiste du silence, cela valait un hommage.

Il se tourne vers elle, montre les deux sculptures du regard, revient vers elle. « Sans commentaires, mademoiselle Claudel. »

La voilà happée par un groupe de pédants qui veulent l'entraîner ; elle les repousse délicatement et revient un instant vers lui, désignant le couple enlacé qui tournoie : « La "Valse", dès que j'en aurai les moyens, je la ferai dans un matériau plus solide. Elle est pour vous, je vous la donne. »

Elle est déjà repartie. Alors il quitte le Salon, il ne veut plus les entendre, il emporte avec lui la promesse qu'elle vient de lui faire. La *Valse*, la *Valse* qui l'a entraîné l'espace d'un moment loin de cette mélancolie noire qui ne le quitte plus. Il a confiance en elle, il sait qu'elle tiendra sa promesse. Un jour il recevra la *Valse* — le couple qui claque au vent de la Mort même.

Camille l'a regardé partir. Avec lui, peut-être, tout aurait été différent. Peut-être ! Mais on la bouscule : « Quoi ! ces deux ignobles loques ! et c'est encore signé de Mademoiselle Claudel. » Elle s'est retournée violemment, elle l'a repéré, ce gros rougeaud misogyne, Bouchot !

Les deux sculptures suscitent questions et exclamations. Dans le lointain, elle se rappelle la voix de Debussy qui contait l'histoire du clown triste et méprisé qui rêvait de s'envoler, le poème de Banville qu'il lui avait dédié un jour, comme ça :

> Enfin, de son vil échafaud
> Le clown sauta si haut, si haut,
> Qu'il creva le plafond de toiles
> Au son du cor et du tambour
> Et, le cœur dévoré d'amour,
> Alla rouler dans les étoiles.

Leur pas dans la neige. Une dernière fois. Quelques petites notes désaccordées.

« Mais pourquoi cette horrible *Clotho* ? »

— Allez, venez boire un verre. »

Mirbeau la prend par le bras, elle ne tient presque plus debout. Elle apprécie Octave Mirbeau. De tous les critiques, il était l'un des plus courageux. Sans tergiverser, il osait dire ce qu'il pensait. Lorsque Paul lui avait envoyé *Tête d'Or*, il avait parlé de génie sans craindre de paraître ridicule. Il avait été l'un des premiers défenseurs de Rodin. Quarante-cinq ans, la raie de côté, petite moustache, élégant, affable, il a entendu lui aussi la réflexion méprisante d'Henri Bouchot. Il la réconforte : « Venez. Je vous ai apporté mon article. »

Ils se sont assis dans un petit salon, elle se met à lire. Mirbeau la regarde. Son visage est tendu, aux aguets. Peu à peu elle se détend, reprenant confiance.

SALON DE 1893, PAR OCTAVE MIRBEAU

« Mlle Claudel est l'élève de Rodin et la sœur de M. Paul Claudel. Tout le monde sait ce qu'est Rodin ; tout le monde aussi ignore ce qu'est Paul Claudel. Paul Claudel a écrit deux livres, deux drames, l'un *Tête d'Or*, l'autre *La Ville* et qui sont, je supplie les critiques de ne pas sourire, des œuvres de génie ; génie encore confus parfois, encore obscur, mais qu'illuminent des clartés foudroyantes. J'ai dit obscur et confus, et c'est, je crois bien, pour rassurer mon amour-propre, car si je ne comprends pas toujours M. Paul Claudel, si des voiles quelquefois s'interposent pour un instant entre les éclats de cette vive lumière et mes yeux, il ne s'ensuit pas qu'il faille accuser l'auteur d'une faute qui n'est peut-être que dans la faiblesse de mes regards. Mais fût-il mille fois plus confus, plus obscur pour tout le monde, en quelques parties de son œuvre extraordinaire, que cela serait bien permis à un très jeune homme qui n'a pas le temps de s'arrêter à des poteaux indicateurs, en qui les idées bouillonnent et se précipitent comme des torrents et dont le cerveau est en état de création permanente, mais j'ai écrit génie et c'est la seule qualité qu'on puisse accoler à son nom.

« Instruite par un tel maître, vivant dans l'intellectuelle intimité d'un tel frère, il n'est point étonnant que Mlle Camille Claudel, qui est bien de sa famille, nous apporte des œuvres qui dépassent par l'invention et la puissance d'exécution tout ce qu'on peut attendre d'une femme. L'année dernière, elle exposait le buste de Rodin : une merveille d'interprétation puissante, de libre verve, de grande allure. Cette année, elle montre deux compositions étranges, passionnantes, si neuves d'invention, si émouvantes dans leur arrangement décoratif, d'une poésie si profonde et d'une pensée si mâle, que l'on s'arrête surpris par cette beauté d'art qui nous vient d'une femme : j'aime à me répéter à moi-même cet étonnement.

« La valse et Clotho, ainsi se nomment ces œuvres... Mlle Claudel s'est hardiment attaquée à ce qui est peut-être le plus difficile à rendre par la statuaire : un mouvement de danse. Pour que cela ne devienne pas grossier, pour que cela ne reste pas figé dans la pierre, il faut un art infini, Mlle Claudel a possédé cet art... »

Elle lit avidement la description qu'il fait des deux statues. Il a compris, il a vu.

« ... Enlacés l'un à l'autre. Mais où vont-ils, éperdus dans l'ivresse de leur âme et de leur chair si étroitement jointes ? Est-ce à l'amour, est-ce à la mort ? Les chairs sont jeunes, elles palpitent de vie, mais la draperie qui les entoure, qui les suit, qui tournoie avec eux bat comme un suaire. Je ne sais pas où ils vont, si c'est à l'amour, si c'est à la mort mais ce que je sais, c'est que se lève de ce groupe une tristesse poignante, si poignante qu'elle ne peut venir que de la mort, ou peut-être de l'amour plus triste encore que la mort.

« Qui sait ? Un peu de son âme, un peu de son cœur l'ont miraculeusement inspirée... »

Il la regarde, un peu de joie s'est répandu sur ce visage tragique.

« ... Mlle Camille Claudel, une des plus intéressantes artistes de ce temps. Auguste Rodin peut être fier de son élève, l'auteur de *Tête d'Or* de sa sœur. Mlle Claudel est bien de la race de l'un, et de la famille de l'autre. »

Elle le remercie mais il sent comme quelque chose de forcé. Elle a les larmes aux yeux. L'aurait-il froissée ?

« Vous savez, ce n'est pas par amitié. Geffroy est de mon avis, Lucien Bourdeau aussi. Hier encore, nous en parlions. »

Comment lui expliquer qu'elle en a assez d'être l'élève de l'un et la sœur de l'autre ? L'étau... D'ailleurs ni l'un, ni l'autre ne sont là. Elle est sculpteur, c'est tout. Camille Claudel, sculpteur. Sculpteur. Une femme. Point.

« Mais où est-il ? Je ne l'ai pas vu.

— A la campagne. » Elle a répondu comme ça, bêtement. Si elle perd le seul ami qui la défende, cela commence bien ! Mais ils l'énervent tous avec leurs questions. Ils n'ont qu'à demander à Rose, où il est, ce qu'il fait. Cela n'arrête pas : « Et Monsieur Rodin, qu'est-ce qu'il nous prépare ? » « Vous connaissez certainement ses projets. » « Non, non. Ils sont presque séparés. »

295

Octave Mirbeau remarque son exaspération. Ils sont revenus vers la foule, les questions fusent. Il comprend qu'en ce moment elle lutte contre quelque chose. Auguste Rodin n'est pas là. Il y a sûrement un drame. Personne n'est venu. Il découvre soudain qu'elle est seule. Effroyablement seule. Son frère n'est pas là. Il n'a jamais vu sa mère. Son frère est parti, il a entendu dire qu'il est aux Etats-Unis, et Auguste n'a pas mis les pieds au Salon aujourd'hui. Elle se tient droite, solitaire — la race ! — mais la sueur coule sur le front ivoire, les yeux s'élargissent, elle va tomber. Pourquoi sont-ils tous après elle ?

Mirbeau se souvient de la réflexion que lui avait faite Jules Renard, au début de l'année ; ils parlaient tous les deux de Paul Claudel et soudain Jules Renard avait lancé : « Paul Claudel ! Oui ! mais la sœur Camille ! Insupportable ! » Les autres avaient ri, dans le café : « Ah ! oui, la muse de Rodin ! Lui aussi il en perd la tête le pauvre. Il ne sculpte plus d'ailleurs ! »

Octave Mirbeau réentend leurs grossièretés. Et lui ! il n'avait même pas protesté, se contentant d'ajouter furtivement : « Si, sûrement il travaille, mais la sculpture prend du temps. Il doit préparer quelque chose. Le Balzac sans doute. » Aujourd'hui, devant Camille, sa lâcheté lui faisait honte.

« Venez. » Il l'entraîne dans les jardins, la fait asseoir.

Elle était là, affaissée, muette, lasse. Une vieille femme sur un banc, abandonnée. Elle payait très cher, trop cher. Mirbeau se souvenait de Rodin, exactement dans la même position. Au retour de Nancy. Prostré, immobile. Deux grands animaux qu'on avait blessés à mort.

Elle murmure : « Merci. Je vais mieux. Vous pouvez me laisser. Merci. »

Il ne veut pas l'importuner, il rentre dans la salle d'exposition. Quelqu'un vient vers lui. « Elle n'allait pas bien. La chaleur sans doute. On veut sculpter mais on est une femme ! Ne l'oublions pas. Très belle d'ailleurs, si j'osais... »

Camille a relevé la tête. Camille est là devant sa valise, les affaires pour l'Islette. Se préparer. Cette année, elle part seule. Pour la dernière fois, elle fait le voyage. Et c'est encore une porte qu'elle va fermer. Un lieu qu'elle perd. Un dernier port d'attache qu'on lui retire. Il n'y aura plus de princesse, il n'y aura plus de petite fille, tous les ballons multicolores se crèvent peu à peu.

Azay-le-Rideau. L'Islette... les malles qu'ils préparaient ensemble, la vieille carriole, le train. Ils s'installeraient mieux après...

Jeanne, la petite fille, avait grandi, elle pétrissait de mieux en mieux, elle les aidait maintenant. Auguste Rodin cherchait son Balzac. Ils parcouraient le pays de Touraine, fouillaient la campagne. Auguste Rodin recherchait un « type ethnique ». Camille lisait des passages entiers, il happait tout ce qu'il pouvait trouver, il dévorait, réclamait. Un médaillon par David d'Angers, un portrait par Louis Boulanger, des croquis, des caricatures ; un ancien tailleur de Balzac encore vivant, vite ils se précipitaient, reprenaient le train. Le village au nord de Paris, l'homme ahuri qui avait accepté une commande de pantalons, gilets, vestons « à la mesure de Balzac » : convaincu que Balzac était mort, il ne saisissait pas ; plus calmement, Camille avait donné des explications. Visiblement il les prenait pour deux fous.

Elle n'avait encore rien dit à sa mère de leurs projets. Ni à son père. Elle résoudrait la question après l'été. Elle, sa femme !

Et puis deux semaines, trois semaines avaient passé. Rodin plusieurs fois était reparti vers Paris. « Tu comprends, je ne peux pas laisser Rose. Elle est malade. » Il revenait vite.

Et puis à son tour, elle avait dû regagner Paris pour s'occuper de son atelier. Le travail n'avançait pas. Mais pas de nouvelles de Rodin. Depuis une semaine il était rentré lui aussi à Paris. Chez Rose. Pas un mot pour elle ; une lettre de la petite fille, un dessin et quelques lignes :

« Monsieur Rodin est parti ce matin. Je m'ennuie. Quand reviens-tu ? Matuvu se porte bien et t'embrasse. »

Camille demeurait seule dans son appartement, hébétée. Elle regardait la date. Pourquoi avait-il fait cela ? Elle avait envie de vomir, rendre son âme. Une nausée la secouait violemment. Depuis une semaine, il était reparti d'Azay, sans attendre son retour.

Elle avait passé toute la nuit à marcher, à chercher une explication. Depuis une semaine, il était là à Paris. Chez Rose. A quelques pas.

8 juin 1893.

Aujourd'hui elle repart à l'Islette pour la dernière fois et seule. Elle le laisse avec sa Rose. Il n'aura plus besoin de mentir.

Elle n'aurait pas d'enfant. Camille avait bien vu son inquiétude. Il faisait attention maintenant, il craignait non pas pour elle mais pour lui. Elle le revoit à Azay. Elle était heureuse, elle n'osait y croire, elle ne disait rien, mais il la harcelait de questions. Il redoublait de précautions. Et voilà, elle était là à Paris, ridiculement inutile, fruit pourri. « Ceux qui servent aux hommes et ceux qui ne servent point du tout. » La santé n'était pas revenue. Les bains de la rivière avaient dû lui apporter une illusion de plus, quelques semaines de sursis pour mieux la punir ensuite.

Elle était restée allongée une partie de la nuit, espérant que cela se calmerait. Elle s'était soignée toute seule. Le surlendemain il avait laissé un message, un enfant l'avait apporté :

« Passe cet après-midi à l'atelier. Je suis rentré. Ton Auguste. » Il y avait de cela un an. Déjà...

Elle n'avait pu se traîner jusqu'à l'atelier. Il était venu, inquiet. Elle lui avait jeté à la tête les trois dessins sur lesquels elle avait passé l'après-midi. Une série de dessins plus affreux les uns que les autres. Il l'avait d'abord questionnée : Pourquoi était-elle là assise par terre, adossée au lit ? Lorsqu'elle lui avait dit qu'elle était malade, ce qu'elle avait, elle avait vu sur son visage — elle n'oublierait jamais — comme un soulagement. Alors elle lui avait jeté à la tête sa jalousie, sa colère, les dessins : « Pars, pars, tout de suite. Laisse-moi ! » Elle l'avait mis dehors, et derrière lui les esquisses s'étaient envolées, trois points de suspension...

Il avait tué son enfant, il avait tué l'enfance en elle.

Elle n'est pas triste. Elle vient de triompher au Salon. *La valse. Clotho.* Il l'a félicitée. Bientôt elle aura trente ans. Elle va devenir un très grand sculpteur. Le reste importe peu. L'existence, la vie, tout cela lui a été refusé. Elle sera une artiste maudite. Elle est là, brûlante de fièvre, mais ne s'en rend pas compte. Elle s'est débarrassée de *Clotho*, elle a accouché de son angoisse, maintenant la voie est libre.

Clotho. En une nuit elle l'a couchée sur le papier, extirpée d'elle. Course vers l'atelier de Monsieur Rodin. Il lui proposait des matériaux. Il avait reçu un bloc qui pourrait l'intéresser. Leurs relations avaient repris, relations de travail ; il l'aidait, elle l'aidait. Il ne dormait plus là, il vivait à nouveau chez Rose. Camille était sans cesse malade, elle trouvait des excuses, elle vivait repliée, à distance. Seul comptait son travail. Elle se tenait loin de lui, farouche. Il n'avait pas une heure d'intimité avec elle — elle ne lui en voulait pas, elle était hors d'atteinte. Lointaine, elle travaillait.

L atelier de Monsieur Rodin ! Voir le bloc de pierre !
Elle avait la clef de la rue de l'Université. Il lui avait dit
de passer quand elle voudrait. Il n'y avait plus personne.
Il lui avait dit où était le bloc. Elle s'y dirige. Soudain elle
se voit — une fois, deux fois : les deux sculptures presque
terminées... elle sait que c'est elle.

L'une surtout, dont elle ne peut détacher les yeux.
Alors elle se met à pleurer : le drapé de plâtre l'empri-
sonne, les deux mains envoient comme un suprême baiser. Elle est là, incroyablement fragile, comme si elle glissait dans la mort, et en même temps elle appelle
quelqu'un : « Ne me laisse pas. » Elle pense à Cébès,
Cébès mourant tandis que l'alouette chante. Elle est couchée, tout entière pétrie d'amour. L'autre sculpture, à
côté, est belle, mais la première l'étreint, fait corps avec
elle. Jamais elle ne sera capable d'un aussi prodigieux
hommage envers lui. Elle a l'air de pardonner, elle est la
grâce même, l'éternité dans un baiser.

Il a écrit quelque chose au crayon. Sur la première
sculpture : « La convalescente » ; Camille s'approche de
la seconde et lit : « L'adieu » — la main a tremblé en tra-
çant le mot.

Les larmes coulent, silencieuses. Pour la première fois
depuis des mois, devant l'œuvre du sculpteur, elle pleure.
Elle sait qu'il a tout compris ce jour-là, tout saisi dans un
regard. A quoi bon lutter contre la sculpture ? Pourquoi
réclamer de vivre avec lui ? Ils se disent tout dans la
pierre même, c'est là leur vrai royaume, leur couche nup-
tiale, le long désir entre elle et lui qui ne cesse de se pro-
longer, de renaître, l'absence aussi... aussi forte que la
possession. Elle n'aura jamais d'époux, de maison,
d'enfants à elle. Juste une pierre, la pierre de leur conti-
nuelle impossibilité à être heureux ensemble.

Elle avait refermé la porte du grand atelier. Cette nuit-
là, elle l'avait passée au 113, boulevard d'Italie. A la

lueur des bougies, elle avait mis bas la Clotho. Alertée
par le vacarme, la Pipelette avait acquis la certitude que
celle qui vivait là était une folle. Une folle, la Camille
Claudel ! Elle met le feu. Elle pétrit. C'est une sorcière.
Toute la nuit, elle s'est agitée, là derrière les vitres, je l'ai
vue…

Cette nuit-là Camille avait été au bout de son enfer.
Clotho surgie au labyrinthe de la démence.

> « N'aie point honte, et dis-lui que tu
> m'aimes !
> Pour voir la figure qu'elle fera, car tel est
> le cruel amour !
> Il paraît doucereux et gentil, mais il est
> barbare et impudent, et il a sa volonté qui
> n'est point la nôtre, et il lui faut obéir avec
> dévotion. »
>
> PAUL CLAUDEL, *L'échange.*

DESSIN N° 1.

Un homme dort encore fatigué. Vieil enfant blotti sur les seins flétris d'une mégère : on reconnaît le chignon haut perché de Rose Beuret, la barbe clairsemée de l'homme. Monsieur Rodin entoure la femme de ses deux bras, effrayé à l'idée de la perdre.

Légende : *Le réveil. Douce remontrance de Beuret.*

DESSIN N° 2

Un homme et une femme collés par leurs fesses. Nus.
Elle presque à quatre pattes. Le chignon de Rose retombe
par-dessus le visage. Les doigts sont crochus, appuyés sur
le sol. Le dos presque poilu.

Monsieur Rodin de ses deux mains s'agrippe au tronc
d'un arbre.

Légende : *Le Collage*
Ah ! ben vrai ! ce que ça tient ?

DESSIN N° 3.

Rose. Une vieille — nue — brandit un balai. Le nez et
le chignon donnent au visage un aspect hideux, torve. A
gauche de la feuille, un homme et une jeune femme enlacés, enchaînés à une pierre. A leurs pieds des fers. A leurs
mains des fers. Les chaînes les relient entre eux et au
mur. Pourtant la jeune femme s'agrippe encore. Pour le
retenir à elle.

Malgré les attaches noires de métal. Les amants sont
nus également.

Légende : *Le système cellulaire.*

Camille a écrit elle-même les légendes.
J'ai vu les dessins. Rongés de jalousie, ils hurlent leur
désespoir.

Le dieu envolé

« ... Comment le feu a-t-il pu prendre ?
Tous les domestiques sont partis et il ne restait que moi. Et comme j'étais dans le jardin,
j'ai vu tout à coup du rouge dans le salon...
Et moi aussi je brûle ! Et toi, tu brûleras
aussi dans le milieu de l'enfer où vont les
riches qui sont comme une chandelle sans
mèche... »

PAUL CLAUDEL, *L'échange*, 1893.

Elle ne partirait que jeudi finalement. Il était passé,
avait laissé un mot. Sans doute pour lui dire au revoir. Il
fallait qu'elle lui réponde. Elle ne pouvait pas le laisser
ainsi. Il était inquiet. Elle était à nouveau malade. Depuis
l'exposition, elle ne l'avait pas vu. Il avait appris qu'elle
n'était pas bien, il voulait savoir, avoir des nouvelles, être
rassuré.

Tant de choses encore à plier, à faire d'ici jeudi. Il faut qu'elle lui écrive. Elle tourne dans la pièce, elle ne sait plus où est le papier, l'encre. Depuis quelque temps, les objets lui échappent des mains, du regard. Sauf lorsqu'elle sculpte, tout lui paraît flou, lointain. Elle ne sait plus bien où se poser, comment aboutir. Doit-elle quitter cet appartement ou le garder ? Rodin l'aide toujours, mais à quoi bon ces deux endroits qui la dispersent, la fatiguent ? Elle aime mieux sa Cour des Miracles. Elle s'y sent chez elle.

8 juin 1893

J'étais absente lorsque vous êtes venu, car mon père est arrivé hier. J'ai été dîner et coucher chez nous. Comme santé, je ne vais pas mieux car je ne peux pas rester couchée, ayant à chaque instant des occasions de marcher. Je ne partirai sans doute que jeudi...

Son père, la fierté de son père à la lecture des articles d'Octave Mirbeau ! Il avait désespéré un moment. Maintenant il reprenait confiance. Paul aussi avait dû lire l'article de Mirbeau maintenant. Camille attendait avec impatience une lettre. A qui allait-elle demander de faire suivre son courrier ? Qu'est-ce qu'il allait faire, lui ? Rester à Paris, partir avec Rose ? Tant de choses à résoudre, à nouveau seule. Seule à décider, seule...

Le soleil frappe la feuille blanche. Elle a mal aux yeux. Elle s'est adossée contre le dossier de la chaise, détournant un instant la tête vers l'ombre de la pièce. Qu'est-ce là-bas dans le coin ? L'ombrelle, la belle ombrelle rouge ! Quelques jours après le cadeau, il l'avait invitée à une soirée ; il voulait la présenter à... Camille se passe la main sur le front : elle a du mal à se rappeler tous ces noms. Elle avait sauté de joie. Il viendrait la chercher demain, à la même heure. Comment ? Il ne restait pas ! Il se tenait

305

devant elle, embarrassé. Rose n'allait pas bien. Mais demain il resterait, il l'emmènerait, il la présenterait à des tas de gens intéressants. Depuis, l'ombrelle rouge était là. Une femme et quatre jours de bonheur. Voilà ce qu'elle avait eu dans cet appartement. Il y avait tout juste un an !

Elle a mal à la tête, couronne de fer chauffé à blanc : la plume lui échappe, elle la reprend.

Elle est là, à genoux — suppliante et nue. Lui ne dit rien. Simplement il dit non de la tête. Derrière la porte, des invités, des amis, des femmes du monde. On se moque d'elle. Elle est nue, elle n'a rien trouvé à se mettre. S'il passe la porte, elle mourra. Elle le supplie. Elle tend les mains. Elle le supplie. Il recule vers la porte. Elle marche vers lui, elle est là, gravissant un calvaire, sur les genoux. Elle ne pose pas ses mains à terre. Ses paumes ouvertes sont tendues vers lui. Il est là, il ne l'aide pas, il est tout contre la porte, elle appelle, elle l'appelle. Il peut tout. Il est le dieu, tout le monde se l'arrache. Les genoux lui font mal. Elle continue encore, elle a l'impression qu'il est de plus en plus loin. Elle ne le rejoindra jamais. Pourtant il était là, une seconde auparavant, contre elle, il la tenait enlacée, elle avait pressé sa tête contre lui, contre ses jambes, et soudain plus rien, le vide, ses mains vides... La porte arrachée de ses gonds. Ils sont tous là, ils ont envahi la pièce, les uns en habit, les autres en robe du soir, elle est là au milieu, ils la font tourner, elle est là à genoux, sur sa sellette, humiliée. Lui, elle ne le voit plus. Ils commentent les fesses, les seins : « Non, le bras est trop fort, regardez la cuisse, mal cernée la jambe, et le pied retourné. Vous avez déjà vu une chose pareille ? »

Il a rejoint Rose. Rose le tire, l'attire vers lui, elle passe ses deux bras autour de lui, l'enveloppe, on dirait qu'elle grimpe sur son dos, ses ailes de chauve-souris se déploient, elle l'entraîne, ils s'envolent...

Camille est tombée. Violemment. Elle avait glissé de la

chaise. Sa tête reposait sur le papier. Le soleil l'éclaire brutalement. Tout brûle. Au loin elle entend la voix de Victoire : « Ne craignez rien, mademoiselle Camille, il vous faut un peu de calme, d'obscurité. Après les accouchements, c'est toujours comme cela. » Les vagissements de l'enfant... S'échapper, s'envoler. L'ombrelle. Elle ouvre l'ombrelle. Elle vole, vole...

La pièce est devenue violette, telle une nuit de lune démente. Une femme s'approche, le crâne rasé, Camille la voit se pencher vers elle, caresser ses longs cheveux doucement. Elle repart. Que fait-elle ? Camille s'est levée un peu sur ses coudes, elle entend le bruit des lames, des aciers, la vieille a pris des ciseaux de praticien et s'avance maintenant vers Camille. Elle regarde ses cheveux : « Non, je ne veux pas, non ! »

La vieille est là. Mais non, elle n'est pas vieille. Elle a douze ans. Jeanne la regarde, lumineuse, les deux poings sur les hanches : « Allez, lève-toi ! Qu'est-ce que tu fais là ? Allez, tu es assez grande maintenant ! » Elle lui tend sa petite menotte, Camille s'agrippe, se hisse, la main est légère, légère. Camille se sent portée, aidée, elle est debout maintenant.

Mais qu'est-ce qui lui est arrivé ? Elle se regarde dans le miroir, un peu pâle — le soleil va s'endormir. La pièce est paisible, un miaulement près de la porte, Camille va ouvrir. Un minuscule chat est là. Camille le prend, le caresse. « Tu ne sais pas, toi, tu n'as rien vu ? Depuis combien de temps tu es là derrière la porte à épier, hein ? »

L'ombrelle. Que fait-elle sous la table ? Camille se dit qu'elle a trop travaillé ces derniers temps. La lettre. Les valises. Une chose après l'autre. Le chat miaule...

« Allons nous revigorer. » Camille verse du lait à son nouvel ami, s'en verse un plein bol, s'assied et reprend la plume. D'abord terminer ce mot pour lui. Voyons...

307

... je ne partirai sans doute que jeudi. Justement Made-
moiselle Vaissier est venue me voir et m'a raconté toutes
sortes de fables forgées sur moi à l'Islette. Il paraît que je
sors la nuit par la fenêtre de ma tour, suspendue à une
ombrelle rouge avec laquelle je mets le feu dans la
forêt !!!!

On frappe à la porte. Monsieur Rodin est là. Il voulait
absolument la revoir avant l'été... Il aurait tant aimé
l'accompagner... Peut-être même la rejoindra-t-il ? Il est
assis, timide, sur son vieux fauteuil... Il vient d'être
nommé au poste de président des Beaux-Arts. Elle est la
première qu'il prévient. Il succède à Dalou. Il va pouvoir
l'aider...

Elle n'écoute pas. Il regarde à ses pieds. Somnolant.

Elle n'a pas dit un mot. Assise sur le bord de la table,
elle balance ses jambes. Elle le considère. Le jeune chat
joue entre les gros pieds d'Auguste.

Elle a du travail qui l'attend.

8 juin 1893.

LETTRE A PAUL

Mon cher Paul

Ta dernière lettre m'a fait bien rire, je te remercie de tes floraisons américaines mais j'en ai reçu moi-même toute une bibliothèque, effet de neige, oiseaux qui volent etc La bêtise anglaise est sans bornes, il n'y a pas de sauvages (qui fabriquent) de pareilles amulettes Je te remercie de l'offre que tu me fais de me prêter de l'argent : cette fois-ci, ce n'est pas de refus car j'ai épuisé les 600 f de maman. et voici l'époque de mon terme, je te prie donc si cela ne te cause aucun dérangement. de m'envoyer 150 à 200 f.

J'ai eu dernièrement de/s malheurs : un mouleur pour se venger a détruit à mon atelier plusieurs choses finies, mais je ne veux pas t'attrister.

Les Daudet doivent venir me voir la semaine prochaine avec madame Alphonse Daudet. Ils sont toujours très aimables je ne vois plus souvent Schwob et Pottecher Mathieu a disparu ;

Je suis toujours attelé à mon groupe. De trois je vais mettre un arbre penché qui exprimera la destinée ; j'ai beaucoup d'idées nouvelles qui te plairaient énormément vrai, tout à fait enthousiasmé, elles rentrent dans

ton esprit voici un
croquis de la dernière
esquisse (la Confidence)

trois personnages
écoutent un autre
derrière un paravent

le Bénédicité

arbre

des personnages tout
petits autour d'une grande
table écoutent la prière
avant le repas

: La Dimanche

trois bonshomme en
blouse neuve et
pareille perchés sur
une très haute
charrette partent pour
la grand-messe

La Faute

une jeune fille accroupie
sur son banc seulement;
ses parents la regardent
tout étonnés

tu vois que ce n'est
plus du tout du Rodin,
et c'est habillé
je vais faire des petites
terres cuites .
Dépêche toi de revenir
pour voir tout ça —
le violoneux

trois petits enfants
assis par terre écoutent
un vieux joueur de
violon
qu'en dis-tu ? . . . . .
c'est à toi seulement
que je confie ces trouvailles
ne les montre pas !

J'ai un grand grand
plaisir à travailler

Je vais envoyer au
Salon de Bruxelles
le petit groupe des
amoureux, le
buste à capuchon,
la Valse en bronze
la petite de l'"Islette".

Aut Salon prochain
le buste de Shermitte
avec une draperie
qui vole
et le groupe de
trois si j'ai fini

voilà comment il sera

tout en largeur

et puis j'ai un
autre groupe dans
la tête que tu
trouveras épatant
Tu ne me parles
jamais de ce que
tu écris : as-tu de
nouveaux livres en
train ?.... -

plusieurs de
mes amis m'ont
dit qu'ils
allaient acheter
Tête d'or
Tu ne seras pas
là pour le
vernissage,
je le regrette beaucoup
Il a fait dernièrement
un froid terrible.
j'ai été obligé de
faire du feu la
nuit
Je te verrai [...] mon
Camille

LETTRE DE L'ASILE

« ... J'ai beaucoup tardé à t'écrire car il a fait tellement froid que je ne pouvais plus me tenir debout. Pour écrire je ne puis me mettre dans la salle où se trouve tout le monde, où brûlote un méchant petit feu, c'est un vacarme de tous les diables. Je suis forcée de me mettre dans ma chambre au second où il fait tellement glacial que j'ai l'onglée, mes doigts tremblent et ne peuvent tenir la plume. Je ne me suis pas réchauffée de tout l'hiver, je suis glacée jusqu'aux os, coupée en deux par le froid. J'ai été très enrhumée. Une de mes amies, une pauvre professeur du lycée Fénelon qui est venue s'échouer ici, a été trouvée morte de froid dans son lit. C'est épouvantable. Rien ne peut donner l'idée des froids de Montdevergues. Et ça dure sept mois au grand complet... »

La ville

« Bientôt tu entendras ce nom : Avare.
Quand les villes, pleines d'âmes, flambe-
ront !...
Ne comprends-tu pas
Qu'une justice parfaite pour chacun
C'est qu'il s'approprie
Tout le reste ?... »

PAUL CLAUDEL, *La Ville*, I.

Paul allait revenir bientôt. Camille a hâte de le voir.
Elle veut des détails. Elle s'ennuie de lui. Il y avait plus
d'un an maintenant qu'il était là-bas. Sur le Nouveau
Continent. En Amérique.

Trente ans. Elle les avait. Elle les tenait. Elle les avait
conquis. Durement. Mais maintenant tout était à sa
place. Son corps s'était affermi, il était musclé, adroit,
apte à sculpter. Ses puissantes épaules, ses longues jambes
dures, tout fonctionnait à merveille, à la demande.

Camille a ouvert la fenêtre. Elle vient de dîner en famille, elle regarde Paris. Elle a trente ans.

Son père voit la haute silhouette. Il l'admire. Elle ne cesse de réussir. Son dernier Salon a été très applaudi. *Le dieu envolé, Portrait d'une petite châtelaine.* Elle a des commandes. Elle n'est plus malade. Cet après-midi, il la regardait marcher à ses côtés dans les rues de Paris. Elle marche à grands pas, elle jette ses épaules comme un homme. Puissante, et les hommes se retournent.

Camille se tient les deux mains posées sur la barre glacée du balcon. Elle respire la Ville, elle la sent refluer jusqu'à elle. Elle la sent dans ses entrailles. Elle fait corps avec elle. Camille est la Ville même. Elle est les rues, les ruelles, et le sang qui court dans ses veines, chaud, meurtrier, c'est la « rambleur », comme l'a écrit son frère, la rambleur qui l'envahit, qui la parcourt.

Son frère, les mots de son frère, quelle puissance à manier les images !

Bientôt il sera là. Le mois prochain sans doute. Le poète de *La Ville.* Elle est chaude comme elle, la Ville. Ses deux yeux insomniaques regardent la Ville. Elle est ces milliers de regards qui la parcourent. Et les cheveux qui s'échappent là du chignon l'embrument comme le brouillard accroché aux branches dénudées. Elle a trente ans ce soir. Son cœur bat au rythme de la Ville, danse au tam-tam de la Géante. Paris.

Elle a Paris dans le sang, plus jamais elle ne veut s'en arracher. La Ville endormie ne s'arrête pas pour autant et au fond d'elle-même, Camille entend le lac. L'eau qui la parcourt, le fleuve, l'humidité essentielle. Elle est *pleinement*, n'envie personne, ne regrette rien, ni l'abandon, ni l'humiliation, ni le silence. Elle n'est pas jalouse de sa sœur. Elle n'a pas de mari, pas d'enfants, pas d'amants ; elle est devenue celle qui prend désormais, celle qui décide, celle qui sculpte de ses propres mains. Quand elle le voudra, à qui elle décidera, elle se donnera, comme ça, d'un seul coup, joyeux, splendide, libre. Une Femme.

« Ferme la fenêtre, Camille, il fait froid. » Sa mère. Evidemment elle avait oublié. De ce côté-là, c'est plutôt pire. Madame Claudel regrette Monsieur Rodin. « C'était un grand artiste. Il venait quelquefois et sa femme... » Sa mère criaille derrière elle. Camille referme la fenêtre. Elle n'a plus douze ans. Que sa mère bougonne ! Cela ne la concerne plus.

La Ville. Bientôt son frère serait là. Lui, qui avait osé partir sur ce grand bateau. Un jour elle l'accompagnera. C'est la seule chose qui lui manque. S'embarquer ! Monter sur le pont du navire, la passerelle qu'on retire, les cordages repliés, et le bruit des moteurs, le quai, et on s'éloigne, s'éloigne. On est celui qui s'en va.

Quelqu'un lui avait raconté. Le départ d'Auguste. Ah ! ce n'était pas glorieux. Roger Marx lui en avait fait le triste récit. Il y avait un an de cela.

Monsieur Rodin bouleversé lui disant, en pleurant, qu'il n'avait plus aucune autorité sur elle. Pauvre Roger Marx ! Il la suppliait de revenir. Roger Marx s'était dévoué pour transmettre le message. Pauvre Roger, il était encore bien jeune pour comprendre. Il les admirait tous les deux. Pourquoi se séparaient-ils ?

Un jour Roger était passé à son atelier. Il semblait mal à l'aise. Camille l'avait interrogé. Alors il avait raconté en vrac, pêle-mêle... Le matin, la charrette au 23, rue des Grands-Augustins. Les voisins qui regardaient. Les meubles et les sculptures qu'on entasse. Monsieur Rodin surveille lui-même le déménagement. « Il a vieilli, Camille, si vous saviez ! Il ne dort plus. » Des taches brunes étaient apparues sur le visage. « Il ne sourit plus du tout. Plus jamais. » « J'ai même entendu quelqu'un dire derrière son dos, tandis qu'il grimpait dans la charrette avec Rose,

"C'est un homme fini, Monsieur Rodin"... Il part à la campagne, Camille. »

Elle l'avait interrompu : « Ce n'est quand même pas la fin. A vous entendre, on croirait Louis XVI et Marie-Antoinette emmenés à la guillotine. » Il avait l'air désespéré. « Ecoutez, Marx, si cela va très mal, je lui écrirai. Je vous le promets. »

Il avait souri, un peu rassuré : « Il vous aime. Il n'y a que vous... » Elle n'avait plus écouté, elle travaillait. Maintenant elle travaillait pour elle.

D'Azay, elle avait ramené toutes ses affaires, du moins ce qu'elle pouvait payer. Le transport coûtait de plus en plus cher.

Elle avait écrit elle-même à Maurice Fenaille, un riche mécène. Elle revoit l'indignation de Monsieur Rodin : lui avait-il une seule fois refusé une commande, volé une statue ? A nouveau le malentendu. Alors elle lui avait arraché la lettre, elle ne voulait plus être recommandée par lui, elle le quittait, elle allait agir seule. Chacun le savait maintenant.

Monsieur,

Veuillez avoir la bonté de m'excuser si je prends la liberté de vous écrire. J'ai eu l'honneur de faire votre connaissance chez Monsieur Rodin dont je suis l'élève. Je travaille maintenant pour moi et je venais vous prier de me faire l'honneur de visiter mon atelier. Je reçois ordinairement le dimanche toute la journée.

Veuillez agréer, Monsieur, l'assurance de ma considération distinguée.

Mademoiselle Camille CLAUDEL,
113, boulevard d'Italie

Rodin était reparti sans un mot.

Heureusement les commandes étaient arrivées. Monsieur Rodin faisait suivre. Beaucoup s'adressaient à lui.

On les croyait toujours ensemble. On l'invitait à exposer à Bruxelles, Villeneuve lui avait commandé *Le psaume*. Ce n'était pas le monument sur la petite place, mais enfin, elle n'allait pas faire la fine bouche. Elle avait besoin d'argent. Elle vivait sur l'avance d'hoirie que son père lui avait faite lorsqu'elle s'était installée. Comme si elle s'était mariée... Il lui avait redonné un peu d'argent. Se marier ! Mais son père n'était pas dupe.

Elle le regardait. Lui aussi avait vieilli, mais il était toujours le montagnard colérique et tendre qu'elle avait connu petite fille. La race vosgienne ! la Bresse noire, sapineuse. Elle l'aimait, son fantasque de père, aussi ironique qu'elle, prompt à s'emporter ; ils avaient de terribles disputes, parfois ils se jetaient les pires injures à la tête, ils se dressaient l'un contre l'autre et puis, à nouveau, ils plaisantaient, inventaient, rêvaient, s'aiguillonnant l'un l'autre.

Elle le regarde. Il vient de prendre un cigare. Elle l'aide à l'allumer. Puis il lui demande les journaux, il veut relire ce qu'on a dit d'elle cette année. C'est pour lui que Camille garde les articles. Sa mère n'a jamais le temps de s'en occuper. « Si tu crois que je n'ai que ça à faire. Pour ce que tu sculptes. C'est écœurant ! »

Madame Claudel ne s'est jamais déplacée. Elle sait que Camille fait du nu, c'est tout. Elle ne veut pas en savoir davantage.

Camille va chercher dans le tiroir du bahut et tend le paquet de critiques à son père. Elle ne veut pas les relire. Il faut qu'elle avance. Toutes ces sculptures qui attendent. Elle a encore tant à faire... avant de trouver. Seul, son frère est au courant. Elle lui montrera. Et lui, qu'a-t-il pu écrire ? Elle jette un coup d'œil à la boule de cristal sur le bahut, des floraisons américaines comme ils disent là-bas. C'est Paul qui les lui a envoyées. Elle retourne la boule et les oiseaux s'envolent. « Mon cher

322

Paul c'est à toi seulement que je confie ces trouvailles, ne les montre pas. » Que fait-il là-bas à Boston ?

Un jour elle le remboursera. Il lui avait envoyé un peu d'argent. Elle lui avait écrit, raconté l'hiver glacé, le feu dans la cheminée. Un an déjà. Les critiques, la réussite avec ses deux sculptures, *Le dieu envolé* et *Jeanne enfant.*

Le dieu envolé. Paul savait, pour la rupture. Il n'y avait plus que lui pour la comprendre maintenant. C'était son frère. Et pourtant quelle distance les séparait. Lui là-bas, elle ici. Comme il allait quitter Paris, il avait tenté de lui expliquer : il avait la foi, s'était confessé, et l'avait écrit. *La Ville* témoignait pour lui de cette lutte qu'il menait depuis quatre ans. Le soir de Noël 1886. Le Livre VIII des *Proverbes* ! La Sagesse donnait la main à Rimbaud ! Elle refusait d'y croire, de croire que les choses fussent ainsi. Alors, par bribes, elle lui avait dit quelle vie elle menait. Elle défierait Dieu jusqu'au bout. La lutte avec l'Ange : il connaissait sûrement la parabole ! Elle avait lu la Bible aussi. Ils avaient discuté âprement tous les deux, durant presque toute la nuit. Cette nuit-là, elle était restée coucher chez lui, 43, quai Bourbon, épuisée. L'amour, il ne voulait pas le connaître. Du moins il hésitait, trébuchait sur les mots, elle avait compris. Vierge, ce garçon brutal. Fermé, il était intact. C'était elle maintenant qui hésitait à se livrer. Et pourtant avec son Dieu, il semblait vous parler d'une rencontre, d'une autre histoire d'amour, d'amour fou avec craintes, fuites, et désirs... Elle était la boiteuse, la maudite, Camille la noire, la chienne ! Il essayait de la calmer, de comprendre en ce début d'année 91 pourquoi elle repartait encore, fuyant toujours. Qui ou quoi ?

Déjà trois ans ! Bientôt il serait là. Il ne parlait pas de sa foi dans ses lettres. Elle n'avait pas la foi, non, elle ne pourrait jamais. Elle ne croyait qu'aux yeux de la petite Jeanne. Contre ce regard, on ne pouvait pas lutter.

Aucun raisonnement ne tenait. Un enfant avait sauvé le monde. Une femme avait compris. Elle n'allait plus à Azay. Qu'importe ! Un éclair avait déchiré son âme. Jusqu'à sa mort ! Elle avait la maladie incurable : la passion d'avoir les yeux grands ouverts.

Quelle lutte, entre le frère et la sœur ! Mais Paul n'était pas Dieu et Camille ne s'appelait pas Jacob. Elle le raillait. « Ma hanche, elle est déjà démise, le gué de Yabboq ! » Elle n'avait pas besoin de se battre avec l'Ange ! Elle traversait à la nage, elle. C'était déjà fait.

Il s'énervait, la trouvait bête, bornée. Mais elle avait redoublé de violence : « Je ne suis pas sa créature. De personne, tu entends ! De personne ! Et si chaque créature est irremplaçable, alors il va voir. Il va s'amuser. Nous allons enlever à ton grand Artiste une œuvre irremplaçable. Je détruis. Je le priverai de moi pour l'éternité. A toi de te débrouiller. »

Pauvre Paul ! Où en est-il maintenant ? De cette encombrante religion, il n'avait pas l'air heureux. En tout cas, pour lui, ce n'était sûrement pas simple ! Et voilà qu'elle, maintenant, menait une vie d'ascète ! Pour un peu, le cloître et la grille !

La Ville. Elle aimait cette pièce ardue (qu'il lui avait donnée avant de partir), avec ses images baroques.

« L'immense flamboiement de la Nuit
Avare... »

Son père, elle l'en a presque oublié... Elle lui a dit de venir le lendemain à l'atelier. Elle lui montrera sa prochaine exposition. Enfin quelques sculptures. *Les causeuses*, elle ne les dévoilera qu'en mai prochain. Oh ! Ses petites compagnes sont bien cachées. Elle les tient scellées encore pour quelque temps. Non, elle lui montrera Jeanne directement taillée dans le marbre. Elle en est à la fois le Créateur et le praticien. Elle a tout réalisé, du début à la fin. D'abord elle voulait que personne d'autre

324

n'y touche, et puis les ouvriers qu'elle a eus lui ont cassé deux autres sculptures pour se venger. Elle avait deux jours de retard pour les payer. Alors ils ont tout saccagé. Madame Pipelette y est sûrement pour quelque chose... Heureusement ils n'ont pas touché au bloc de marbre que Rodin lui avait laissé prendre.

« Soit un point ! soit une ligne, tout sera vivant. » Il paraît qu'il avait pleuré devant *Le dieu envolé*. Il leur reste la Terre, la Glaise pour trouver. Le temps d'une vie. A combien d'ébauches auraient-ils droit ?

LETTRE DE L'ASILE

« ... Il ne faut pas espérer obtenir de changements dans une maison de fous. Les règlements y sont nécessaires pour toutes ces "créatures énervées, violentes, criardes, menaçantes..." que leurs parents ne peuvent pas supporter tellement elles sont désagréables et nuisibles. Et comment se fait-il que moi je sois forcée de les supporter ? Sans compter les ennuis qui résultent d'une telle promiscuité... Que c'est ennuyeux d'être au milieu de tout cela, je donnerais cent mille francs si je les avais pour sortir tout de suite... »

« *Les causeuses* »

« ... A la recherche de cette sœur oubliée,
notre âme, à qui nous avons faussé compagnie, quand donc ? Qu'est-elle devenue
depuis lors... ? »

PAUL CLAUDEL,
Seigneur, apprenez-nous à prier

Voilà. Elle l'a accompagné jusqu'à la gare. Il vient de
repartir. Peut-être pour trois ans. Peut-être cinq ? Longtemps elle a hésité, s'interrogeant. Elle avait envie elle
aussi de s'embarquer. Peut-être aurait-il accepté. Ils en
avaient tant rêvé tous les deux. La Chine ! Il partait en
Chine ! Paul partait vers la Chine ! Il était parti.
   Elle avait été jusqu'à la gare — il prendrait ensuite le
bateau. Seule. Elle était seule à la gare. Aucun ami,
aucun parent. Elle se tenait là. Il lui avait fait un signe

brusque de la main. Il n'aimait pas les apitoiements, les démonstrations. Leur mère ne les embrassait jamais.

Paul est parti là-bas, dans ce pays où petite fille elle rêvait d'aller. Elle a bien failli tout quitter. Maintenant, elle rentre chez elle, les épaules voûtées, la démarche plus lente, comme une prisonnière que l'on ramène. Et si c'était sa dernière chance ?

Elle se secoue. Qu'est-ce qu'elle a aujourd'hui ? Son frère est parti, bon, c'est tout. Curieusement, elle sent qu'elle aurait dû s'embarquer. Elle atteint la célébrité. Le Salon de mai a été une grande réussite. Elle va avoir trente et un ans à la fin de l'année. Tout le monde parle des *Causeuses*, du *Peintre*, de *La petite châtelaine* directement sculptée dans le marbre, taillée par l'artiste elle-même. « Cela ne se fait plus, depuis Michel-Ange ! » Elle hausse les épaules. Elle a reçu tant de compliments, mais le nombre de fadaises qu'elle a entendues aussi, même élogieuses, la laissent songeuse. La réussite, elle ne sait pas ce que c'est.

Pourquoi est-elle restée ? Parce qu'elle n'a pas trouvé encore, qu'elle est sculpteur et qu'elle veut chercher ? Parce que le géant de son enfance la regarde toujours, la défie, ironique, défiant les siècles ? Depuis qu'elle est petite fille, une impression étrange : qu'elle ne meure pas sans avoir eu le temps de résoudre !

Alors, elle n'en finit pas. C'est un auteur qu'elle veut connaître à fond, c'est un matériau qu'elle se met à étudier. Ainsi, elle a pu retrouver le polissage en usage du temps de Bernin : avec un os de mouton. Elle s'obstine, têtue. Quelle bête elle fait ! Comme une faute qui ne cesserait de peser. Elle, qui ne croit ni au diable, ni aux dieux, ni à l'enfer, ni au septième ciel, elle, la terrienne.

Le Salon de mai a été un succès, mais tout cela a coûté cher. Camille s'inquiète soudain. Comment passer l'été ? Il y aura peu de clientèle dans les mois à venir. Les bonnes critiques ne suffisent pas ; il faut manger. Elle ne pourrait même pas les vendre...

Depuis qu'elle a quitté Rodin, elle a perdu contact avec les mondains, les financiers, les acheteurs — le réseau. Ils ne viennent pas dans cet atelier perdu. Elle, elle sort à peine. Sans robes, sans chapeaux, sans « protecteurs » comme ils disent, les invitations ne pleuvent pas.

Elle a tellement travaillé pour présenter au Salon ces quatre sculptures dont une en marbre, une autre en bronze, que tout son temps a été absorbé. L'argent aussi, pour les outils, le plâtre, la fonte, les ouvriers, le fondeur... Heureusement Léon Lhermitte a payé le bronze de son buste et les ouvriers. Une belle trouée pour voir l'avenir ! Mais pour attaquer la prochaine exposition, il faudrait exposer, donc trouver de l'argent à nouveau, et pour les commandes, il faudrait en avoir assez pour que l'une paie l'autre, qu'elle puisse travailler avec des praticiens, avancer l'une pendant que la précédente se termine — sans compter le coût du transport. Paul lui a laissé un peu d'argent, mais ça ne résout rien ! Les critiques ne lui apportent jamais de solutions pratiques. Le lendemain, les vrais problèmes de sculpture recommencent. Il ne s'agit plus d'art nouveau, de modelé, de grandes pensées sur l'avenir de la sculpture, non. Tout est beaucoup plus banal, quotidien et tragique. Comment se procurer tant de kilos de terre, comment avoir un bloc de marbre, combien coûte tel fondeur ? On ne modèle pas des idées. Et on ne peut rendre les modèles en terre directement ; il faudrait un four pour cuire la terre, les moulages, les reproductions. Souvent Rodin et elle ont évoqué ce cruel paradoxe : on parle de formes nouvelles, de copie servile, d'antique, de moderne et puis le lendemain, voilà qu'on se retrouve face à des questions d'argent. Seul Mirbeau l'avait comprise. Peut-être parce qu'il écrit lui-même.

« "Cette jeune fille a travaillé, avec une ténacité, une

volonté, une passion, dont tu ne peux pas te faire idée...
Enfin, elle est arrivée à ça !... Oui, mais il faut vivre ! Et
elle ne vit pas de son art, tu le penses !... Alors le découragement la prend et la terrasse. Chez les natures arden-
tes, dans ces âmes bouillonnantes, le désespoir a des chu-
tes aussi profondes que l'espoir leur donne d'élan vers les
hauteurs... Elle songe à quitter cet art.

« — Qu'est-ce que tu dis là !... rugit Kariste, dont le
visage se bouleversa... Mais c'est impossible !...

« — As-tu donc du pain à lui donner, peux-tu lui payer
ses modèles, ses mouleurs, sa fonte, son marbre ?

« — Voyons, le ministre des Beaux-Arts est, exception-
nellement, un artiste... Il n'est pas possible que cet art ne
le touche, puisqu'il nous arrache les entrailles, à nous !
On pourrait lui parler... Je sais qu'il est accessible et plein
de bonne volonté... Mais, de ne pas avoir tout fait pour
donner à une si grande artiste la tranquillité d'esprit qu'il
faut pour le travail, ce serait une responsabilité, et qu'il
ne voudrait pas assumer... Voyons, mon ami, pense à
cela... Est-ce possible ?

« — Sans doute, mais le ministre n'est pas toujours le
maître... Et qui donc sait ce qui se passe dans les
bureaux ?

« — Un amateur, alors... Il doit y avoir un amateur
riche...

« — Les amateurs, mais ils ne veulent que les œuvres
consacrées et les artistes arrivés aux honneurs."

« Et Kariste frappait le sol de sa canne, et à toutes mes
objections, criait : "Mais elle a du génie !" »

Aura-t-elle bientôt fini de discourir, de se pourlécher
les babines. Elle ressemble au vieux Crapitoche, le chat
de leur enfance qui les regardait en vieux philosophe
moustachu. Paul et elle. Paul et elle assis à califourchon
sur le petit mur du jardin. L'avenir ! Les voyages !

Paul ! Mais qu'aurait-elle fait là-bas en Chine ? Une

autre vie, secouer une bonne fois le tic-tac implacable de cette société satisfaite. Il lui disait qu'il étouffait ici — « ... une pile de corps mous... », « ... des gens dilatés d'une mauvaise bouffissure... ». « Et la charité, Paul ? »

Elle s'est assise sur la chaise à côté de la table, la plus proche ; elle s'est laissée tomber plutôt. Se mettre à travailler maintenant. Tout de suite. Une moiteur qui vous colle à la peau, un mois de juin béat d'ennui, de paresse morose. Comment avoir envie de quoi que ce soit dans ce bain de vapeur ?

La pile de journaux à côté de l'ombrelle rouge, le paquet de mouches rivées au papier ; l'atelier, les bougies à moitié brûlées, fichées sur une pointe de fer, deux verres sales, Paul avant de partir, la bouteille, elle, la table, le parquet nu, la fenêtre... Brutale, la lumière. Le parquet nu. Des ébauches momifiées sous leurs voiles épais. Linges rougeâtres. Tiens, un petit bout de terre craquelée par terre, une ébauche qui commence à s'effriter. Tout un monde calciné là. Elle. La table. Elle et les mouches. Elle se penche, tire un autre journal, distraitement. La pile s'effondre. Bruit sec. Le papier craque. Le papier qu'elle déplie. Les journaux. Les reparcourir. Se donner peut-être un peu de courage. Se faire plaisir, non ?

« J'ai soixante-quinze ans. » Grimace aux quatre vieilles. Quatre grimaces. Les glaces collées dans son atelier — Elle —

« "Sais-tu bien que nous voilà en présence de quelque chose d'unique, une révolte de la nature : la femme de génie ?...

« — De génie, oui, mon cher Kariste. Mais ne le dis pas si haut... Il y a des gens que cela gêne et qui ne pardonneraient pas à Mlle C. d'être qualifiée ainsi...

« — Qu'est-ce que c'est ?

« — Le catalogue est muet et le groupe ne se dénomme

pas, répondis-je... C'est, tu le vois, une femme qui raconte une histoire à d'autres femmes qui l'écoutent... Cette œuvre est d'une jeune fille, Mlle Claudel.

« — Oui, parbleu ! je savais bien, s'écria Kariste... Je reconnais maintenant celle qui fit *La valse*, *La Parque*, la *Tête d'enfant*, le buste de Rodin. C'est tout simplement une merveilleuse et grande artiste, et ce petit groupe la plus grande œuvre qu'il y ait ici." »

« Ça c'est bien vrai, n'est-ce pas, mesdames ? » Les quatre vieilles hochent la tête, se redressent, appuient leurs reins fatigués au dossier. Les quatre miroirs.

Ce cher Mirbeau ! Il était enthousiaste, déchaîné. Elle le revoit, le col en bataille, gesticulant, entraînant ses amis vers son petit groupe des *Causeuses*. Camille pense à lui. Il y en a qui croient en elle, mais comment leur expliquer que les vraies difficultés sont bien autre chose que des états d'âme. Seul Octave Mirbeau avait compris. L'impasse. Mirbeau déguisé en Kariste : il avait de ces inventions !

« Après avoir erré à travers les salles nous descendîmes au jardin pour fumer des cigarettes. Kariste trépignait de joie enthousiaste, devant cet admirable groupe d'une absolue beauté et telle qu'on n'eût rien trouvé de plus pur, de plus fort, à Pompéi et à Tanagra, au temps où les artistes divins y foisonnaient, dans l'émerveillement de la nature et le culte de la vie... D'une composition délicieusement imaginaire, d'une interprétation de la nature vraiment miraculeuse, d'un métier savant, souple, ce groupe l'enchantait comme une découverte. Il ne se lassait pas de le regarder, d'en faire sortir toutes les beautés. »

Et Geffroy ! bouleversé, il ne la quittait plus. « Ces quatre femmes rassemblées dans une encoignure ! l'une qui raconte quelque histoire, les autres qui écoutent. Vous si jeune ! Ces quatre vieilles ! C'est la poésie de la vieillesse et de l'ombre. L'apparition de la vérité intime... les pauvres corps réunis, les têtes rapprochées, le secret qui s'élabore ! Une merveille de compréhension, de sentiment humain. » Elle qu'on traitait depuis l'enfance de sans-cœur, d'égoïste, il tombait bien. Elle l'enverrait bien à sa mère celui-là. « Mais dites-moi, entre nous, qu'est-ce qui vous a donné l'idée ? Ce secret qui s'élabore entre elles quatre, quel est-il ? » Elle souriait, câline. Personne ne saurait. C'était un secret. Ces quatre petites vieilles ! c'était à elle — son énigme.

Et Roger Marx : « ... le repliement de l'être tout entier absorbé par l'attention aux écoutes... »

Curieusement, certains se tenaient à distance. Qu'avait-elle voulu dire ? Et cette vieillesse soudaine ? Eux-mêmes se sentaient atteints, mis en cause.

Ces quatre petites vieilles, les « causeuses », continuaient, indifférentes, leur bavardage, l'histoire qui se tissait entre elles. On parlait même de génie ! Roger Marx se tenait à côté d'elle. On parlait de génie ! Il n'était plus question de parler de Rodin. Personne ne les voyait plus jamais ensemble, elle n'avait aucune filiation par rapport à lui. Elle surgissait là, dans son époque, unique. Elle créait un art nouveau. Mathias Morhardt venait de lui dire : « Marx, regardez, le *Peintre* là, notre ami Lhermitte, cette petite figurine qu'elle a réalisée. Elle commence un art nouveau. Et *Les causeuses* ! Un prodigieux chef-d'œuvre ! Aucune œuvre moderne n'a l'envergure des *Causeuses* ! Ces *Causeuses* ! Elles sont l'inexplicable et imprévue volonté du génie. elles sont ! Voilà. C'est tout. »

Camille les avait entendus. Elle était là au milieu d'eux. Plus personne ne parlait du maître, personne n'avait même prononcé son nom. Et pourtant elle *le* respirait partout. Dans leurs yeux, leurs réflexions, leurs discrétions. Lui n'était pas venu ; il n'était pas venu du tout. L'exposition était terminée et Rodin ne s'était pas montré. Plusieurs fois, elle avait voulu lui écrire. Et puis elle avait rangé la plume et le papier.

Le « Balzac » n'avançait pas, le monument Victor Hugo non plus. Il était souffrant, disait-on. Pourtant ses ateliers travaillaient ; les commandes continuaient d'arriver, les praticiens reproduisaient ses anciennes ébauches, taillaient, cuisaient. Où était-il ? Que faisait-il ? On le disait sans cesse en Touraine. Il était parti à la recherche de son « Balzac ». Seul.

Camille ne disait rien. Elle s'était juste mise en colère lorsque quelqu'un était venu l'avertir ! On allait retirer la commande du « Balzac » à Monsieur Rodin. Même Marquet Le Vasselot s'est offert à l'exécuter rapidement. Il offre de livrer la marchandise en quarante-huit heures. Peut-être qu'elle devrait... Elle avait interrompu brutalement son interlocuteur : ils étaient écœurants. Prêts à encenser et à tuer le lendemain. Ils n'avaient donc que cela à faire ! Une statue coûte le temps qu'il faut qu'elle coûte. Les minutes, quel que soit leur nombre, lui seront restituées en siècles plus tard.

Leur vieil ami Mathias. Un jour quelqu'un s'était moqué d'elle ! Jamais elle n'y arriverait, la surmoulure, cela allait tellement plus vite ! et cette idée de tailler elle-même ! Mathias Morhardt avait répondu vertement : l'autre les avait pris pour deux fous ! Ils avaient ri de son air ahuri, encore longtemps après !

Mathias, leur vieil ami ! C'est encore lui qui était venu au début de l'année lui demander si elle accepterait que sa *Clotho* soit commandée en marbre ! Elle était folle de joie : pourquoi hésiterait-elle ? Elle ne comprenait pas. Il se tenait là, tortillant son chapeau entre ses mains. Elle insistait : qu'il raconte ; qui le lui commandait ? quel musée ? comment ?

Elle avait fini par se douter que quelque chose n'était pas clair, pas net. Elle avait fait asseoir le messager : « Alors, monsieur Morhardt, vous avouez ? »

Penaud, il avait raconté. Voilà, Puvis de Chavannes fêtait ses soixante-dix ans. Il présidait un banquet organisé par lui. Enfin lui, Mathias Morhardt. En fait, c'était pour Rodin.

« Quoi, Rodin ? expliquez-vous ! »

Oui, Monsieur Rodin ! C'est lui qui présiderait le banquet. Les soixante-dix ans de Puvis de Chavannes.

« Oui, mais qu'est-ce que vient faire Rodin là-dedans ? »

Il y avait un complot.

« Un complot. Mais vous êtes tous complètement fous maintenant ! » Que racontait-il là ?

Un complot pour retirer la commande du « Balzac » à Rodin.

« Et alors ? »

Eh bien, à cette occasion, l'anniversaire de Puvis...

« Oui, j'ai compris. »

Bon, eh bien, pour ce banquet, on faisait graver une plaquette de bronze du profil de Puvis par Rodin. Chaque convive allait en recevoir une. Ainsi, bref...

« On achetait les convives, quoi ? » Elle comprenait enfin. Ainsi les artistes marquaient leur sympathie à Rodin, et chacun emporterait son petit matricule avec son ventre plein. Et elle ? Pour la *Clotho*, elle n'avait même pas assez d'argent pour un tirage. Acheter la plaquette, c'était trop cher !

Elle raillait. Non, elle se trompait. Mathias Morhardt avait simplement proposé qu'à cette occasion la *Clotho* en marbre soit commandée à Camille Claudel.

« L'élève de Rodin ! » On avait besoin d'elle pour louer les mérites du professeur ! Elle acceptait, cependant. « Je veux voir *Clotho* en marbre. C'est ma seule chance de pouvoir me la payer en marbre. Alors j'accepte. Mais c'est moi qui la taillerai. C'est moi qui travaillerai au ciseau les longs fils du réseau qui l'entoure. Personne n'y touchera. Cela prendra du temps. Mais j'en ferai un bijou. Moi-même. »

Il n'avait rien dit. Il avait donné carte blanche. Il s'était levé, avait ouvert la porte et s'était retourné pour dire : « Oui ?

— Non. Rien. »

Il voulait parler d'Auguste. Elle voulait demander : « Mais lui, comment va-t-il ! Qu'est-ce qui se passe ? » Rien. Le silence. Lui, la main sur la porte, elle adossée à la table, les deux mains appuyées à la table, ils s'étaient regardés...

Le déjeuner avait été ridicule. Rodin avait lu un discours. Personne n'avait écouté.

Elle travaillait à *Clotho*. Le marbre était arrivé. Elle en aurait pour des mois. Voilà, elle avait du travail. Pourquoi rester là à rêvasser ? Cette commande ne la paierait encore de rien. On lui avait offert le marbre mais comme elle faisait tout le reste elle-même, ils avaient donné peu d'argent supplémentaire.

Elle s'est levée. Vite, au travail !

Elle pouvait se moquer du dîner de Puvis de Chavannes. A la même époque, presque le même jour, elle aussi avait eu son dîner. Une vraie catastrophe ! Un enterrement de première ! Paul venait de rentrer de Boston. Il venait chez Camille avec des amis. Ses amis !

Au début de l'après-midi, on avait sonné. Camille avait ouvert. Non, jamais elle n'oublierait. Sa mère, là, sur le seuil. Elle venait préparer le dîner ! Camille ne saurait pas, n'est-ce pas ? Elle bouscula Camille, et alors là !... Jusqu'à sa mort, elle se souviendrait de la tête de sa mère !

Le Japonais était nu. Il contemplait sa mère, comme en prière. Impassible. Pas un muscle n'avait bougé. Madame Claudel avait reculé, Camille derrière elle. Camille attendait la chute, l'évanouissement. Sa mère s'était retournée vers elle, pour la repousser vers la sortie. Elle était verte et rouge à la fois ! Soudain, elle avait pivoté sur elle-même, foncé vers l'idole en méditation et lui avait tendu la main. L'autre s'était incliné comme s'il eût été vêtu d'un habit de cérémonie. Deux minutes après, ils étaient les plus vieux amis du monde. L'extrême civilité du Japonais, qui s'était rhabillé, avait définitivement conquis le cœur de sa paysanne de mère.

Par contre les lanternes suspendues par des ficelles aux poutres du plafond, les bougies fichées dans les pointes de fer, les chandeliers improvisés avaient déchaîné la colère de Louise. Et lorsqu'elle avait commencé à se poudrer, Camille avait dû subir toutes les réflexions villeneuviennes que sa mère avait pu trouver. Elle avait l'air d'un clown, d'une — non, elle ne prononcerait pas le mot. Camille ne dit rien, elle se poudrait.

Depuis quelque temps, elle dissimulait ses traits sous un masque blanc. Enfin, lorsqu'elle devait voir du monde. Elle n'aimait que ses yeux et sa bouche. Tout le reste devenait blanc, immobile, mort. Elle avait trente ans. Enfin passés !

Le dîner ! Son frère accompagné d'une espèce de clochard, un jeune homme incroyable, son pantalon tenait avec des ficelles, il jouait du violon. Un amoureux de Debussy. Elle avait sursauté quand il avait prononcé le nom. Il fallait qu'elle se calme.

Sa mère ne cessait de commenter ce qui se disait à table ; à chacune de leurs paroles elle répondait, faisait sa petite réflexion pour elle seule, poussait un soupir : « Le Japonais habillé, passe encore. Mais l'autre ! ah ! non, avec ses poches trouées. Comment s'appelait-il ? »

Christian de Larapidie ? Un drôle de nom — Camille ?
elle ne faisait rien. De toute façon, la sculpture..., ! »

C'était le dernier convive le pire. Camille le haïssait. Il
se raillait d'elle continuellement : « Est-ce vrai, mademoiselle, qu'à Guernesey, les rochers où s'est assis Victor
Hugo sont marqués d'une croix verte ? » Elle ne répondait
pas à ce malotru, Jules Renard.

Paul rageait, le nez dans son assiette. Ses mains
craquaient de violence contenue. Il trouvait sa sœur ridicule ainsi saupoudrée, tel un vieux gâteau.

Seul Christian de Larapidie avait l'air de s'amuser. Il
buvait beaucoup, s'excitait. Charmeur, avec ses poches
trouées et son pantalon rapiécé, il racontait n'importe
quoi, des mensonges, des histoires vraies. Qui pouvait
savoir ? Il vivait dans la même chambre que Paul ! Le
même *boarding-house* ! Mais comment pouvaient-ils se
supporter tous les deux ? Encore une contradiction de
Paul ! Camille avait l'impression de le reconnaître : ce
jeune homme bohème, incertain... Louis Laine ! Mon
dieu, c'était à Louis Laine qu'elle pensait soudain. Paul
lui avait envoyé ses deux dernières pièces, *L'échange* et
La jeune fille Violaine. Louis Laine ! Mais oui ! Elle
n'aimait pas *La jeune fille Violaine*. Elle avait horreur de
cette lèpre qui envahissait Violaine. Violaine chassée par
sa mère, Violaine honnie, abandonnée par tous, et le
meurtre entre les deux sœurs. Tant et tant de souvenirs
du village, du pays. Violaine sacrifiée. Le poids d'une
faute qu'elle n'avait pas commise. Non ! Une pièce trop
dure, âpre, comme le vent de Villeneuve. Ah ! si, elle
avait ri devant le vieux marquis, au début de la pièce :
« le vieux aux oreilles pleines de poils comme un cœur
d'artichaut » ! Elle le reconnaissait, celui-là, leur voisin.
Elle avait voulu s'occuper un moment de ses trois enfants
mais c'était impossible. Qu'est-ce qu'il devenait, celui-là ?
« Et le marquis ?

— Il est enfermé. Enfin ! Ce n'est pas trop tôt ! », avait répondu sa mère. « On a tous signé. Cela fait longtemps d'ailleurs. Enfin on est débarrassés. »

Pauvre marquis ! Enfermé. A l'asile, lui si drôle parfois. Camille et lui avaient un jour joué à la marelle. C'était un gosse !... Et Paul lui aussi qui entrerait dans sa petite cellule ! Cloîtré lui aussi. Non, elle ne supporterait pas cela. Avant de partir en Chine, il lui avait dit. Il ne pouvait pas attendre longtemps. L'appel, la voix mystérieuse, l'exil, « le supplice, la roideur de l'amour ». Il avait décidé de rentrer dans les ordres ! Moine ! Il ne pouvait échapper !

« Quelqu'un qui soit en moi plus moi-même que moi » — il lui avait dit cela pour finir ; il était assis devant elle, absorbé, le front plissé.

Que voyait-il ? Qu'entendait-il ? Vers quoi allait-il ? Vers qui ? Et cette lumière dans ses yeux...

Mon petit Paul !

LETTRE DE L'ASILE

« .. Quant à moi je suis tellement désolée de continuer à vivre ici que je ne [illisible] plus une créature humaine. Je ne puis plus supporter les cris de toutes ces créatures, cela me tourne sur le cœur. Dieu ! que je voudrais être à Villeneuve ! Je n'ai pas fait tout ce que j'ai fait pour finir ma vie gros numéro d'une maison de santé, j'ai mérité autre chose que cela... »

« *Du génie,*
Comme un homme
qui en aurait beaucoup »

> « Comme on s'attaque, pour sculpter une femme
> A la dure pierre des Alpes,
> Et l'on en tire une figure vivante
> Qui croît d'autant plus que la pierre dimi-
> nue. »

MICHEL-ANGE.

« Ma lettre est trop découragée, qu'elle ne tombe pas sous les yeux de Mademoiselle Claudel — je crois que l'adresse est toujours 113, boulevard d'Italie. »

Camille retourne le papier entre ses mains. Les veines de son cou battent trop fort. C'était donc pour ça qu'elle était restée au lieu d'aller en Chine, avec son frère !

La lettre était là. Il l'avait écrite. Elle reconnaissait l'écriture. Ce n'était pas une farce. Tragique ! Cet homme baissait les bras. L'artiste vacillait, arrêté dans sa trajectoire. Non, pas ça !...

Cinquante-cinq ans, il avait cinquante-cinq ans. Non, monsieur Rodin, vous ne donnerez pas raison aux imbéciles. Pas le sculpteur de *La porte de l'enfer* ! Non ! Et le « Balzac » à finir ! Allez, redressez la tête ! Tout est à vivre. Encore ! Vos mains ! Vos mains inactives ? Allons donc !

Mirbeau venait d'apporter la lettre. Il reviendrait demain. Si elle ne voulait plus le voir, il n'insisterait pas, il ne dirait jamais à Rodin qu'il lui avait montré cette lettre.

« Je ne sais si Mademoiselle Claudel acceptera de venir chez vous le même jour que moi, il y a deux ans que nous ne nous sommes vus et que je ne lui ai écrit, je ne suis donc pas en position... »

Elle lit et relit. Elle le sent violemment proche, trop proche. L'amour la prend. Sensuel, direct. Ses mains... Elle a envie de sa bouche, de son regard, de son sexe d'homme — une grande flambée.

« S'il faut que je sois là, Mademoiselle Claudel en décidera... »

Leurs folies, leurs projets de sculpture, leurs discussions... Depuis combien de temps n'a-t-elle pas trouvé ? Qui connaît la sculpture ! « La première chose à laquelle Dieu a pensé en créant le monde, c'est au modelé. » Elle et lui ensemble, personne d'autre ne peut comprendre.

Les images se bousculent dans sa tête. Elle se lève, elle veut échapper, dire : non, plus jamais. Mais elles l'enveloppent, la cernent. « Suffit les chiennes ! Couchées les chiennes ! » Elle les injurie, essaie de les dresser, ce sont les Euménides, les Furies. Elles sont là à ramper, cheveux entrelacés de serpents, torche à la main, et dans l'autre le poignard.

Non ! Dire non à Mirbeau demain ! Lui écrire et laisser la lettre. Fuir avant qu'il ne revienne. Elle laissera la lettre. Elle ne verra pas Mirbeau, sinon elle cédera, encore. « Mais que notre vie est cruelle ! »

Elle avec lui, depuis — non, ce n'est pas possible — plus de dix ans — la rencontre. *Les portes de l'enfer.* Et ses souffrances, son silence, le dieu envolé. Vite parler à quelqu'un. Ne pas le sentir approcher. Echapper. La lettre, la jeter, elle n'est pas pour elle, la jeter...

« ... je suis sûr de son succès final mais la pauvre artiste sera triste, plus triste alors, connaissant la vie, regrettant et pleurant avant peut-être d'être arrivée trop tard, victime de sa fuite d'artiste qui travaille honnêtement, ayant le regret de ses forces laissées à cette lutte et à cette trop tardive gloire qui vous donne en change la maladie... »

RODIN, 8, Chemin Scribe, Bellevue.

Malade, il est malade. Elle le voit couché, lui qui est ferme, dur, puissant, un enfant du peuple, non, il ne faut pas qu'il soit malade. La plume qui tremble. Echapper ! Rose le soignera !

> « *J'aimerai toujours le temps des cerises*
> *C'est de ce temps-là que je garde au cœur*
> *Une plaie ouverte...* »

Elle est sauvée. Le vieux musicien est là dans la cour. Elle parlera à quelqu'un. Pour échapper à la lettre...
« Il est clair qu'elle a du génie comme un homme qui en aurait beaucoup... Et ce mot de génie, dans ce grand jardin où des êtres aux yeux vides passaient et repassaient sans seulement jeter un coup d'œil sur l'œuvre de Mlle Claudel, résonnait comme un cri de douleur. »
Elle et lui. Un seul être androgyne. Etroitement mêlés,

amalgamés — deux grands animaux d'enfer ! «L'Etreinte»!
— non, comment l'avait-il nommée cette sculpture ?
L'emprise ! « C'est elle qui domine et étreint l'homme, la
proie qu'elle force ! » Il lui expliquait la double queue.
Elle revoit la sculpture, 1885, les scandales de Rodin !
Allons, qu'il relève la tête ! Elle était le Mâle en lui. Voilà
qu'elle fonçait sur lui. Elle, la grande Femelle, le cuiras-
sait une nouvelle fois. Camille écrit à Monsieur Rodin.

Demain elle donnera la lettre à Mirbeau.

> « Et je dis en effet que la jeunesse est le
> temps des illusions, mais c'est parce qu'elle
> imaginait les choses infiniment moins belles
> et nombreuses et désirables qu'elles ne
> sont... »

PAUL CLAUDEL, *Le soulier de satin.*

L'embarquement pour Cythère : Monsieur Rodin commente le tableau.

Elle a dix-neuf ans.

La terre à l'aurore, encore endormie.

24 juin 1895.

Il attendait depuis si longtemps son retour.

Ils se sont repris la main. Simplement.

Cette nuit-là ils n'avaient pas fait l'amour.

La terre chaude gorgée de soleil qui se replie avant le soir.

Elle était plus belle encore.

« Sakountala, reconnue par son époux, en fut de nouveau aimée et reçue auprès de lui... »

Les crépuscules de Cythère.

> « ... Camille Claudel, élève de Rodin deve-
> nue presque aussi forte que le maître... »
>
> *Chronique de l'Indre.*

> Je serais très surpris si Mlle Claudel ne pre-
> nait pas place un jour, brusquement, parmi
> les grands maîtres sculpteurs du siècle. »
>
> ARMAND DAYOZ.

JOURNAL DU DÉPARTEMENT DE L'INDRE
10 OCTOBRE 1895.

« *Un don au musée.* — Mademoiselle Camille Claudel, élève de Rodin, a offert au musée un beau groupe en plâtre grandeur nature. L'œuvre est inspirée de la légende hindoue de Sakountala. »

17 NOVEMBRE.

« Hier, se rendant dans la Touraine, Mademoiselle Claudel s'est arrêtée quelques instants à Châteauroux.

Elle a été reçue par plusieurs membres de la commune... Monsieur Buteau a remercié Mademoiselle Claudel du don qu'elle a fait au musée de Châteauroux... »

« J'avais résolu de ne pas parler du morceau de pain d'épices qui a généreusement été offert... Non contents de placer ce mastodonte en plâtre au milieu du Salon d'honneur, [...] l'on nous fait raconter des solennités académiques qui auraient eu lieu dans le musée en l'honneur de cette débauche de plâtre... »

« ... la ville de Châteauroux est actuellement troublée par l'art de Mademoiselle Camille Claudel... Il y a des protestations au nom de la convention méconnue, de la morale outragée... »

« Tant mieux après tout. C'est une preuve de vie ! »

« Les personnes qui n'ont pas encore contemplé ce monolithe, cet obélisque de gypse feront bien de se presser... il a déjà un pied cassé... »

« ... Un membre de la commune a proposé de voter l'acquisition d'un rideau pour dérober le groupe aux regards du public... »

« ... Si c'est ainsi que s'exprime l'amour conjugal après décès ? »

« ... Le tout est recouvert d'enduit d'une couleur tirant sur le marron. La patine : cela coûte 100 F !
« Avec 2 sous de sucre noir et 1 seau d'eau, il serait possible d'obtenir le même résultat... »

« Pour finir, rappelons le mot prononcé à propos de l'œuvre en question par un de ces nombreux gourmés qui naissent Monsieur Prudhomme comme d'autres rôtisseurs :

« "Néanmoins, disait-il, l'œuvre ne manque pas de grandeur.

« Je vous crois : 3 m 50 de hauteur !" »

La Farce du *Sakountala*.
Elle avait voulu faire un don au musée de Châteauroux.

Le risotto

« Quel sérieux dégoûtant
Nous apportons à manger !...
Quelle chose que de manger ! Nous ne
sommes pas moins voraces que le seigneur
Ver... »

PAUL CLAUDEL, *La Ville*, I.

Dimanche, il y aurait du risotto. Il fallait répondre. Ce n'était pas long. Juste une lettre. Mais les épaules lui font mal, les jambes aussi la font souffrir. Il ne fait pas chaud et pourtant elle se sent épaisse, augmentée, elle respire mal comme une femme trop grosse. Elle s'est alourdie. Sa tête surtout, la tête s'est encombrée de souvenirs déjà, de retards, d'inquiétudes. Dehors, il pleut. Elle a mal aux yeux. Non, elle n'arrive pas à mettre de l'ordre. Ce sont les folies de Mars — le dieu de la guerre ! Maintenant elle a chaud. Le châle, elle le rejette. Et

352

ainsi de suite, du chaud au froid... Elle vient de s'asseoir, le marbre devant elle, lisse, brillant, plein, gonflé. Cela vient bien mais sera-t-elle prête pour le Salon ? Un mois seulement et tant à faire encore ?

Dimanche ? Cela lui fera du bien. Madame Morhardt et le risotto. Elle s'amuse à manger le risotto. Tous ces petits grains qui échappent à la cuillère. C'est un plat ! Il vous cligne de l'œil — plein de fossettes : un enfant qui rit. Elle a trente-deux ans. Enfin presque, à la fin de l'année. Surtout ne pas retomber malade ! Il faut qu'elle ait fini. Un mois, il reste un mois.

Le risotto, oui, ça la reposera. C'est délicieux !

Chère Madame Morhardt...

Chez eux, elle sent qu'elle a trouvé un refuge. On la protège, on l'accueille. De temps en temps, il vient. Il faut qu'elle demande à Mathias Morhardt qui pourrait creuser le marbre pour elle. *Les causeuses*, c'est elle qui s'en occupe, mais pour le coin ajouré elle peut faire appel à un bon ouvrier. Cela l'avancerait. A condition de pouvoir le payer ! Lui demander, à *lui* ? Mais ils sont tous occupés. Chez lui, justement, dans ces trois ateliers, il y a tellement à faire, tellement ! Les commandes s'entassent, telle sculpture d'il y a deux ans, trois ans, et le « Victor Hugo » et le « Balzac », les dizaines d'ébauches !

Rodin lui avait demandé si elle ne pourrait pas venir prendre en main les tailleurs de pierre. Elle n'avait pas le temps. *Les causeuses*, elle n'y arriverait jamais. Si encore elle n'avait fait que ça, mais il fallait continuer à gagner un peu d'argent ! Rodin, qu'on avait dit fini, n'avait jamais été si occupé ! C'est elle maintenant qui renâclait, fléchissait sur sa vieille patte, soufflait, pesante. Vieille carne, va ! Allez, hue ! Elle lui avait recommandé des ouvriers sûrs. Il payait bien, il y avait du travail. Jules, Roger, elle les aimait bien. Tout avançait bien. Enfin là-bas... Aux trois ateliers...

Mais elle ? Demander à Morhardt ? Oui, mais si elle tombait sur un praticien maladroit ?... Ajourer le coin, c'était presque un travail de débutant. Mais ses *Causeuses* ! L'ouvrier pouvait percer, décapiter, l'une d'elles. Elle travaillait depuis tant et tant de mois sur le marbre. Un rêve qu'elle devait payer. Une folie. Elle avait économisé, accepté tout ce qui se présentait. Peu de chose, d'ailleurs. Monsieur Fenaille, le grand mécène, par amitié pour Rodin l'avait un peu aidée, mais serait-elle prête ?

Allons, vite ! répondre à Madame Morhardt. Le remercier, lui, pour les articles de son frère. Enfin, Monsieur Ganderax ! Leur ami ! Grâce à lui, les articles de Paul allaient être publiés. Ses parents étaient satisfaits. Même Madame Louise avait esquissé un sourire de satisfaction. Mon Paul, là-bas ! Shanghai ! Le petit garçon qui rêvait à la Chine. Ses deux yeux bleus écarquillés sur la carte, son petit doigt pointé, là et pas ailleurs, là, Shanghai. Il y était. Camille s'ennuie de lui, tout à coup. Cela arrive par bouffées. Aucune pièce de théâtre n'était arrivée depuis son départ. Seuls des poèmes, des textes...

Elle a froid soudain. Une fois de plus le soleil vient de cacher sa sale face jaune. Camille se demande quelle heure il est maintenant. Avec toute cette journée en blanc et noir, elle a travaillé sans s'arrêter ni voir le temps passer. Elle ne s'est arrêtée que pour boire quelque chose de chaud. Il faut que la lettre parte ce soir. Camille écrit, vite :

J'irai avec plaisir dîner chez vous dimanche soir, non seulement pour me régaler du risotto...

Ne rien oublier : les articles, les remerciements, le retard qui s'est accumulé, les premiers ouvriers — une erreur : pendant des semaines, elle avait dû refaire ce qu'ils faisaient, surveiller pour qu'ils ne saccagent pas tout ; un matin, ils n'étaient pas venus : ailleurs ils étaient mieux payés.

Ne rien oublier. Le coin en marbre à ajourer. Ils dîne
ront sûrement dehors dans le jardin. Le jardin. Parler de
L'hamadryade... Monsieur Bing lui avait acheté le buste
d'après le croquis qu'elle venait de réaliser sous ses yeux !
Elle a décidé de déployer là toute sa technique. Un marbre patiné, doré. « La douceur de ce qui est avec le regret
de ce qui n'est pas », comme dit Paul en lui lissant la
mèche.

... *Je mettrai le buste de Bing.*

Encore lui, il faut qu'elle remercie aussi. Pour la jeune
fille aux nénuphars. La jeune fille qu'elle ne sera plus.

... *le buste de Bing certainement. Je mettrai encore...*
puisque notre maître le trouve bien...

Le dîner dehors avec Rodin. Il y a de cela, de cela,...
au moins six mois. Le tourbillon de ces derniers mois et
voilà, elle est en retard maintenant ! Ils n'avaient pas eu
les mêmes vies. Il n'avait pas les mêmes soucis qu'elle.

Chaque fois qu'elle acceptait une invitation, une sortie,
les heures ensuite comptaient double. Aucun ouvrier ne la
remplaçait. Ils s'en allaient les uns après les autres en se
moquant d'elle. Un jour elle avait laissé un praticien travailler seul. Elle devait se rendre chez Monsieur Pontré-
moli. A son retour, le marbre était cassé. La Pipelette par
contre l'avait trouvé charmant ce jeune homme ; il lui
avait raconté — « vous savez, mam'zelle Camille, l'histoire de l'éléphant et de la coccinelle, c'est drôle, vous
savez, c'est l'histoire du... » — et puis ensuite elle lui avait
offert un guignolet-kirsch. Le pauvre jeune homme était
si pâle. « Pensez, m'zelle Camille, il avait travaillé toute
la journée... juste pour manger. » Camille avait compris.
Une heure de travail, deux casses. Des mois de son travail
à elle réduits en poussière blanche, en cendres blafardes
— des blessures dans la belle chair sacrée, veinée, des

plaies ouvertes au travers desquelles elle voyait son sang peu à peu s'écouler. L'addition était chère à payer. Trop chère.

Si elle sortait le soir, à l'heure où les sculpteurs rangent leurs yeux, leurs mains, leurs outils, l'heure où les contours se noient dans l'ombre qui peu à peu les absorbe, elle se levait le matin plus vacillante, ses yeux redessinaient le crépuscule, ses mains tremblaient sur l'outil ; elle supportait mal alors la trop grande lumière. Alors, très vite, elle s'était dérobée. Elle travaillait, elle travaillait sans relâche.

Et voilà qu'elle n'était pas prête : le Salon ! Dans un mois. De tout l'hiver, elle n'avait pas laissé se perdre une heure. La lumière du jour devenait plus rare, les secondes pesaient lourd entre ses mains. Elle les retenait, avare, pas une ne roulait à terre, elle les amalgamait au marbre qu'elle polissait et repolissait.

Répondre à Madame Morhardt ! Le dîner ! Avec lui. Oui, il y a longtemps de cela... Juillet 1895.

Les grands arbres, le beau restaurant, l'automne au cou des cygnes, le soleil sur le lac, les mets délicats, le vin soyeux, le baiser d'or rouge, les arbres au-dessus d'eux, et le cri des hirondelles. Plus basses. Plus basses au-dessus de la tête, plus perçantes. Le cri. Rodin avait dit : « Ce sont elles qu'on est en train de tuer. »

Camille ne comprenait pas. Les hirondelles ?

« Les nymphes ! Tu les entends ? Elles crient. Elles naissent avec les arbres. Elles protègent et partagent son destin. Les nymphes... les hamadryades. »

Elle lui avait pris les mains : « Raconte... les hamadryades ?

— Elles sont joyeuses quand la pluie du ciel arrose les chênes ; en deuil quand ils se dépluma. Elles meurent, dit-on, au même instant que l'arbre qu'elles aiment. »

Il parlait. Elle était penchée, par-dessus la table, les fesses sur le rebord de la chaise, liée à lui par les mains enlacées. Jamais il ne s'habituerait tout à fait à l'éclat de ses yeux. Comme si elle vous sculptait d'un seul coup. Il n'aurait pas aimé poser pour elle. On était effroyablement nu sous son regard tonitruant, secoué, décapé, mis à sac. Que voyait-elle ? Que lisait-elle ? Il plissait les yeux.

« ... une messagère entre les mortels et les immortels. Elles étaient les médiatrices. Honorées comme telles. » Il lui a pris la main et se penche. Il ne lui embrasse pas la main. Il s'est arrêté. « Comme toi ! une hamadryade ! Un intercesseur ! Pour moi ! »

Elle rit, brutale : « Entre l'enfer et le ciel, le purgatoire ! » Elle se renverse, lui lâche les mains. « Un purgatoire à moi toute seule ! »

Il hausse les épaules ; elle dit : « Je n'aime pas les compliments, la flagornerie. J'aime la vie ; c'est tout. Ni l'enfer, ni les immortels... La vie, là, maintenant. »

Il la regardait, changeante sous la bougie qui frissonnait maintenant. L'hirondelle criait plus aiguë, plus hâtive de s'envoler au loin. Elle n'était plus la petite jeune fille tendue, têtue. Ce soir, il entrevoyait la patine douce, dorée, les cheveux qui s'échappaient du chignon derrière. Chez aucune femme il n'avait vu cette révolte de la nature. Elle n'était jamais coiffée. Elle faisait un effort pour lisser les mèches, souvent, il l'avait remarqué ; avant de sortir elle se retournait et, d'une seule coulée, la coiffure s'échappait. Les petites mèches couraient tout autour du visage, feux follets, couronne d'épines suivant le regard — tour à tour malicieux ou tragique.

Sa robe noire se confondait — avec la nuit qui peu à peu les isolait — la brume du feu sur la table — elle, elle plissait le front.

« Pourquoi souriez-vous, monsieur Rodin ? »

— Je pensais à Daphné transformée en laurier. Et

Progné en hirondelle. En chacune d'elles on voit la femme qu'elle va cesser d'être et l'arbuste ou l'oiseau qu'elle va devenir. »

Elle est silencieuse. « La femme qu'elle va cesser... » — qu'est-ce qu'il vient de dire ? Même pour devenir oiseau. Non, pas cela, pas cette mort de la chair — de sa chair. Laissez-moi encore un peu de temps ! Laissez-moi encore être désirée. Non, cela, elle ne pourrait pas le supporter. Elle ne cesserait jamais d'être une femme. Attends un peu, monsieur le professeur ! « Et Dante ? »

Le voilà qui sursaute.

« Un serpent se plaque contre le corps d'un damné, se convertit lui-même en homme tandis que l'homme va se changer en reptile. Attendons la fin de la partie, monsieur Rodin. »

Il ne rit pas. Il ne sourit pas. Elle lui tend la main : « Faisons la paix. »

Elle avait fait le buste. Monsieur Bing l'exposerait. Du moins si elle arrivait à finir les quelques sculptures. *L'hamadryade* ! « Le temps s'en va ! Le temps s'en va... » Il lui restait un mois à peine. Maintenant l'atelier s'est tout à fait refroidi. Ce soir, elle sortirait bien. Un bon plat chaud. Mais elle a refusé trop de fois. Les hommes ont abandonné, les amis, le frère. Et les femmes avaient trop à faire ; elles n'aimaient pas beaucoup la voir arriver, au cours d'une soirée. Et puis elle a entendu quelques réflexions : « Elle est belle malgré ce léger déhanchement, vous ne trouvez pas ? » « Ce pied ajoute à son charme. »

Mais ce n'était rien. La cuirasse était solide. Le vrai danger n'était pas là. Les quelques commandes obtenues se chargeaient vite de sous-entendus. Elle avait rencontré Monsieur Fenaille, un matin, rue de l'Université. Il s'intéressait à sa manière de polir le marbre. Si elle pouvait réaliser son buste, il aimerait... Tout de suite, des bruits couraient. Ils avaient dîné ensemble ! Elle ne se gênait pas ! « D'ailleurs, c'est pour cela qu'elle l'avait obtenu ! — Vous savez, le marbre ! » Il y avait Fritz Thavlow, le peintre norvégien. Bing... Des amis de Rodin. Ils avaient de l'estime pour elle, mais les langues allaient leur sale train.

Et puis un jour, le poignard avait été jusqu'au cœur, comme pour Sadi Carnot. (Elle ne s'intéressait guère à la politique mais elle avait vu tous les journaux titrer : « Le président Carnot assassiné », « Seize centimètres de la pointe à la garde ! », « Attentat contre le président de la République ». *Le matin, L'intransigeant.* Un an plus tôt. Le 25 juin 1894. Elle s'en souvient. La veille, elle avait revu Rodin.) Quelqu'un avait dit : « La sculpture, cela la distrait ! Un bon moyen de faire des rencontres ! La courtisane aux mains sales. » Elle avait regardé l'interlocuteur. Une seconde, elle avait plié sous le choc — une seconde. « *La sculpture, cela la distrait.* » Personne ne la prenait vraiment au sérieux.

Les simagrées de tous ces gens ne la concernaient pas. Dix ans auparavant, elle ne les supportait pas plus. Elle sortait peu, mais elle était jeune, les gens s'empressaient, lui posaient des questions. Elle croyait qu'ils s'intéressaient à la sculpture. Alors elle s'exprimait un peu, pensant qu'ils l'estimaient. La trentaine passée, elle n'avait pas changé. Les hommes se détournaient assez vite d'elle dans les salons. Même les artistes, les écrivains, les journalistes. Quant aux femmes, aucune n'avait envie de savoir où elle plantait le ciseau, comment la terre pouvait plus ou moins obéir.

Les paroles de Jane lui étaient revenues à la mémoire : « Ce n'est pas ce que tu fais qui les intéresse. C'est toi, tes grands yeux, ton insolence. La sculpture, ils en parleront après. En plus... » L'insolence était devenue mauvaise humeur. L'intransigeance, mauvais caractère de vieille fille. Et si Bourdelle était, bien qu'ancien élève de Rodin, considéré comme le « sculpteur Bourdelle », elle restait « Camille Claudel, une femme de génie, l'élève de Rodin ».

« *La sculpture, cela la distrait.* »

Et un autre avait dit : « Oui, elle n'a pas pu se marier. » Alors elle s'était repliée sur elle-même, plus solitaire et farouche que jamais. Elle serait la sculpture. Il n'y aurait plus ni Père ni Amant. Et lorsqu'elle mourrait, les gens diraient : « C'était une femme ! » Avec cette nuance d'admiration qu'ils mettent pour saluer une grande mort d'homme.

Pour regagner l'estime, elle décida de ne plus sortir. Seules ses sculptures parleraient d'elle. D'autres se coupaient l'oreille, elle se détruisait à petit feu, plus intègre, plus exigeante qu'une religieuse du Carmel. Même Rodin, qu'elle rencontrait de temps à autre, ne voyait pas à quel point elle était suprêmement vivante, encore pleine de surprises. Elle se préparait. Elle observait le monde. Le monde des hommes. Le monde du pouvoir. Le Géant l'attendait, patiemment.

En attendant, elle avait faim. Le risotto, c'était pour dimanche. Et tout était fermé maintenant ! Sortir à cette heure, seule ? Aller manger où ? Une femme pauvre dans un restaurant — et solitaire...

Il y avait la Pipelette ! « Madame la concierge est de sortie aujourd'hui. S'adresser au... »

Demain le vernissage

« Je ne sais pas m'habiller. Je n'ai aucun
des arts de la femme.
J'ai toujours vécu comme un garçon.
Cependant je ne suis tout de même pas si
mal. J'aurais voulu que tu me voies avec une
belle toilette. Une toilette toute rouge... »

PAUL CLAUDEL, *Le pain dur*,
acte III, scène II.

Monsieur Rodin,

Je vous remercie de votre aimable invitation de me pré-
senter au président de la République. Malheureusement
n'étant pas sortie de mon atelier depuis deux mois, je
n'ai aucune toilette convenable pour la circonstance. Je
n'aurai ma robe que demain pour le vernissage. De plus,
je suis acharnée à finir mes petites femmes en marbre, il y
a eu des casses qu'il me faut toute la journée pour réparer

mais j'espère qu'elles seront prêtes demain pour le vernis-
sage (s'il est encore temps de les mettre). Excusez-moi
donc et ne croyez pas à ma mauvaise volonté. Recevez
tous mes remerciements. Camille Claudel.

Le 12 mai 1896, Camille Claudel était absente du
Salon. Personne, ni elle, ni un coursier n'avait apporté
Les causeuses en marbre. On avait attendu jusqu'à la der-
nière minute.

Où était-elle ? Lorsque des amis vinrent le soir à l'atelier la chercher, il était complètement vide. Dans le soleil
couchant, *Les causeuses*, magnifiques, brillantes, étaient
terminées. Une robe de soie carmin pendait à la poutre
Elle portait un numéro. C'était une robe louée

LETTRE DE L'ASILE

« ... de première classe je ne pourrai plus manger du tout. Je ne veux pas toucher à tous ces graillons qui me rendent horriblement malade, je me suis fait donner des pommes de terre en robe de chambre à midi et le soir, c'est de cela que je dois vivre, cela vaut-il la peine de payer vingt francs par jour pour cela ? C'est le cas de le dire qu'il faut que vous soyez fous. »

LETTRE DE L'ASILE

« ... Je vous ai déjà dit que les premières classes étaient
les plus malheureuses. D'abord leur salle à manger est
dans le courant d'air, elles sont à une toute petite table
serrées les unes contre les autres. Elles ont toujours la
dysenterie d'un bout de l'année à l'autre, ce qui n'est pas
un signe que la nourriture est bonne. Le fond de la nourriture est celui-ci : de la soupe (c'est-à-dire de l'eau de
légumes mal cuits sans jamais de viande), un vieux ragoût
de bœuf en sauce noire, huileuse, amère, d'un bout de
l'année à l'autre, un vieux plat de macaronis qui nagent
dans le cambouis ou un vieux plat de riz du même genre,
en un mot le graillon jusqu'au bout, comme hors-d'œuvre
quelque minuscule tranche de jambon cru, comme des-
sert de vieilles dattes ou trois vieilles figues racornies ou
trois vieux biscotins ou un vieux morceau de fromage de
bique ; voilà pour vos vingt francs par jour ; le vin c'est
du vinaigre, le café c'est de l'eau de pois chiches... »

« *Une des premières places sinon la première...* »

« ... On peut dire qu'elle tient aujourd'hui une des premières places sinon la pre-mière... »

MATHIAS MORHARDT.

Voilà. Presque au sommet. Le Géant n'était pas loin. Les critiques avaient reparlé de génie, elle était devenue sociétaire et même membre du jury. L'oiseau déplumé allait siéger. Camille se compare au vieux corbeau rapiécé, hérissé, qui fait la roue, se trémousse sur son per-choir. Sur un pied ! Et il ne s'aperçoit pas qu'il n'a plus de plumes, plus de crête.

L'hiver est là. Après les fulgurantes critiques du dernier Salon, il lui reste quelques vers et les boniments de maître Renard. Et elle n'a même pas de fromage à lâcher. Ah ! la voilà bien. Avec ses trente-trois ans qui s'annoncent !

Il ne faut pas qu'elle se plaigne. Il lui reste encore quelques plumes, vertes, un beau canard ! L'ossature et quelques belles plumes vertes. Ses *Causeuses* en jade ont obtenu un triomphe au Salon du Champ-de-Mars. Elle a bien cru ne jamais arriver à ce mois de mai 97. Et voilà qu'ils écrivaient :

« Quel merveilleux résultat ! Que cette œuvre exquise ait exigé des semaines et des semaines de laborieuse application, qu'il ait fallu toute la patience et toute la passion de la jeune artiste pour en assurer la réalisation à cet état de vérité, n'en doutons pas ! Mais il n'importe !... »

Ah ! ils en avaient de bonnes. Ce n'étaient pas eux qui avaient subi les deux années terribles.

Et puis elle avait froid. Tout le temps. L'hiver s'étirait, s'étirait, remontait le long de ses jambes, de son ventre, de ses bras. Elle n'en finissait plus d'avoir froid. Alors elle se faisait du feu, mais à petites bûches, à petit feu. Camille rit toute seule. Elle aime s'amuser d'elle-même : le bois coûte cher, il vaudrait mieux le sculpter.

« Camille Claudel » ! Salon de 97 ! Elle chauffe ses mains près du feu. Grâce à Mathias, à Fenaille, à quelques-uns qui l'avaient soutenue, elle avait sorti ses admirables *Causeuses* en jade. Son succès accentuait la méprise. On parlait d'elle, beaucoup. Donc, elle devait n'avoir aucun problème matériel ! S'ils avaient su, s'ils l'avaient vue, là, recroquevillée pour donner moins de prise au froid, à la faim. Elle ne pouvait quand même pas demander de l'argent à son père qui n'avait pas une grande fortune. Et puis il fallait aider Louise. Pauvre Louise qui venait de perdre son mari ! Si jeune, si seule elle aussi...

Monsieur Rodin ! Il n'avait pas changé : il voulait la présenter au président de la République. C'était l'affolement. Elle cherchait. La Pipelette n'avait pas de robe pour elle. Madame Morhardt, ce n'était pas sa taille. Sa sœur ? il n'en était pas question. Les autres femmes ? Quel rire cela aurait été ! Elle avait toujours son ombrelle mais pas de chapeau, ni de souliers. Une fois, elle s'était fabriqué une robe dans la nuit — un vieux rideau rose. Le visage de Monsieur Rodin quand il l'avait vue ! Lui qui aimait la beauté ! Elle avait bien proposé d'aller comme elle était. Avec sa vieille robe noire. Mais il avait esquivé la proposition ; tout le monde penserait encore qu'elle faisait de la provocation.

Une fois, elle était passée outre ! Elle n'oublierait pas la leçon. Elle les gênait, elle ne leur faisait pas honneur. Il y avait grande réception chez Maurice Fenaille. Le bassin allumé, le dîner, le café, les liqueurs. Tout avait été un supplice. Rodin s'était éloigné dès le début de la soirée. Il était là aux côtés de la belle et vaporeuse Madame Fenaille. En habit, charmant. Camille avait compris que sa piètre allure ne tarderait pas à nuire à la qualité de sa sculpture. Enfin, on aurait « pitié » d'elle. Son art luxueux, ses marbres polis, la taille qu'elle pratiquait, raffinée, la débauche de beauté qu'elle proposait, ses patines dorées qui évoquaient la Renaissance, l'opulence étalée dans ce qu'elle exposait ne s'accordaient pas à la femme. Laquelle fallait-il croire ? Ce soir-là, Rodin l'avait raccompagnée sans un mot.

Il venait d'acheter la Villa des Brillants à Meudon. Comment faisait-il ? Evidemment, les ateliers fournissaient toujours. Mais le « Balzac » n'avançait pas, et les *Bourgeois de Calais* inaugurés cette année-là remontaient déjà à... voyons... 1885. Plus de dix ans déjà ! Quant aux *Portes de l'enfer*, mieux valait ne plus y penser.

« Maintenant les artistes de tous styles, de toutes écoles, après s'être suffisamment recueillis, se préparant aux luttes prochaines, il convient dans le silence propice des villégiatures annuelles d'examiner si l'année qui s'achève nous apporte la révélation de quelque personnalité précieuse. En parfaite sincérité, une seule émerge de l'ensemble... »

Merci, monsieur de Braine ! Camille est accroupie près du feu, elle relève la tête. Ce sera dur.

« Mais aussitôt à propos d'elle, des discussions surgissent. »

Elle le sait. Le critique ne lui apprend rien. Mais elle gagnera la seconde manche. Mathias vient de lui montrer son article. « Mon ami Mathias. »

« Les *Causeuses* ont fait tomber sur son nom les premiers rayonnements de la gloire. Aujourd'hui encore elle ne se doute point de sa célébrité. »

Non, pour sûr.

Elle a eu trop à faire, et puis il y a la « Clotho » en marbre. Presque terminée. Mais elle attend 98 de pied ferme. Enfin d'*un* pied ferme ; l'autre c'est sa part de rêve, d'envol, le commencement de l'ascension.

« Mademoiselle Claudel avec ses *Causeuses* en jade... »

Le jade ! Personne n'aurait osé tailler directement le jade. Camille sourit.

Un colossal guignol

« ... Si la vérité doit mourir, mon Balzac
sera mis en pièces, par les générations à
venir. Si la vérité est impérissable, je vous
prédis que ma statue fera son chemin... »

AUGUSTE RODIN

La nuit. Coin sombre. Meurtrie de partout. Oui, tout
lui revenait : les hommes, les deux praticiens qu'elle avait
engagés pour aller plus vite. Elle avait peu d'argent, alors
elle était allée vers les coins de misère. Des casseurs de
pierres. Quelle étrange idée ! Mais elle voulait tellement
avancer. Elle n'avait pas pris de renseignements. A l'atelier rue de l'Université, elle l'avait entendu dire : en dernier ressort, lorsqu'il y avait trop de travail, on pouvait
recruter là. Bien encadrés, ils donnaient un bon coup de
main. Le coup de main, elle l'avait eu : elle gisait là, à
terre. Elle avait fait une remarque : l'un des hommes
s'était dirigé vers la porte, elle avait même cru qu'il partait, l'autre l'avait saisie par-derrière et tordu son bras.

Certes, ils n'étaient pas chers ! Elle ne les avait pas payés. enfin si : sa poche était vide. Et dire qu'elle répétait souvent devant les casses de ses statues : « J'aimerais mieux que ce soit moi. » Eh bien, cette fois, elle était servie. Un pantin disloqué. Elle avait appelé au secours. Personne n'était venu. Et puis c'était de sa faute ! A vivre toujours seule comme cela. C'était couru d'avance. Elle avait perdu connaissance deux fois. La robe était déchirée, elle saignait. Toute la nuit elle était restée là, comme ça. Elle avait peur. Pour la première fois de sa vie !

C'est Mathias Morhardt qui l'avait trouvée. Il devait venir dans la matinée. Ils avaient pris rendez-vous pour déjeuner ensemble. Claquant des dents, elle n'arrivait pas à parler. La gorge, la gorge. Elle montrait le cou. Elle n'avait rien mais la peur avait dû lui faire perdre la voix. Il s'était affolé, avait voulu prévenir Monsieur Rodin, sa mère, le docteur, mais elle l'avait agrippé pour lui signifier qu'elle ne voulait pas. Il l'avait enfin raisonnée, avait laissé la porte ouverte, traversé la cour, prévenu la Pipelette pour qu'elle aille chercher le docteur. On l'avait calmée, soignée. Morhardt l'avait emmenée chez lui, sa femme avait pris soin d'elle.

« ... Elle vient de passer une semaine bien pénible avec deux praticiens qu'elle a chassés et qui l'ont persécutée avec une extraordinaire méchanceté. Nous les avons fait arrêter par la préfecture de Police... » Pourquoi Morhardt avait-il prévenu Paul ? Il s'inquiétait maintenant. Il fallait qu'elle réponde à sa lettre. Déjà elle avait dû témoigner.

Quelques jours plus tard, elle avait regagné son atelier, plus déterminée que jamais.

Rodin était reparti pour l'été en Touraine. Esquisse après esquisse, le « Balzac » le narguait, lui échappait toujours. Les études de nu, les ébauches du corps, Balzac en jaquette, Balzac les mains derrière le dos, Balzac les mains croisées sur le ventre, Balzac en as de pique, Balzac le ventre proéminent, Balzac en robe de chambre, Balzac en robe d'intérieur... De jour en jour Rodin devenait plus irascible.

Camille travaillait. Rodin lui avait montré une nouvelle ébauche. Elle avait ri, rien que d'imaginer la tête de la commission. Surtout Alfred Duquet, l'avocat des inquiets. C'était avant les vacances. Déjà ! Comme le temps galope ! Le pauvre Alfred Duquet devant Monsieur Balzac, manteau lourd entrouvert, et nu. Nu comme jamais elle n'a pu imaginer un homme aussi nu, aussi obscènement nu.

Rodin est là, debout ; non, il ne trouve pas cela drôle du tout. Il est fâché. Il pensait qu'elle prenait ses recherches au sérieux. Déjà Monsieur Duquet avait traité cette esquisse de « colossal fœtus ». Le mot l'a frappée de plein fouet. Lui n'a rien vu, rien remarqué. Il se plaint. Il faut qu'il livre sa statue dans les vingt-quatre heures. « Non, Camille, tu te rends compte. Dans les vingt-quatre heures ! »

Il n'a pas l'air bien. Elle le regarde. Il continue : « Jean Aicard est découragé. Tu sais, le président de la Société des gens de lettres. » Mais oui, elle sait. Presque dix ans que cela dure.

« Emile Zola l'avait prévenu. Et puis maintenant, Zola est occupé à cette affaire Dreyfus. Je suis abandonné. » Des dizaines de personnes s'occupent de lui, le Tout-Paris ! et il est abandonné ! Il faut qu'il écrive, qu'il se batte.

« Non, tout arrive à la fois ! J'ai la grippe. Des maux de tête constants. Je suis dans un état de fatigue, tu ne peux savoir ce que c'est. Et toi qui ne viens jamais ! Il faut que je parte. »

Alors elle entend la réflexion de ce sale Duquet, l'autre

jour, on la lui avait rapportée : « Cet homme-là ne se porte pas bien. Qu'il vienne à mourir et nous aurons perdu nos dix mille francs. » Ignobles, ces gens sont ignobles. Ce sont les mêmes qui postaient des huissiers à la porte de Balzac. Et maintenant ils faisaient des gorges chaudes parce qu'un sculpteur cherchait à être à la hauteur du modèle. Elle redresse la tête pour lui. « Tu te rappelles ? monsieur Rodin — une statue coûte le temps qu'elle coûte... »

Il sourit, il écrit. Demain il demandera à son secrétaire de revoir sa lettre, à moins qu'elle ne veuille bien l'aider... Il s'excuse, timide : il fait des fautes, il ne sait pas comment tourner les phrases... « Après tout, les fautes d'orthographe, c'est comme les fautes de dessin que font les autres ! »

Elle est rentrée chez elle. Elle a froid. Elle est seule. Seule avec tout ce travail ! Il faut qu'elle réussisse. Les dix mille francs, elle ne les a pas. Si elle vient à mourir, ils ne perdront pas grand-chose. Non, rien ne sert de l'envier, lui. Continuer, voilà tout.

Elle avait accepté une commande de Mathias Morhardt. Cela la retardait mais elle ne pouvait pas s'en passer. Rodin n'avait pas le temps de s'occuper d'elle ; elle ne voulait pas l'ennuyer. On était une femme sculpteur si on pouvait se le permettre.

La commande de Mathias Morhardt... Camille n'osait plus aller chez lui. Comment lui dire ? Elle n'y arrivait pas. Et les sculptures plus petites qu'elle faisait en plus ! Pour essayer de les vendre. Elle n'avait rien vendu depuis des mois et des mois. La commande, finir la commande de Morhardt. Pour une fois qu'elle en avait une. Dix bustes en bronze qui seraient vendus trois cents francs chacun. Dix bustes de Monsieur Rodin. Sur quoi il faudrait payer le fondeur, faire elle-même le travail du ciseleur, graver le caducée. Par moments elle a envie de se tirer une balle dans la tête. Sera-t-elle payée ? Elle n'a reçu aucune avance. Elle n'a pas osé demander. Morhardt lui avait conseillé d'ailleurs de ne rien réclamer avant la fin du travail : « Le *Mercure de France*. Une femme, ils n'ont pas confiance, tu sais ! » Alors elle a dû emprunter pour commencer le travail. Bientôt elle en sera à mille francs d'emprunts.

Elle se souvient : Léon Maillard ! les deux gravures qu'elle avait faites pour lui. Il ne les avait pas payées. Comment, elle, une amie du maître ! Le pire, c'est qu'elle les lui avait déjà livrées. Elle avait écrit à Rodin pour qu'il intervienne. Les gravures étaient toujours chez Léon Maillard ou ailleurs, mais pas un sou. Presque deux ans de cela...

Rodin est malade. Bien fait ! « ... *Je suis sûre que vous avez encore fait des excès de nourriture dans vos maudits dîners, avec le maudit monde que je déteste, qui vous prend votre temps et votre santé, et ne vous rend rien.* » Pourquoi se fatigue-t-elle ? Il va à la catastrophe. « *Je suis là, impuissante à vous préserver du mal que je vois. Comment faites-vous pour travailler à la maquette de votre figure ?...* »

Mon Dieu ! il lui restait si peu de temps. Dès que l'ébauche serait faite, les ateliers entreraient en action. En quelques semaines, il pouvait encore réussir. Le Salon de mai approchait. Quant à elle, c'était autre chose...

Vous me reprochez de ne pas vous écrire assez long Mais vous-même vous m'envoyez quelques lignes qui ne m'amusent pas.

Vous pensez bien que je ne suis pas très gaie ici. Il me semble que je suis si loin de vous ! Et que je vous suis complètement étrangère.

Et puis ce voyage à faire. Quelle fatigue.

Mathias Morhardt était venue la voir, pour la tirer de sa solitude. Non, elle n'irait pas à ce dîner. Merci bien ! Si Rodin n'était pas là les conversations tourneraient autour de l'affaire Dreyfus. Si Rodin était là on ne parlerait que du « Balzac ». Entre les deux...

L'affaire Dreyfus, elle la connaissait par cœur ! « Comprends-moi, Camille, avait dit Morhardt. Je suis président de la Ligue des droits de l'homme. C'est important cette affaire, tu sais ! Ce n'est pas parce que tu es une femme qu'il faut négliger la politique. Ah ! c'est bien vous les femmes ! Si on vous délaisse un peu ! » Et Rodin ! il s'en souciait peut-être du capitaine Dreyfus ! Il ne parlait que de lui, de son « Balzac », de lui et encore de lui.

Dix bustes de Monsieur Rodin ! Dix bustes ! Non ! Ce n'était pas possible ! Mathias Morhardt ! Dix bustes ! c'est une plaisanterie, ayez pitié de moi ! Elle se demandait dans sa fatigue si le visage qu'elle touchait là, maintenant, était une reproduction — bien mal faite d'ailleurs ! les traits n'avaient pas un bon modelé, ça n'allait pas.

« Camille ! qu'est-ce qu'il y a ? Tu étais si loin ! » Auguste était là, près d'elle. Elle ne distinguait plus ce qui était réel de la sculpture. Tout tremblait devant ses yeux fatigués.

« Quel bon feu ! On est bien chez toi ! Quel dommage ! J'aimerais avoir un coin tranquille comme celui-ci... A Meudon, il n'y a pas moyen ! Les ateliers non plus. Toujours du monde ! Un vrai tumulte !... Les visites, les « interviews », les coupures de presse, la commission, les amis, moi une seule chose me soucie, Cam`... je suis inquiet par-dessus tout de commettre une erreur d'art... Tiens, je me souviens de ce que disait mon vieux maître Barye à un confrère — tu sais, Barye. Il venait au Jardin des plantes, souvent, le sculpteur des animaux !... Je le revois encore... Nous avions quatorze, quinze ans. Son habit râpé... Il ressemblait à un pauvre répétiteur de collège... Je n'ai jamais connu d'homme aussi triste, avec autant de puissance. Il édifiait ses œuvres lui-même et les vendait à bas prix. Avec des difficultés encore. Un homme de génie ! » Camille écoute Rodin. « ... Oui, je le revois dire à un confrère qui se plaignait : "Moi au contraire, je remercie le destin : je fais de la sculpture depuis quarante ans et je ne suis pas mort." »

Camille regarde l'homme fatigué qui repose à ses côtés. Elle l'aime encore. Pourquoi ? Peut-être à cause d'anecdotes comme celle qu'il vient de lui raconter...

Elle se lève, attise le feu, enveloppée dans une couverture. Elle est là à genoux, elle vient de reposer le tisonnier. Elle s'appuie des deux bras sur le manteau, comme en prière.

Rodin contemple la sculpture qu'elle a presque finie. Un bronze, *Femme devant la cheminée*. Mais comment fait-elle tout ça ! Elle doit avoir de l'aide. Et pourtant Morhardt lui a dit son inquiétude ; elle travaille trop, elle ne mange presque plus. Il regarde la forme drapée dans le tissu clair, agenouillée. Il voudrait la toucher, la caresser. On dirait une religieuse.

« Tu as... » Brusquement il revoit le document, le document de Louis Boulanger — 1837 — la description de Lamartine. Cela se bouscule, se superpose : elle, Lamartine, non, lui, « Balzac en négligé » — on le trouvait toujours vêtu d'une large robe de cachemire blanc, taillée comme celle d'un moine, « attachée par une cordelière de soie ». Voilà ! C'est ça !

« Qu'est-ce que tu allais dire ? » Camille s'est redressée, elle est venue vers lui.

« Tu ressembles à une religieuse... Tu savais que Balzac portait une robe de moine ? C'était sa tenue de négligé ! »

Elle rit. « Les grands hommes ! ils peuvent tout se permettre. Il faut dire qu'il était immense, celui-là, au propre et au figuré. Tu progresses, sur le « Balzac » ?

— Je crois. Mais les gens me pressent.

— Et l'autre horreur ? le paquet Duquet ?

— Il faut absolument que j'expose au prochain Salon sinon, couic ! Plus d'argent. Ils m'énervent. Ils ne veulent pas comprendre. »

Ne pas penser à l'argent ! Il en a de bonnes ! Elle lui explique brutalement :

« Tu sais ce que je cherche. L'épure ! Le trait ! Plus rien. Plus de détails, plus d'anecdotes. La simplicité. Hokusai ! Oui, tu sais, ma passion pour Hokusai. Tu parlais de religion ! Oui en quelque sorte. Mais attention, pas comme Paul, non. Jamais. Tu te souviens la phrase... »

Elle se penche un peu plus, elle ramène la couverture près de son corps ; elle est là, recueillie, statuette orientale, bouddha ancien. Elle lui raconte l'histoire du Géant, lui décrit la pierre fabuleuse de son enfance. Un géant comme Balzac ! « Soit un point, soit une ligne, tout sera vivant. Quand j'aurai cent dix ans, chez moi... »

Il s'est relevé, brusquement. Il l'embrasse, la renverse, l'étreint. Elle se débat, dévastée par un rire gouailleur. « Je te parle sérieusement, et... »

Il la mord, la prend. Il a retrouvé toute sa force, comme s'il s'apprêtait à sculpter. La couverture a glissé, son corps chaud, voluptueux, terrien, qui ne fait jamais défaut, la chair qu'il connaît bien. Il sait.

L'espace de quelques instants, Camille oublie qu'elle a du travail.

La date du Salon se rapproche. Camille doit répondre à Rodin. Par Le Bossé — tiens, voilà un bon praticien, il lui a envoyé sa dernière esquisse de Balzac. Vite, il demande une réponse. Le Bossé doit passer la chercher. Camille se dépêche.

... je la trouve très grande et très belle et la mieux entre toutes vos esquisses du même sujet. Surtout l'effet très accentué de la tête qui contraste avec la simplicité de la draperie... en somme je crois que vous devez vous attendre à un grand succès surtout près de vos connaisseurs...

Un mois encore. Elle ne sait plus où elle va, ce qu'elle fait. Elle travaille. Les yeux blancs, les mains blanches, le visage blanc. Son cœur bat. Trop vite. Trop fatigué. Elle a chaud.

Mathias, sa femme et le docteur sont penchés au-dessus d'elle. Que lui est-il arrivé ? Elle n'a rien ! La fatigue et le manque de nourriture.

Et puis il y a les envieux. Rodin a conseillé à Morhardt de ne pas publier son article sur elle. Heureusement ! Elle n'y avait pas pensé, cela lui aurait valu encore « des colères et des vengeances ».

Un mois. Il reste un mois. Demander à Morhardt où Rodin a acheté le bloc de marbre rosé, et surtout, surtout — elle supplie —, faire attention à son buste de jeune fille. C'est fragile, tellement fragile, — des heures brûlantes de sa vie exposées là. Elle a peur. Vite elle retravaille. Qu'ils n'y touchent pas ! Qu'on la protège !

L'exposition se tiendra au palais des Machines. L'administration lui a presque jeté ses cartes à la figure. Son buste est dans la poussière et au soleil. C'est très fragile ! Ecrire à Rodin, le prévenir.

Une nuit. Il reste une nuit. Il a dû faire quelque chose. Mais où est-il ? Une nuit pour travailler encore.

Le jour de l'ouverture du Salon, dans l'immense vaisseau du Champ-de-Mars...

« Poussez-vous, jeune demoiselle. » Camille piétine depuis un moment. Comment oser dire qu'elle expose, qu'elle doit passer ? Elle n'a même pas de carton. Il y a trois jours, ils l'ont presque jetée dehors. Son col en dentelle blanche, sa petite robe noire, c'est tout juste si on ne la prend pas pour une écolière. C'est bien sa veine, et personne n'était libre pour l'accompagner ! Comment oser dire qu'elle est sculpteur !

Le Salon vient de s'ouvrir. La foule avide. L'immense navire tremble de la base au sommet. La galerie des Machines s'étend à perte de vue. L'Exposition pavoise. Camille triomphera vraiment en 1900 à la grande Exposition. Elle le sent. Ils verront alors !

« Qu'est-ce que vous venez voir ? »

— Le *Balzac*, comme tout le monde. Ça fait dix ans qu'on en parle. »

Un groupe de jeunes gens hilares, en habits fleuris et chapeaux rutilants, enfonce d'une seule poussée la multitude dans laquelle elle s'englue depuis un moment. Voilà, elle est entrée !

Alors, elle chancelle. Là-bas elle le voit. Pas besoin d'aller plus loin. Contre la haute nef, il la toise de ses cinq mètres de hauteur. Cinq mètres ! Elle hurle. Il va lui tomber dessus. Le Géant ! Le Géant ! Le grand revenant la regarde, bouche tordue d'ironie et de pitié ! Elle est poussée, hissée jusqu'à lui.

« Coulé à même dans sa robe de plâtre », immaculé, redressant la tête, douloureux, « les yeux cherchant le soleil et déjà envahis par l'ombre » — quelqu'un a dit cela, quelqu'un près d'elle vient de dire cela. Elle ne sait plus, elle est en train de mourir. Il y a de cela trente ans... C'était hier. La voilà qui se cache, comme si elle était nue, qui se dérobe. A côté de la sculpture, serein, paisible, à l'ombre d'un grand chapeau, Rodin est là. Camille a mis sa main devant sa bouche, elle hurle encore un cri rentré. Cette fois-ci elle agonise — car entre le géant et Monsieur Rodin, elle vient d'apercevoir *Le baiser*, l'œuvre conçue quinze ans auparavant. *Le baiser* !

379

« Où qu'vous allez, mam'zelle Camille ? — Chez Monsieur Rodin. — A c't'heure ? »

Elle recule, portée à contre-courant. Rendez-le-moi ! Ses deux mains tâtonnent mais, aveugle, elle reflue toujours, jusqu'à la sortie. Elle est mise à la porte. Elle recule à jamais. Dehors l'artiste !

Le *Balzac* ! Rodin avait trouvé. Tout était fini. Quelqu'un s'exclame : « Fumisterie sans nom ! » Elle se fige.

« Si Balzac revenait, il refuserait sa statue. » Elle ne bouge plus.

« Non, moi je ne critique pas, je ne comprends pas. » Elle reste pétrifiée.

« Quelle sculpture ! Il nous montre à tous la route à suivre, Rodin ! » Elle ne respire plus.

« Vous avez vu, en dessous on sent le nu impitoyablement modelé. Il semble palpiter et frémir aux suprêmes battements d'un cœur près de s'arrêter. » Camille est nue.

« Vous rêvez mon cher. Votre *Balzac* ! Un colossal guignol ! Voilà ce que vous trouverez en dessous. Un pauvre guignol ! »

« Eh bien, ma pauvre femme, ça ne va pas ? » Un homme s'est approché. « Restez assise, je vais chercher quelqu'un. Ce n'est pas raisonnable aussi de sortir à votre âge. Il y a plus de deux mille personnes ici. Vous vouliez voir le *Balzac*. Déjà que l'entrée n'est pas bon marché. Pauvre femme ! » Elle lève les yeux. C'est bien à elle que cet homme parle. Elle le distingue mal. « Ne bougez surtout pas. Je vais chercher quelqu'un. On vous raccompagnera. » Il s'éloigne.

Alors elle part, fuit. Comme elle sort, elle aperçoit son buste, le buste fragile exposé au soleil et à la poussière. Là, ils l'ont mis à la sortie, il n'est pas exposé, remisé là dans un coin. La foule énorme l'écrase, lui aussi.

Qu'importe ! Elle court maintenant. La rue chaude, les pavés. Elle tombe, se relève. Vite ! vite ! Les passants se retournent sur elle. Certains se moquent. « Une folle ! » « Une clocharde ! »

Vite ! Vite ! le boulevard d'Italie. Voilà la Pipelette, la cour. l'atelier, la porte qu'on ferme, l'ombre... Elle s'écroule à genoux. En rampant, elle cherche les allumettes pour mettre le feu aux dessins. à toutes les esquisses Le Colossal guignol. Pan ! Pan !

Pourquoi lui avait-elle raconté ?

La pierre fabuleuse de ses enfances

Elle avait livré son géant

Elle n avait plus de secret.

LETTRE DE L'ASILE

« ... L'imagination, le sentiment, le nouveau, l'imprévu qui sort d'un esprit développé étant chose fermée pour eux, têtes bouchées, cerveaux obtus, éternellement fermés à la lumière, il leur faut quelqu'un pour la leur fournir. Ils le disaient : « ... nous nous servons d'une hallucinée pour trouver nos sujets ». Il y en a au moins qui auraient la reconnaissance du ventre et qui sauraient donner quelques compensations à la pauvre femme qu'ils ont dépouillée de son génie : non ! une maison d'aliénés ! pas même le droit d'avoir un chez-moi ! Parce qu'il faut que je reste à leur discrétion ! C'est l'exploitation de la femme, l'écrasement de l'artiste à qui l'on veut faire suer jusqu'au sang... »

Le vingtième siècle commence

> « Une femme assise et qui regarde le feu,
> c'est le sujet d'une des dernières sculptures de
> ma pauvre sœur... Quand il m'arrive de me
> rappeler de mon âme, c'est ainsi que je la
> verrais... Assise et qui regarde le feu. Il n'y a
> personne. Tout le monde est mort ou c'est la
> même chose... »
>
> PAUL CLAUDEL, *La rose et le rosaire*.

Elle est là, devant la cheminée. Tout a été brûlé. Il
pleut. Elle est devant le feu. Eteint. 19, quai de Bourbon.
Camille Claudel, 19, quai de Bourbon. Elle n'a plus de
cartes. Depuis longtemps maintenant. Plus de Pipelette
non plus. Elle regarde le trou vide, noirâtre, immobile.
La cendre est humide maintenant.

Elle a écrit la lettre.

Il pleut immensément. Il pleut et repleut. Un peu

384

voûtée, le dos qui frissonne enveloppé du châle de cachemire, les larmes séchées, cette femme a pleuré. Mais c'est
fini

Elle a écrit la lettre.

La porte est fermée, maintenant. Paul était là, tout à
l'heure. Comme elle avait été heureuse de le revoir, son
vieux Chinois. Depuis cinq ans qu'ils ne s'étaient vus. Il
s'inquiétait. Mais non, tout allait bien. Elle avait repris,
remonté la pente comme on dit. Enfin, à cloche-pied !
L'année dernière, elle avait exposé *L'âge mûr*. Un bon
succès. Les critiques habituelles, quoi...

Son vieux Paul ! Il a trente-trois ans maintenant. La
Chine ! Shanghai ! Hangkeou ! Foutchéou ! Il faudrait
qu'il lui raconte tout — Hein ? tu promets ? — mais sa
sœur Louise était venue chercher Paul. « Maman attendait. » Louise avait vaguement grignoté les biscuits de
Camille.

« Tu sais, nous sommes pressés. »

Camille était aussi retournée à Azay reprendre ses affaires. La mère Courcelles avait voulu lui faire payer la loca-
tion ! « Vous comprenez, moi je les ai gardées vos affaires,
vos bustes, vos ébauches, là, comme vous dites ! » Camille
avait regardé les bustes à moitié cassés. La terre, elle
l'avait reprise, ça pouvait servir ! « Et puis vous n'reveniez
pas, disait Monsieur Rodin. »

La lettre est partie maintenant.

Jeanne imitait toujours les mimiques de Monsieur
Rodin ! Sa petite Jeanne. Elle devait approcher de ses
quinze ans ! Boulotte, cheveux frisottés, joues rougeaudes,
yeux éteints, elle avait à peine salué Mademoiselle Claudel. Elle se tortillait, impatiente de partir, apprêtée dans
une robe à fleurs, ou à volants. Fagotée ! Un gars l'attendait : « Tu sais, il m'emmène là-bas... On va pêcher... »
Jeanne vivait.

Camille, en rangeant ses affaires, avait retrouvé un

385

dessin sale, à moitié déchiré, de Matuvu. Elle avait interrogé Madame Courcelles : « Oh ! il est mort. Enfin mangé. On l'a mangé. Un peu dur à la dent. » Camille interrogeait : « Mais le dessin, la petite ?... » « Oh ! ça fait longtemps qu'elle n'y touche plus. C'était bon quand elle était petite. Maintenant y'a les gars... »

Puis, il y avait eu Mélanie. Camille n'avait jamais compris exactement comment elle vivait. Peu lui importait. Mélanie passait parfois. Elle sentait un peu le vin, la sueur, mais elle avait un bon rire. Devant tout elle haussait ses épaules charnues, comme pour jeter dehors tout ce qui pouvait l'ennuyer ! Pour chasser les soucis, elle disait : « Allez ! hue ! poupoule ! »

Elle apportait les journaux qu'elle dénichait on ne sait où. Camille ne voulait pas savoir. « T'nez, m'zelle Flaubel, ça vous désennuiera. » Dix fois Camille lui avait dit : *Clau, Claudel* — ou Camille tout simplement. Elle avait ri, rejeté ses épaules. « M'zelle Flaubel ! »

Elle avait surgi tout à l'heure un peu rouge, dépoitraillée. « Dites, c'était pas vot' jules M'sieur l'Auguste ! » Camille n'avait pas compris. « M'sieur Rodin !... Ben r'gardez !... Y'a trois financiers qui lui prêtent de l'argent ! Et drôlement, hein ! Attendez, j'cherche où que j'l'ai lu ! » Camille s'était levée toute droite.

« Là, pour l'Exposition Universelle ! I's'fait construire un pavillon ! et de style encore ! attendez, oh ! j'sais pas bien lire, Louis quelque chose ! Y doit se prendre pour le Roi-Soleil, c'ti là !... qui ressemble à l'orangerie d'un château. Oh ! là ! là ! Y va y rassembler toute son œuvre. Même que les Américains y viennent. Oh ! ça m'excite tout ça ! Y paraît qu'y sait pas où donner de la tête. C'est mes amis qui m'ont raconté. Des messieurs bien. Je leur ai dit qu'vous l'connaissiez dans l'temps, m'zelle Flaubel. Mais ça ne leur dit rien. C'est vrai. Vot'nom y connaissent

386

pas ! Y paraît qu'on vient du monde entier lui demander son avis. Pis y veulent tous avoir leur portrait ! On l'appelle "le Sultan de Meudon" ! »

Elle avait laissé le journal un moment suspendu. Ses yeux noisette dans le vide, elle soupirait : « Moi, un jules comme ça, j'l'aurais pas laissé tomber. Y en a même un — enfin un de mes amis, il le voit souvent, moi j'leur demande pas leur nom —, y m'a raconté qu'il aidait beaucoup de femmes. J'l'aurais pas laissé tomber ! »

Le journal pendait là, comme une dernière feuille après l'automne. Camille pleurait, silencieusement.

> *Te rappelles-tu le jour de ma fête*
> *Où tu m'emmenas rire à Robinson.*
> *Nous avions alors de l'amour en tête*
> *Car nos cœurs chantaient la même chanson,*
> *La la la la...*

« A demain m'zelle Flaubel ! Enfin, p't'être... » Elle chantait au caf'conc'. Elle venait boire un coup, se réchauffer quand Camille faisait du feu, elle lui chantait les nouveaux airs. Elle lui racontait la vie là-bas au-dehors...

Le soir qui tombe. Les larmes, les larmes, les larmes, des heures, et deux sillons qui s'arrêtent, taris. Elle a trop attendu. Alors elle avait pris sa plume, l'encre, le papier — sans une faute, sans une hésitation, sans colère, sans douleur, sans frisson, sans rancune, sans envie, sans reproche, sans regret, sans amour, elle avait tracé les mots qui lui étaient destinés.

Elle avait plié le papier, cacheté la lettre, demandé qu'elle soit portée. Elle avait refermé la porte et ne sentait plus rien. Elle contemplait la nuit devant elle.

« Le vingtième siècle commence et... »

> « ... J'ai retrouvé le grain perdu !
> J'ai retrouvé mon numéro perdu...
> Cette larme thésaurisée. Ce diamant inal-
> térable... »

PAUL CLAUDEL, *Le soulier de satin.*

De Montdevergues, la pauvre Camille envoie un chapelet à maman fait avec une graine à forme de cœur qu'on appelle « larmes de Job »[1].

Camille avait gardé un seul grain au creux de la main. Elle ne savait plus faire un rosaire. Combien de dizaines exactement. Et puis on ajoutait encore quelques petites boules...
Une sculpture minuscule qu'elle réchauffe dans la paume : son cœur dérobé au monde.

---

1. Paul Claudel, *Journal.*

Debout près du poêle. Les glaces de Montdevergues. Les vieilles amoncelées : pauvres taupes grelottantes.

Camille paralysée en plein vol. Son aile repliée contre le sein gauche. Un nouveau Sakountala. Un abandon tragique.

« Tout le monde est mort ou c'est la même chose. Et c'est pour cela que je tiens indéfiniment ce grain entre le pouce et l'index et je ne puis plus loin aller [1]. »

---

1. Paul Claudel, *La rose et le rosaire*

La barre des « t »

Cher Monsieur,

Je vous prie de bien vouloir faire votre possible pour que M. Rodin ne vienne pas me voir mardi. Si vous pouviez en même temps inculquer à M. Rodin délicatement et fermement l'idée de ne plus venir me voir vous me feriez le plus sensible plaisir que j'aie jamais éprouvé. M. Rodin n'ignore pas que bien des gens méchants se sont imaginé de dire qu'il me faisait ma sculpture ; pourquoi donc alors faire tout ce qu'on peut pour accréditer cette calomnie ? Si M. Rodin me veut réellement du bien il lui est très possible de le faire sans d'un autre côté faire croire que c'est à ses conseils et à son inspiration que je dois la réussite des œuvres auxquelles je travaille péniblement..

Rodin refuse toutes les visites. Rose s'en est inquiétée. Un geste de la main a suffi. Elle a rebroussé chemin. Mathias Morhardt était passé. En quittant l'atelier de

Meudon, il avait dit simplement : « Je reviendrai demain. Monsieur Rodin veut être seul... »

Monsieur Rodin n'a pas allumé. Il reste là, assis, les deux bras ballants. Les larmes une à une glissent sur ses joues. Il ne les essuie pas.

Dans sa main droite il tient une lettre. Point besoin de signature. D'ailleurs elle signe rarement ses lettres. Ses œuvres non plus — « Le temps efface toutes les signatures, Monsieur Rodin », et elle éclatait de son beau rire bleu. Il a reconnu les « t » et la barre encore plus longue qui perce le papier. Il a su tout de suite. Son ami Morhardt lui a tendu la lettre et il a compris. Alors il s'est assis là.

Pour la première fois de sa vie il a peur. Lui, le Sultan de Meudon, celui qu'on vient voir du monde entier à la Villa des Brillants, lui que toutes les femmes courtisent, il a l'argent, les commandes, la réussite. Le « Balzac » est terminé. Son dernier baiser ! Quinze années de travail.

Il a peur soudain de tout ce temps qui lui reste à vivre. Sans elle. Il se sent brutalement vide, inutile. *Vanitas vanitatum*. Elle est là devant ses yeux, cette figure sinistre, modelée par lui deux ans plus tôt.

Les « t » qui s'allongent démesurément. Voilà qu'il entre dans sa soixantième année sans projets, sans sculpture, sans elle !

Elle qui n'a que trente-cinq ans. A cet âge-là, il entreprenait *L'âge d'airain*, son premier scandale.

LETTRE DE L'ASILE

« ... c'est réellement trop fort !... Et me condamner à la prison perpétuelle pour que je ne réclame pas !

« Tout cela au fond sort du cerveau diabolique de Rodin. Il n'avait qu'une idée, c'est que lui étant mort je prenne mon essor comme artiste et que je devienne plus que lui : il fallait qu'il arrive à me tenir dans ses griffes après sa mort comme pendant sa vie. Il fallait que je sois malheureuse lui mort comme vivant. Il a réussi en tout point car pour être malheureuse je le suis !... Je m'ennuie bien de cet... esclavage... »

« Cher maître et ami, je viens de recevoir
M. Philippe Berthelot à qui j'ai fait part de
votre désir en ce qui concerne la pauvre et
admirable artiste... J'ai insisté pour que nous
unissions nos efforts... tout espoir de guérison
étant chimérique ?... Ce que je voudrais,
c'est que vous consentiez à réserver une salle
de l'hôtel Biron à *l'œuvre* de Camille Claudel... »

MATHIAS MORHARDT à Auguste Rodin,
5 juin 1914.

Sans lui laisser le temps de décider, il prend sa tête violemment dans ses deux mains, comme une supplication,
comme une quête, et lui embrasse les lèvres avec dureté.
« Non, non, ne repars pas ! » Les mains l'enserrent violemment.

Alors elle fonce dans le plaisir, elle veut qu'il la
regrette, elle veut faire comme lui, avec ses modèles. Elle
décide de prendre et de s'en aller, insolemment. Elle a
appris beaucoup avec lui, la tendresse mais aussi le

394

saccage, la douceur et l'humiliation, l'attente. C'est tout cela qu'elle lui jettera au corps cette nuit ; elle aussi est un très grand sculpteur d'hommes. Le corps chaud devient la terre, elle n'a plus aucune pitié, aucune attention sinon celle de l'artiste qui fouaille l'être humain et lui arrache jusqu'au spasme même.

Elle le déshabille. Il lui décolle la robe de la peau. Elle le tient, ce cœur sensuel qui bat entre ses mains et qui se déploie. Elle l'a saisi en premier, comme un rapt. Il lui prend les seins. Ils ressemblent à deux lutteurs antiques — elle dressée, sa poitrine comme une cuirasse d'or blanc, lui l'épée de bronze, luisante dans sa main, la lame qui cherche. Le lit clair comme une plage de sable frappée à mort par le soleil. Il la regarde droit dans les yeux — elle est meurtrière d'elle-même. Soudain elle se retourne brutalement, vulgairement, et éclate de rire. Sa chevelure qu'elle défait en le regardant de côté tandis qu'elle coule sous lui ses reins. Son sexe est dans les cheveux défaits, elle frotte son cou contre lui et soudain elle se retourne, elle l'attrape de ses lèvres, le lâche. « Monsieur Rodin » — son nom est sorti comme un claquement, elle est superbe, il a envie de la tuer ; il a compris l'appellation, l'insulte.

Même là elle est devenue son égale. Il n'ose pas dire que là aussi elle l'a distancé. Il comprend que jamais il ne la possédera tout à fait, il a perdu : elle est à jamais indomptée ; il s'est trompé un jour — trop de jours.

Alors tout à coup il veut un autre enfant d'elle. Comme une femme qui essaie de retenir un amant qui la délaisse, il lui crie sa demande, comme un homme qui abat sa dernière carte. Il l'a atteinte. Camille s'est arrêtée, figée, les yeux dévastés. Elle le regarde, replie ses jambes lentement, elle est blessée, à mort — l'enfant, un souvenir qui cisaille sa mémoire.

Elle a peut-être rêvé.

L'âge mûr

« Il y a là un symbole que tous les esprits préoccupés des grands problèmes modernes, féminisme, art démocratique, etc., ne sauraient méconnaître : celui d'un pauvre diable de derrière tout bête avec ses deux grosses joues pathétiques, qui essaie de s'arracher du limon, et se travaille, et se trémousse, et demande des ailes ! »

PAUL CLAUDEL,
Rodin ou l'homme de génie [1].

« *Frou-frou... frou-frou...*
Par son jupon la femme
Frou-frou... frou-frou...
De l'homme trouble l'âme... »

---

1. Septembre-octobre 1905.

« Eh ben, voyez, m'zelle Camille, vous faites des progrès. Bientôt vous viendrez chanter avec moi. J'y gagne, moi, des sous, à côté de vous. Et puis, y a les extras. »

Mélanie est contente. Si M'zelle Flaubel l'avait écoutée plus tôt, elle n'en serait pas là. Si c'est pas malheureux, c'te fille. Belle en plus. Elle a tout vendu, y'a plus rien dans son appartement. Même ses objets personnels y ont passé.

« T'nez, ce soir, j'vous rapporte des pêches. J'vais à la campagne. Y m'emmène. Et puis des légumes. J'vous déposerai tout ça. Faut s'refaire de temps en temps ! »

Camille l'embrasse, elle l'aime bien, Mélanie.

Depuis le Salon, depuis le « Balzac », Camille a déménagé deux fois déjà. Il y avait eu le 63, rue de Turenne et puis le 19 du quai de Bourbon. Elle y était bien. Les murs hauts, Mélanie, l'atelier vide. C'est vrai, elle avait tout vendu. *Frou-frou !* Il faudrait qu'elle fasse un peu de ménage. Cet après-midi. Pour le moment, il y avait la sculpture. Sa grande sculpture. Il y a six ans qu'elle y pense : tout est fini, terminé — *le colossal guignol !*

Elle portait un foulard pour protéger ses cheveux. Elle chantait *Frou-frou !* Elle riait plus souvent. Elle s'était remise à sa grande sculpture.

Camille travaille. Les bruits lointains de la rue sont assourdis par le maillet qui tape vigoureusement. Elle n'a pas encore quarante ans. Elle est encore belle, charpentée. Sa grande sculpture ! Elle avait découvert qu'elle avait toute la vie — enfin presque toute la vie — devant elle. Hokusai avait commencé vraiment à soixante ans. Il avait considéré ses œuvres antérieures comme des balbutiements. Camille frappe. Sa vieille blouse un peu trouée, ses sabots difformes ne la gênent plus. Elle cherche. Elle a le temps maintenant.

Paul était reparti en Chine. Espèce de Chinois, va ! Plus muet, fermé que jamais. Un an. Il était resté un an en France. Un jour, il avait annoncé qu'il partait pour quelque temps. Camille savait. Il était à Ligugé. Il voulait être moine.

Camille ne pouvait plus lire les journaux. Partout sa photo à lui, le nom de Rodin. Elle finissait ses bustes... Une vraie nausée ! Elle devait payer jusqu'au bout ! Mathias Morhardt attendait les dix bustes. Elle trouvait Rodin laid, ridé, prétentieux.

Dans sa tête fatiguée, les amis qui la soutenaient se confondaient avec ceux qui signaient pour ce capitaine Dreyfus. Elle les haïssait tous. C'est elle qui était à la barre. Mais elle, personne ne venait la défendre. Et c'est Monsieur Rodin qu'on continuait à plaindre. Il fallait l'aider ! Tout le monde s'y mettait ! Enfin, le beau monde !

Or, Monsieur Rodin demandait qu'on ajoute à la liste des souscripteurs de la statue de Balzac les noms de Forain et Rochefort, antidreyfusards notoires ! Car il avait peur d'être mêlé aux débats politiques : « Il ne voulait pas s'occuper de l'Affaire ! » On ne sait jamais !

Et elle que Morhardt avait si souvent réprimandée — « Intéressez-vous à ce qui se passe. Regardez Monsieur Rodin ! Tous ses amis sont dreyfusards ! » —, elle riait maintenant. Elle imaginait leurs têtes à tous ! Colossal guignol ! Mais elle n'était pas lâche au moins.

Seul Clemenceau avait été brutal : puisque Monsieur Rodin craignait de voir un trop grand nombre d'amis de Zola souscrire pour lui, lui Georges Clemenceau retirait son nom de la liste qui soutenait le sculpteur : c'était écrit noir sur blanc dans *L'aurore*.

On ne peut pas tout avoir, monsieur Rodin. Il avait bien fallu vous compromettre un peu, non ? Et il ne voulait pas payer le prix. Allons donc ! Elle n'avait pas la Légion d'honneur, les décorations, le chapeau haut de forme ! Ah ! il était loin le temps où ils riaient tous les deux du scandale.

« On peut acheter la Légion d'honneur. Et d'autres décorations aussi, vous savez ? Il suffit de s'adresser à Monsieur Daniel Wilson. Hein ? Le gendre du président de la République. Mais oui... » Rien n'avait changé. Même lui ! Même lui ! Sans doute n'avait-il pas voulu cela et se débattait-il maintenant avec sa conscience. Il ne sculptait plus. Les réceptions, les interviews, les femmes, les voyages, les décorations, les bustes officiels, comment refuser tout ça ? Elle aurait voulu le prendre par la main, une fois encore. Ils se seraient sauvés l'un l'autre...

« Mes chers amis,

« J'ai le désir formel de rester seul possesseur de mon œuvre. Mon travail interrompu, mes réflexions, tout l'exige maintenant. Soucieux avant tout de ma dignité d'artiste, je vous prie de déclarer que je retire du Salon du Champ-de-Mars mon monument Balzac qui ne sera érigé nulle part. »

Bravo Monsieur Rodin !

« L'artiste comme la femme a son honneur à garder », disait-il. Belle phrase ! Mais comment retirer son œuvre sans payer encore !

Elle qui n'avait même pas à manger, elle vendait jusqu'aux œuvres des autres. Henri Lerolle, son cher Lerolle, lui avait offert une peinture en souvenir de leur amitié pour Claude Debussy. Elle l'aimait ce tableau, elle le regardait souvent sous les différentes lumières du jour. Mais un matin le tableau était lui aussi reparti. Elle lui avait expliqué. « ... *Vous me pardonnerez, n'est-ce pas, vous qui connaissez l'affolement des artistes aux abois...* » Gentiment, il avait apposé au bas sa signature pour qu'elle le vende encore plus cher. Jamais elle n'avait enduré une honte pareille. Elle n'était pas à quatre pattes ! Non, coupée en deux ! Triste à mourir, elle n'avait cessé de regarder son vieil ami Lerolle dans les yeux, tout le temps qu'elle s'expliquait.

C'était le printemps. Vers le soir, elle était partie vers Meudon. Elle voulait voir le « Balzac » chez lui, bien au chaud. Comprendre. Elle venait de laisser partir encore un bout de son cœur, une dernière petite miette — ce tableau.

Elle s'avançait le long de la rude montée vers Meudon, la Villa des Brillants. L'ombre ! le chant mourant des oiseaux, plus fort, plus perçant ! Là, le coteau, le Val Fleury, comme ils disaient dans les journaux. Des dizaines de fois, elle avait lu et relu la description. Elle ne pouvait pas se tromper. « La Villa des Brillants », là-haut sur la butte.

Camille respire de plus en plus mal. Les oiseaux crient fort maintenant, se disputent. Il n'y a plus d'heures, plus de routes, tout devient peu à peu indistinct. Ses pieds dans la boue du chemin. Elle a aperçu tout à l'heure la Villa. Alors elle coupe à travers prés.

Elle ressemble aux gitanes qui traversent les villages. Elle est la jeunesse ! elle est l'inconnue ! celle qui passe un instant dans votre vie — le destin là en marche, la chance, vite. Elle n'a pas d'enfant dans les bras. Les longues enjambées, le port de tête qui la fait ressembler à une princesse errante — où se trouve son royaume ? d'où vient-elle ? Les chiens qui l'aperçoivent se taisent, apeurés. Grande louve, elle va vers la nuit qui s'avance. Ses yeux flamboient, sa jupe claque le long des hautes cuisses. Sous la lune qui se lève, blanche maintenant, elle semble bondir — elle paraît, disparaît. Elle avance, à grands coups d'herbes fauchées. La grande chevelure frappe la nuque par-derrière. Elle s'arrête, repliée sur elle-même, la bête magnifique est là à l'affût et ses yeux de chat sauvage percent le crépuscule trouble.

Il est là, à deux pas, un peu voûté — tache noire. Il titube. Non, pas lui ! Ce n'est pas possible ! est-ce qu'il souffre ? On dirait qu'il va tomber ! Elle l'appelle doucement, doucement comme un appeau : « Monsieur Rodin ! » Il n'a pas bougé.

« Monsieur Rodin ! » Mon Dieu ! il va s'écrouler. Alors elle jaillit du fourré où elle s'est tapie, elle veut l'aider, le retenir. « Auguste ! » Le cri éclate :

Il s'est retourné violemment et maintenant ils sont là, l'un devant l'autre. Il sourit béatement. Les mêmes sourcils, les mêmes cheveux, le front, la barbe broussailleuse, mais ce n'est pas lui. Tout est là et rien n'existe. C'est une parodie, une caricature. Elle recule, frappée de stupeur. Son fils ! son fils Auguste Beuret. Non, pas cet ivrogne qui tend les mains vers elle pour la saisir, pas ce regard grivois. Elle disparaît.

La Villa des Brillants là-bas vient de s'éclairer. Pourtant il fait encore jour. Quel gâchis ! Des bruits de vaisselle, de cuisine. Sa mère à Villeneuve ? L'allée des marronniers, l'allée royale qui mène à la maison Louis XIII, la maison de brique ourlée de pierre blanche. La pierre blanche... Camille s'est tassée un peu.

Il vient de sortir. Elle distingue sa silhouette, l'ombre de l'homme qu'elle veut aimer encore. Il se rapproche. Comme chaque soir, il regarde *son* « Balzac ». La grande diagonale ! Une personne qui boite !

« Auguste, mon chat, tu vas t'enrhumer. » La voix de Rose. Il se retourne. Camille a eu le temps d'apercevoir le regard, la tête, le front, la belle bouche, le visage tragique. D'un seul coup, son cœur charmé s'arrache. L'a-t-il vue ? Elle a été si prompte à disparaître. Est-ce à cause d'elle qu'il se tient là immobile, comme un homme foudroyé ? Camille s'est rejetée derrière les broussailles les plus proches.

Voilà Rose, le pardessus à la main, mal peignée, maigre... « Laissez-moi tranquille. Je suis fatigué... Il faut que je pense !... Je veux penser. »

Avec son teint blafard, Camille a du mal à le reconnaître. Aigri, méchant. Rose est à vingt mètres de lui. Il se détourne. « Est-ce que tu as fait pisser la chienne, mon chat ? »

Rose s'avance vers lui. Met le pardessus sur ses épaules, l'entraîne vers la maison. Une seconde — une éternité d'horreur. Le silence est retombé. Dernier acte.

Camille repart, à pas lents, troublée. Trente-sept ans, presque trente-huit...

Il y a trois ans ! Elle l'avait vu. La scène ! La même scène exactement ! L'*âge mûr* ou *Les chemins de la vie*. Elle avait sculpté ce qu'elle venait de voir. Elle ne savait pas alors. Et c'était arrivé ! « L'homme emporté par la vieillesse », la hideuse figure de la compromission, la commodité avec « ses mamelles avalées » — Paul lui avait décrit sa sculpture en ces termes. Il la faisait rire. Il regardait l'homme, le vieux couple pitoyable.

« Il y a un temps pour la trouvaille, dit l'Ecclésiaste, et un temps pour l'exploitation. » Paul s'était tourné vers elle, tendrement : « Tu étais la trouvaille, petite sœur ! »

Jamais elle ne l'avait senti si proche d'elle. Il partait à Ligugé le mois d'après. Il avait brisé tous les vaisseaux, rompu les amarres, il renonçait même à écrire et s'avançait dépouillé. Il était prêt, son Paul ! Au monastère de Ligugé.

Toujours en Chine ! Aucune nouvelle de lui depuis des mois. Il lui écrivait toujours un peu. Mais là, rien ! Les personnes qu'elle avait vues qui revenaient de là-bas restaient évasives : « Oui, il allait bien ! » « La santé, oh ! non. » Camille sentait qu'ils cachaient tous quelque chose. Elle attendait son retour avec inquiétude. Il aurait bientôt trente-sept ans. Elle allait sur ses quarante ans. *Frou-Frou !...*

Trois heures de l'après-midi déjà ! Mon Dieu ! le ménage. Elle pose ses outils, recouvre le plâtre, noue un

402

foulard sur ses cheveux. Et hop ! attrape le chiffon à
poussière.

Elle était une femme simple. Elle l'avait toujours été !
Entre le monastère et la réussite, il y avait la vie de tous
les jours, humble. Son travail était de sculpter. Alors elle
avait repris son travail. C'est tout. Il n'y avait pas d'autre
explication, pas de secrets, pas de rêves ni de cauchemars ! Rien n'expliquait rien. Il n'y avait pas de modèles,
pas de génies ; elle avait réalisé *L'âge mûr* deux ans
ou trois avant que Monsieur Rodin ne tombe dans le
gâtisme. Elle avait réalisé la petite figure à genoux pour
se débarrasser de son humiliation. Non, tout cela n'expliquait rien !

Elle avait cru qu'après la rupture elle ne sculpterait
plus. Tout était fini, n'est-ce pas ! Mais non. Elle sculpterait jusqu'à sa mort. Elle l'avait acquise — la grande
patience.

Il y avait la grande misère humaine, il y avait aussi les
problèmes de la fonte pour le capitaine Tissier qui lui
achetait *L'âge mûr*, l'avance à rembourser à Monsieur
Fenaille, il y avait le fondeur Rudier — celui de Rodin —
qui prenait six cent mille francs. Trop cher ! C'étaient ses
problèmes à elle.

Elle exposait presque chaque année. Peu de nouvelles
sculptures. Mais elle les taillait elle-même en marbre, les
coulait en bronze, et vendait à des prix dérisoires. Tour à
tour elle était encensée, injuriée. « Une figure complète
du génie féminin », « la caricature du génie de Rodin »
— ce cher Romain Rolland : on peut dire qu'il l'appréciait, celui-là ! Camille Mauclair : « Elle expose depuis
dix ans des œuvres qui lui ont assuré le renom d'un des
trois ou quatre sculpteurs que notre époque puisse reven-
diquer... » Les œufs à payer, l'huissier Adonis qui revenait de plus en plus souvent. Qu'importe !

Elle essayait de régler chaque chose à son heure. Le

facteur le Jour de l'An, les ouvriers de plus en plus chers et de plus en plus rares, les quelques amis, ceux qui avaient résisté à tout. Bien sûr, il y avait Mathias Morhardt — mais elle le supportait de plus en plus difficilement, l'ami de Monsieur Rodin ! —, Eugène Blot, un nouvel éditeur, qui s'occupait de lui vendre ses sculptures ou des objets personnels ; Monsieur Fenaille de temps en temps essayait de lui commander une petite statuette ; Henry Asselin, amené chez elle par Eugène Blot...

Sans se le dire, tous s'inquiétaient. Sa fébrilité, sa nervosité, l'absence totale de coquetterie, ses gestes saccadés et le rire surtout... Son rire cassé, rayé, qui surgissait comme une rafale de sanglots...

« *Oh ! là ! là ! N'oubliez pas que le facteur, le vidangeur et le balayeur du quai de Bourbon vont venir m'embrasser le Jour de l'An !... Vôtre toujours la même.* »

« *... la marchande de beurre hurle qu'elle m'a déposé plusieurs œufs qui ne sont pas payés... Adonis Pruneaux recommence à me saisir (on ne dira pas cette fois que c'est Vénus qui court après lui !* »

« *... si vous aviez voulu me protéger, je ne serais pas en c't'état-là, ma foi non, ma foi non !...* »

« *... Je vais encore être réveillée un de ces matins par l'aimable Adonis Pruneaux... opération qui pour moi, n'aurait rien de séduisant malgré les gants blancs et le chapeau haut de forme que cet aimable fonctionnaire ne manque pas d'arborer pour la circonstance. Excusez ces plaisanteries de corbillard !* »

« *L'huissier est le seul homme qui me poursuive.* » Elle mimait la visite de ce pauvre Adonis Pruneaux. Il n'avait plus rien à saisir. Il ne restait plus que l'artiste elle-même. « Prenez-moi ! L'artiste est à vendre ! »

Il y avait aussi ses visites à l'hôpital Saint-Louis :

« *Un petit cousin de onze ans est soigné sur ma recommandation (il s'est suicidé en s'ouvrant le ventre de deux*

coups de couteau) : on ne sait encore s'il guérira.
M. Pinard l'a fait opérer par un de ses élèves, enfin c'est
affreux, cela fait une émotion dont je ne puis me remet-
tre... »

A leurs questions elle n'avait pas répondu. Mais l'éclat
de ses yeux devenait chaque jour plus troublant. Eugène
Blot accumulait ses lettres qui se succédaient maintenant
à un rythme impressionnant ! Mais ils étaient si peu, si
peu à l'épauler...

Elle continuait à travailler. Eux baissaient la tête, un
peu plus tristes. Son regard les gênait maintenant
— comme si elle savait : « *Car*, disait Asselin, *il était
l'expression discrète d'une franchise entière, absolue, qui
ne s'embarrassait jamais ni de formes, ni de nuances.* »

Il y avait la grande sculpture. Elle y travaillait chaque
jour. Ils l'interrogeaient. Etait-ce le « Persée » qu'elle
avait exposé une première fois au Salon. Mais elle posait
un doigt sur ses lèvres et recouvrait la statue d'un linge
avant leur entrée.

Paul allait revenir de Chine pour la seconde fois.

LETTRE DE L'ASILE

« ... J'ai reçu le chapeau, il va bien, le manteau, il fait bien l'affaire, les bas, ils sont admirables et le reste de ce que tu m'as envoyé. Je t'embrasse. Camille.

« Donne-moi de tes nouvelles et dis-moi si tu n'as pas souffert de la grippe.

« Je reçois ta lettre, ce qui m'a rassurée, car en voyant qu'on me changeait de classe je me suis figurée que tu étais morte, je n'ai pas dormi de la nuit, je me suis glacée... »

« ... Une telle force, une telle sincérité presque terrifiante, à la fois d'amour, de désespoir et de haine, qu'il outrepasse les limites de l'art où il a été réalisé... *L'âge mûr*... L'esprit dans un suprême flamboiement qui l'a conçu n'avait plus qu'à s'éteindre... »

PAUL CLAUDEL, *L'œil écoute*,
« Camille Claudel ».

Un matin ils avaient décidé pour elle : elle n'aurait pas le temps de vieillir. Ils l'avaient soustraite au temps, à la vie, au souvenir — plongée à vif dans l'enfer.

Ici elle était immuable — comme l'asile. Préservée en quelque sorte. Mon Paul !

La clôture. Au couvent ! Au couvent !

Est-ce que tout cela en valait la peine ?

Rose Beuret, tassée sur un escalier de Meudon, qui se bat pour sauvegarder Monsieur Rodin. Elles sont de plus en plus nombreuses : les admiratrices..., les danseuses..., les femmes du monde... c'était le tour de Rose... « Moi, on ne me chassera pas ! C'est moi qui le soigne comme un enfant depuis cinquante-deux ans ! Elles ont beau dire que je suis folle, qu'il faut m'enfermer... Elles ont emporté des marbres », criait-elle à Judith Cladel.

Pauvre Rose, née en Champagne comme elle, comme sa vieille mère.

Claude Debussy qui agonise dans les souffrances.

Et Paul, où est mon frère ? Tu te souviens, la jeune fille en blanc à Château-Thierry. Au couvent ! au couvent !

« Cette jeune fille nue, c'est ma sœur ! Ma sœur Camille. Implorante, humiliée, à genoux, cette superbe, cette orgueilleuse, c'est ainsi qu'elle s'est représentée. Implorante, humiliée, à genoux et nue ! Tout est fini ! C'est ça pour toujours qu'elle nous a laissé à regarder [1]... »

---

1 Paul Claudel, *L'œil écoute,* « Camille Claudel ».

La robe rouge transpercée

> « ... Avant que s'ouvrent les ténèbres défi-
> nitives : *Persée.*
>
> « Quelle est cette tête à la chevelure san-
> glante qu'il élève derrière lui, sinon celle de
> la folie ? Mais pourquoi n'y verrais-je pas
> plutôt une image du remords ? Ce visage au
> bout de ce bras levé, oui, il me semble bien
> en reconnaître les traits décomposés. »
>
> PAUL CLAUDEL, *L'œil écoute,*
> « Camille Claudel [1] »

Il faisait froid en ce jour de novembre 1905.

« Excusez ces plaisanteries de corbillard. »

Une fois de plus, elle avait écrit à Eugène Blot le matin
même. Elle serait saisie le surlendemain. Une fois de plus
Adonis Pruneaux était arrivé dès l'aurore, à l'heure
légale. Mais il ne souriait plus. Il avait reçu des ordres.

------

1. Brangues, 1951.

Rien n'avait pu faire frissonner la peau blafarde de l'huissier. Ni le visage une seconde affolé de la femme encore jeune qu'il sortait de son lit — une pauvre couche, ce lit ! Ni le pas de danse qu'elle avait esquissé à l'annonce de la nouvelle, ni la jambe qui avait cédé, elle était là par terre, ni son fou rire. Il attendait simplement qu'elle signe.

« Sans commentaires, Monsieur Pruneaux. » Pourquoi s'inquiéter ? Elle ne comprenait plus rien « aux choses d'administration ». Elle avait essayé mais tout avait été encore plus mal. Surtout depuis quelque temps. Les papiers ! Les référés ! Là aussi il fallait du temps et de l'argent !

Il y avait plus urgent. La grande sculpture piaffait, là sous sa capuche. Elle avait tout repris. Ce qu'elle avait exposé en 1902 n'avait été qu'une pâle ébauche. Non, maintenant, Camille était sur le point de trouver.

Novembre pluvieux, morose. « Les jours hagards de novembre » — ah ! comme son frère a raison. Les ténèbres, partout. La pluie noire interminable. Paul !

Il était revenu, un soir. Il avait réapparu. Elle l'attendait. Le Quai d'Orsay avait prévenu. Il était là, chez elle. Ils s'étaient embrassés, étreints. Et puis elle avait vu le visage blessé, les yeux fous, le tremblement du corps. Il était brûlant ; elle avait compris, elle savait, elle ! Et la rage, et les baisers, et la rupture, et l'abandon. Trahi, il était trahi.

Il lui avait raconté la Femme Ecarlate. Une femme. Camille ne voulait pas savoir. A quoi bon ! Tout son être hurlait, est-ce que cela ne lui suffisait pas ! Elle ne voulait pas de détails. Toute histoire d'amour est banale pour les autres, vulgairement banale. Une anecdote, n'est-ce pas ? Elle ne questionnait pas, ne disait rien. Ce n'était pas de l'indifférence ! Non, au contraire. Elle ne savait que trop bien. Le mystère des êtres, elle le respectait.

Ils avaient dîné ensemble. Enfin ! elle était sortie acheter de quoi se nourrir. Il lui avait donné de l'argent. Il ne voulait voir personne et surtout pas la famille. Ni l'un ni l'autre n'avaient beaucoup mangé. Paul était là, prostré. Inatteignable. Elle était prise du désir de le coucher, de rester là toute la nuit, contre lui, de s'assembler à cette douleur. Il n'y aurait aucune parole de prononcée.

Paul ! l'enfant de novembre. Elle le revoit, croquant une pomme. L'enfant triste, là-bas près du lavoir à Villeneuve.

Il s'est enfermé à Villeneuve. Elle, ici à Paris.

Les jours de novembre 1905. Il lui semble entendre le glas, l'office des morts, là-bas, la girouette rouillée, le presbytère glacé. Ils se tiennent par la main. Ils ont froid. Sommeil. Le grand-oncle continue à psalmodier, dans les ténèbres.

« *Un brouillard aussi obscur, aussi cru que l'eau de mer, ensevelit le port et les rues.*

« *Il n'y a plus que moi de vivant sous la lampe, et sous moi serrées les eaux de ces grandes multitudes inentendues.*

« *A qui je lis le Miserere !* »

Elle se secoue. Après-demain elle sera saisie. Hier Asselin lui a apporté du bois. Ils ont fait du feu. Elle l'avait prévenu : « Si vous venez déjeuner, apportez de quoi sinon nous nous passerons de manger ! » Il avait aussi apporté de quoi se chauffer. Cher Asselin ! Il restait encore quelques bûches ! Elle n'avait plus que deux modèles : ce cher Asselin et Paul !

Après tout, elle allait être saisie. Alors, à quoi bon économiser ! Et puis elle devait finir la grande sculpture qui touchait au but. Persée grandissait.

Camille dispose les bûches. Camille attend les hautes

flammes. Elle marche de long en large. Elle regarde ses mains, ses ongles bleus

« Le quartier des coupeurs de poils aux dents bleues. »

La Ville ! Paul avait tout prévu ! Voilà ! Elle l'avait connue cette Ville de l'horreur. Te souviens-tu Paul : la rue Mouffetard, et les tanneurs de la Bièvre, les quartiers de viande accrochés, hideux — et « le Camp des Pauvres », « le Boulevard du Ventre Désert ». Tu marchais des heures. La Ville monstrueuse.

Le feu peu à peu a réchauffé ses mains. Les doigts répondent à l'appel du sculpteur. Elle va pouvoir travailler. Elle défait les linges, débande la figure. Peu à peu le visage surgit, informe encore — prématuré. Chrysalide blanchâtre. Pour la seconde fois, elle va à la rencontre du monstre — de son grand Géant. « Faut pas rire de ces choses-là. »

Villeneuve ! La vieille bonne, Victoire ! Victoire Brunet ! Une soirée de novembre. Elle a six ans, peut-être sept. Le feu dans la cheminée. La veillée. La vieille est là, elle casse les noix. Elle raconte à voix basse. Victoire, la fille du garde-chasse qui travaille maintenant chez les Claudel ! Voilà qu'elle raconte des histoires à vous faire claquer des dents toute la nuit. Et l'enfant l'écoute de ses yeux trop grands, trop bleus, trop profonds !

« Il y avait une fois un grand-père très malheureux. Il voulait des fils. Alors il alla prier les dieux. Il n'avait qu'une fille, Danaé. Et il suppliait ! et il gémissait ! Pauvre Acrisios ! Il n'avait pas de garçons. »

Camille se moque de lui intérieurement. Il a une fille, cela devrait lui suffire !

« Alors le dieu lui dit : "Tu seras exaucé. Ta fille Danaé mettra au monde un fils qui s'appellera Persée. Mais un jour, Persée, il te tuera !" »

La petite fille est ravie. Bien fait !

« Alors le vieux roi prend peur. Effrayé, il veut empêcher l'oracle de s'accomplir... »

413

Et Victoire raconte, raconte, la petite Camille ouvre encore plus grand ses yeux auréolés de nuit.

« ... Le roi enferme sa fille dans une chambre de bronze, sous la terre, bien loin... Cependant Zeus, le dieu des dieux, pénètre par une fente et déverse une pluie d'or sur la jeune fille... »

Camille plisse ses yeux pailletés de flammèches.

« ... Un jour que le vieux roi passait tout près, il entend soudain dans la chambre obscure le cri d'un enfant. Il se précipite, commence par tuer la nourrice qui l'avait trahi et décide de lancer sa fille et son petit-fils dans la mer. »

Camille ne respire presque plus.

« Il les enferme dans un coffre en bois et les lance bien loin — bien loin. »

Camille revoit l'arrivée de la mère et de l'enfant. Recueillis par un pêcheur, ils avaient été élevés à la cour de Polydectès. Elle entend encore Victoire lui révélant les noms étranges. Toute la journée, le lendemain, elle s'était amusée à les redire.

« Un jour, Persée, qui était devenu un beau jeune homme, voulut offrir à Polydectès un cadeau somptueux. Alors il lui proposa de tuer les Gorgones. Elles étaient trois sœurs, trois monstres. Mais seule Méduse était mortelle. Leur cou était protégé par des écailles de dragon et des défenses redoutables. Leurs mains étaient de bronze. Leurs ailes d'or. Mais surtout leur regard était si troublant, si puissant qu'il transformait en pierre ce qu'elles regardaient. »

Camille les trouve de plus en plus belles. Elle est là, toute menue, et ses yeux battent à l'envol des trois femmes.

« Persée savait qu'il lui suffisait de tuer la Méduse pour triompher. Il s'arme d'un bouclier poli qui miroite au soleil. Alors il s'avance vers elles, mais il ne regarde pas la Méduse. Et pourtant il la voit. Il a la tête levée, il dresse son bouclier haut. Dedans, la Méduse se reflète. C'est ainsi qu'il la surveille. Il recule d'horreur. Autour de sa tête roulent les serpents — terribles. Alors il se rappelle. C'était une belle jeune fille mais Athéna, la déesse jalouse de sa chevelure qui attirait tous les regards, l'avait transformée en cette Méduse hideuse. Les bêtes se roulent, s'entortillent autour du visage, le héros ne perd pas de vue son bouclier. Il s'avance. »

Victoire baisse la voix : « Pour plus de sûreté, il a choisi l'heure où la Gorgone se repose. Endormie, la paupière est baissée. »

Camille enrage. Qu'est-ce que c'est que ce héros qui tue les jeunes filles endormies ! Mais réveille-toi ! réveille-toi !

« Il s'avance. Il s'avance... » Victoire hurle maintenant. Mais réveille-toi ! réveille-toi ! crie la petite Camille.

Soudain Camille sursaute. Mais qu'est-ce qui lui arrive ? Elle vient de s'endormir sur sa sculpture. Elle ne tient plus debout. Quel froid, cette nuit ! Elle tremble. Pourtant le feu flambe encore. Voilà qu'elle grelotte, elle touche son front — il est brûlant. Elle ne va pas tomber malade. Ce n'est pas vrai ! Pas avant d'avoir fini — d'avoir terminé le mouvement des serpents, les yeux de la Méduse, et surtout le cheval ailé qui s'élève du cou tranché, le cheval d'or...

Elle titube. Il faut qu'elle s'asseye. Quelques minutes près des flammes, cela la réchauffera, la remettra en forme. Elle se laisse tomber près du feu. Le feu d'enfer qui galope. Ses mains moites n'arrivent plus à le maîtriser. L'enfer est là qui l'appelle. Elle entend le claquement du fouet, et le martèlement des quatre fers ! Les portes de métal se referment, les serpents d'or se déroulent et s'enroulent autour de son visage souillé de terre rouge. Elle frappe de toute la force de ses poings, elle frappe les grandes portes de ses mains sanglantes. Et cela résonne et encore et encore. Un, deux, trois, quatre ! Elle part à bride abattue. Plus loin, toujours plus loin. Tiens ! Asselin qui essaye d'attraper les rênes. Elle rit maintenant, le mors aux dents. Elle s'élève, ses ailes se déploient. Mais qu'est-ce qu'ils font tous là ? Son père lui tend les bras. Mais elle n'a pas de robe pour aller danser. Elle lui sourit. Son vieux père grisonnant. Elle lui chuchote à l'oreille : « *Je suis comme Peau d'Ane ou Cendrillon condamnée à garder la cendre au foyer, n'espérant pas de voir arriver la Fée ou le Prince Charmant qui doit changer mon vêtement de poil en des robes couleur du temps.* »

Alors Paul la prend par la taille. Elle se reflète partout. Une grande salle de bal. Tous la regardent. Elle est si belle, si belle. Qui est-elle cette femme mystérieuse en rouge ? Camille se voit — elle prend sa robe dans ses mains, sa robe d'amazone qui flamboie et qui claque, et qui frémit de toute la soie rouge qu'elle déploie. Et ils reculent tous. Et elle danse, elle la *Gipsy* ! Mais pourquoi se cachent-ils tous les yeux ? Ah ! oui, c'est encore Monsieur Rodin ! Il est furieux d'avoir lu dans la presse un mauvais article. Mais qu'est-ce qu'il lui prend ? Il a une grande hache à la main. Il s'avance. Elle a peur. Elle attrape un pic. Mais il coupe la tête de son *Saint Jean-Baptiste prêchant*. Il ricane. Camille s'est arrêtée de danser, elle est là, prête à se défendre. C'est étrange comme elle se sent faible, faible... Sa tête roule, sa tête l'abandonne...

« Est-ce que la nature finit ? Est-ce qu'on fignole les arbres ?... Je ne ferai plus rien d'entier... »

C'était le 14 novembre 1905. Le matin suivant, Asselin qui venait poser trouva Camille terrorisée. Elle lui ouvrit à grand-peine.

« Elle était sombre, défaite, tremblante de peur et armée d'un manche à balai hérissé de clous. »

Elle lui dit : « Cette nuit, deux individus ont tenté de forcer mes persiennes. Je les ai reconnus : ce sont deux modèles italiens de Rodin. Il leur a donné l'ordre de me tuer. Je le gêne : il veut me faire disparaître. » Et elle s'évanouit.

Elle avait eu le temps d'apercevoir le visage incrédule de Monsieur Asselin.

Lui non plus. Il ne la croyait pas. Son vieil ami.

> « ... L'horreur l'a repliée à jamais dans
> une attitude défensive ! Ah ! nous aurions
> beau tenter de lui prendre la main et de
> l'embrasser ! On lui en a trop fait ! on ne lui
> en fera pas accroire ! Personnes qui n'avez
> pas trop de toutes vos forces pour les rassem-
> bler à la défense d'une mauvaise conscience,
> n'est-ce point là votre ressemblance ? Et moi-
> même, ce visage panique, suis-je sûr de ne
> pas l'avoir évoqué quelquefois devant la
> glace ? »

PAUL CLAUDEL,
Seigneur, apprenez-nous à prier.

Elle frappe de ses deux poings.

Il lui reste l'enfer — les deux portes de feu.

« Je voudrais que vous voyiez pour que Mademoiselle
Claudel reçoive des adoucissements jusque elle sorte *(sic)*
de cette géhenne... J'ai pensé à vous qui êtes comme moi
son admirateur [1]. »

---

1. Rodin à Morhardt. 28 mai 1914.

Sur le seuil de cette porte effroyable, Camille dresse sa redoutable figure. Sur son visage, le masque s'est incrusté. Elle admire les serpents blancs qui la coiffent.

« "Apollon ! Apollon ! Dieu de la porte ! Mon Apollon de mort ! Apôlesas ! tu m'as perdue ! Que gardé-je ces ornements de moquerie, le sceptre et les bandelettes prophétiques à mon cou ? Allez et soyez maudits ! voilà ma gratitude pour vous !

« "Don de mort, à ma place va-t'en faire une autre bien riche !"

« Que de fois n'ai-je pas pensé à ces vers effrayants en regardant l'image de ma pauvre sœur Camille... »

Il lui reste à tuer. La belle grande jeune fille aux magnifiques yeux bleu foncé prend le ciseau. Elle s'acharne maintenant. La sculpture de Persée éclate sous les coups acharnés.

« ... Aux dernières lignes de la tragédie se tourne vers nous un visage que pétrifie la même horreur, celui de la Gorgone que ma sœur à la fin de sa vie consciente aussi a vu se réfléchir dans le bouclier de Persée [1]. »

Tout est prêt. Les dieux peuvent intervenir. Une femme s'avance sans mémoire, sans avenir. Les portes s'ouvrent.

Une femme transfigurée dans un dernier flamboiement. Il n'y aura plus de sculptures.

Qui aurait osé lui commander « la Porte de l'Enfer » ? C'est cela qu'elle avait attendu depuis l'âge de ses douze ans.

---

1. Paul Claudel, *Conversation sur Jean Racine.*

Le Magasin Pittoresque...

« A quoi bon vouloir faire tant de pantins
S'ils ont fini par m'amener à être comme
celui
Qui franchit la mer puis se noya dans un
crachat ?
Cet art si estimé dans lequel pendant un
certain temps
J'ai eu tant de réputation, m'a conduit à
ceci :
Pauvre, vieux, et obligé d'être le serviteur
d'autrui ;
Car je suis un homme fini, si je ne meurs
bientôt. »

MICHEL-ANGE, 1546.

« J'étais sûr que les œuvres de ma sœur vous plairaient.
La pauvre fille est malade et je doute qu'elle puisse vivre
longtemps...

421

« Avec tout son génie, la vie a été pleine pour elle de
tant de déboires et de dégoûts que le prolongement n'en
est pas à désirer... »

« Paul Claudel. 15 novembre. »

Camille avait relevé la tête : « Du 4 au 16 décembre ? »
Elle se soulève maintenant. « Je veux y aller. »

Eugène Blot vient de lui promettre une grande rétrospective de toutes ses œuvres. Il y en aura treize. Camille
regarde la maquette qu'il lui tend. Sa main tremble
encore, elle est si pâle, si émaciée dans ce grand lit.

GRANDE RÉTROSPECTIVE CAMILLE CLAUDEL
A LA GALERIE EUGÈNE BLOT
5, BOULEVARD DE LA MADELEINE.
DU 4 AU 16 DÉCEMBRE 1905.

Elle repose la tête sur l'oreiller. Elle sourit comme une
petite fille à qui on a promis le beau cadeau tant rêvé.
Mais au-dedans, quelque chose l'abandonne, lâche prise.

On l'a habillée, on la soutient maintenant. Ils sont là,
les quelques amis et son frère. Elle regarde les vêtements
que lui passe Mélanie. Eugène Blot a été chercher une
toilette pour cette grande Exposition. Madame Morhardt
a été consultée. Mais Camille songe à la belle robe couleur de feu dont elle a rêvé. Jamais, jamais elle ne l'aura.
Juste une ombrelle ! Qui n'aura servi à rien.

D'une voix douce elle a demandé qu'on lui interdise à
lui l'entrée, l'entrée de l'exposition. Ah ! non, ce serait
trop facile ! Il fallait venir plus tôt. Pas maintenant. Plus
maintenant. Plus jamais.

Une belle ombrelle rouge — aujourd'hui.

Elle repousse les aides de la main. Elle se regarde. Elle
est vêtue de bleu sombre. Elle dit à Asselin : « Vous vous
souvenez de ma dernière lettre ? "... *Je suis comme Peau*

d'Ane ou Cendrillon condamnée à garder la cendre du foyer, n'espérant pas de voir arriver la Fée ou le Prince charmant qui doit changer mon vêtement de poil ou de cendre du foyer en des robes couleur du temps..." Merci. Voyez les princes sont arrivés. Bientôt je les retrouverai. »

Puis elle se penche vers Paul, et lui chuchote à l'oreille : « J'aurais voulu que tu me voies une fois avec une belle toilette ! Une toilette toute rouge ! »

Elle prend de la poudre, s'en farine le visage, le cou — il a si peu vieilli. Trop de poudre encore. Il faut brosser la robe. Elle rit faiblement. « Ce n'est pas très réussi. Je n'ai jamais su m'habiller. » Elle a toujours vécu comme un garçon. Rien que des hommes autour d'elle.

« Comment tu dis, Paul ? Ah ! oui ! » Elle n'a aucun des arts de la femme. « Si, Paul ! La sculpture ! » Elle a grossi sa voix comme si les rochers roulaient pêle-mêle au fond de la gorge. Paul hausse les épaules. Elle ne s'arrête plus de parler. Ils viennent de l'asseoir. Asselin se penche, lui met ses bottines. « Une malade, c'est une malade. » Elle ne veut pas. Elle va les taquiner. Elle balance ses jambes sous le nez de son pauvre ami Asselin.

« La droite ou la gauche ? La gentille ou la folle ? La sage ou la débauchée ? » Asselin lâche la bottine droite, reprend la gauche, change une nouvelle fois. Il n'ose pas arrêter les chevilles qui battent devant son nez. « Monsieur Asselin n'y arrive pas, pas, pas... »

Son père ! Il paraît qu'il va venir. Faire le voyage pour assister à cette rétrospective. Elle est heureuse de le revoir. Un si long voyage à son âge. Soixante-dix-neuf ans. Elle est inquiète aussi. « Tu es sûre que Papa supportera la route ! J'ai tellement envie de le voir. » Paul la rassure.

« Mais restez tranquille, mademoiselle Flaubel, je n'arriverai jamais à vous coiffer. » Pauvre Mélanie ! Aussi récalcitrante à prononcer Claudel que la coiffure à la brosse. Les cheveux glissent, s'échappent, s'enroulent autour des doigts de l'imprudente. Mélanie est découragée. « Jamais je n'ai vu ça ! Et vot' visage. Mettez-y un peu de couleur ! »

Camille prend le pot de rouge que lui tend Mélanie. Elle trempe son doigt, le suce, roule des yeux, retrempe le doigt et barbouille le nez d'Asselin toujours attelé aux bottines. Il la regarde, ne se met pas en colère. Personne ne réagit. Eugène Blot se dit qu'ils vont arriver en retard au vernissage. Qu'importe ! Ils ont organisé cette grande exposition pour elle. Il lui reste si peu de temps à vivre ! Pauvre jeune femme ! Paul est gêné. Il a froid. Il se rappelle l'autre qui l'a laissé seul en Chine, l'autre dont il n'a plus de nouvelles. Elle aussi avait des gestes brutaux, des accès de fièvre, de rire. Insupportable ! Leur présence ! Leur absence ! « Camiiiiiiille ! » — non sans avoir mis tout à l'envers dans votre cœur, une pichenette de leur mouchoir propre.

Mais qu'est-ce qu'il y a ? Camille se lève. Ainsi c'est pour cela ? Quelques secondes d'insouciance, de taquineries, la belle robe, les bottines, les cheveux, le rouge sur le nez d'Asselin... Ils lui laissaient tout faire. Ils ont tout accepté. Et l'autre, là, le Blot qui n'essaye même pas de la presser à son habitude. Ils seront en retard et il est là qui ne dit rien. Ainsi c'est pour cela ? Paul ? Et si je renverse tout ici, vous me laisseriez ? Sans colère, sans rires ! Elle avait compris.

Elle allait mourir. Ils le pensaient tous. Il fallait une Exposition. Du 4 au 16 décembre 1905. Vite avant qu'elle...

Elle n'a rien dit. Elle prend son mouchoir. Ils lui ont acheté un mouchoir brodé. Aussi. Elle le presse un moment contre son cœur. Les broderies de Louise sur le lit à Wassy ? « Dorénavant, je resterai bien sage, bien tranquille. Vous pouvez les lacer, monsieur Asselin.

Immobile. Je serai. » Elle s'adosse à la table. Elle ne dit plus rien. Le petit sansonnet... c'est fini.

Les gants. La cape. La capuche. Ils l'enveloppent. Déjà. Les chevaux piaffent. Elle ne dit rien. Lointaine maintenant...

« Je me souviens de tout, l'hiver, les fêtes,
Les familles, les époques de réjouissance, et le deuil...

Les chevaux au pas. La princesse qui meurt. Au pas. Au pas. Paul est assis en face d'elle. Elle se ferme quelques secondes à la vie. La dernière plainte de la fille du roi.

... les temps, les pays
Et mes robes qui étaient dans le coffre de cyprès. »

Un leitmotiv qui grelotte dans sa tête. Au pas les montures. Elle se laisse entraîner. Le cocher retient ses bêtes. Ils iront doucement. Elle pense à l'allure d'un enterrement ; un corbillard passe et personne n'y fait attention. « Elle était artiste, assez douée... »

« Paul... tu me liras ce que tu viens d'écrire à Villeneuve. J'aimerais... Dis-moi comment... »
Elle a du mal à parler. Les sanglots. La fatigue. Les fers des chevaux.
« Le titre ? Tu sais. J'aime les noms que tu donnes... Tête d'Or, Avare, Lechy Elbernon, Lechy, Lucky, Lucky...
— *Partage de midi*... J'ai repris la fin du fragment... Tu sais, *Une mort prématurée*... » Il s'arrête, gêné. Elle sait. Il avait vingt ans. Il ne voulait pas qu'elle regarde. Il avait déchiré le papier...

« Par quelles routes longues, pénibles, souterraines.
Par quelles routes longues, pénibles,
Distants encore que ne cessant de peser
L'un sur l'autre, allons-nous
Mener nos âmes en travail ? »

Arrêt brusque. Réverbère.

« *Grande Exposition Camille Claudel.* » Camille
regarde l'annonce à l'entrée. Ils ont retiré « Rétrospective ». Elle aimait ce mot qui indiquait comme une course
en arrière. Ils n'avaient pas osé. Remonter le temps. En
avant. En arrière. Comment appelait-on cette invention ?
Elle l'avait lu dans les journaux. « Le Magasin Pittoresque », non, ce n'était pas cela ! Le cinéma... ah ! voilà,
c'était long : le cinématographe. Tout bougeait. Elle
s'était passionnée pour l'article.

« Pardon, j'oubliais... Pas l'habitude. » Camille sourit.
La cape. La capuche un peu enneigée. Tiens, il neige.
Les gants. Quelqu'un prend ses vêtements. Elle a froid.

Le cinématographe. Ils avaient donc trouvé le moyen
de fixer le mouvement. Leurs discussions interminables
avec Rodin tard dans la soirée, au Clos Payen !...

« *Le maréchal Ney* de Rude. C'est là tout le secret des
gestes que l'art interprète. Regarde-le bien. Les différentes parties de la statue sont représentées à des moments
successifs. Tu as ainsi l'illusion de voir le mouvement
s'accomplir.

— Et la photographie ?

— Les photographies des hommes en marche ? Ils
n'ont jamais l'air d'avancer. Ils semblent se tenir immobiles sur une seule jambe ou sauter à cloche-pied...

— Et les trois actes de *L'embarquement pour
Cythère* ? Tu te souviens... »

Non. Elle ne se souvient de rien.

« Cami-i-ille. Tous tes amis sont là. » « Le Magasin

Pittoresque. » Magnifique. Eugène Blot l'entraîne. La danse affolante commence : « Monsieur Roger Marx. Quel plaisir. » « Oui — un ami à vous. Bonjour monsieur. » « Et... oh ! non... Vous ! Il ne fallait pas vous déranger. » « Comment ? Ah ! mais oui j'ai entendu parler de vous, monsieur... Oui je vois. Votre amie. Elle aime la sculpture. Oui ? » « Oh ! non, hein ? Ah ! oui, une femme artiste ! Difficile ? Non. Quand on aime, vous savez... » « Ah ! monsieur Mirbeau. Je veux vous parler au calme et — hein ? oh ! monsieur... » Qui cela peut être ? « Non, de si loin ? Oh ! il ne fallait pas faire toute cette route. »

Son père ? Où est son père ? Elle le cherche des yeux. Paul. Où est Paul ? Il devrait savoir, lui.

« Honorée, madame la comtesse. » « C'est une poétesse... » Eugène Blot se réjouit. Jamais il n'a eu autant de monde. Il va vendre sûrement. Quelle bonne idée il a eue !

« Une femme artiste. Non. Je ne suis pas seule. Vous écrivez. C'est aussi difficile ? » « Hein ? Ah ! oui. Mathias Morhardt. Oui j'accepte. Il vient tout seul... ? » « Oh ! monsieur Fenaille, comment vous remercier de tout ce... »

Madame Fenaille a une robe de soie — souple, sinueuse...

« Camille, ne regarde pas ainsi les gens. C'est malpoli
— Maman, la robe, là !
— On ne montre pas non plus.
— C'est laid, vous ne trouvez pas ? Comment peut-elle marcher ? Elle ressemble à une Japonaise, non ? » Madame de Frumerie pince ses lèvres. Elle ressemble à une vieille datte oubliée l'été dernier sur le bahut. « Il paraît que c'est ce nouveau couturier — Poiret ? Quel nom ! »

Camille n'écoute pas. Camille ne répond pas
— Madame Fenaille porte une robe rouge, si belle. Ce

n'est pas croyable. Belle. Madame Fenaille a une robe. Rouge.

« Vous allez vous fatiguer. Buvez quelque chose. »

Le cirque ! Soignez l'artiste ! Manque encore le saut final.

« Oh ! non. Il ne fallait pas. Vraiment. Vous les connaissez déjà toutes. Vous savez, je n'ai rien fait de nouveau. »

Elle n'a pas encore vu ses sculptures. Aperçu tout juste. Entre deux habits. Trois robes. Un chapeau.

Treize sculptures. Ah ! un petit coin là de *L'implorante*. Non. Elle ne voit plus rien. Et eux ? Si cela continue, elle les imitera. Elle achètera le catalogue — « 13 sculptures ».

« Cher Camille Mauclair. Je vous remercie de votre article... » « Oh ! Gabrielle, Gabrielle Réval. Camille Mauclair. Oui, vous vous connaissez naturellement. Je suis distraite. Je disais à... »

Elle va de l'un à l'autre. Ah ! *L'âge mûr*. Elle à genoux — encore.

« Oh ! Monsieur Morice. » Sa haute et mince stature lui rappelle toujours son père.

Son père ? Il ne viendra plus. Qu'est-ce qui a pu lui arriver ? Ce cher Charles Morice avec ses véhémences, ses coups de foudre, ses refus. Toutes et tous, ils sont là.

Elle cherche des yeux Octave Mirbeau. Elle aimerait s'asseoir un peu, bavarder un moment. Avec lui. Elle aime la vision qu'il a des choses. Quelquefois il est dur — il ne fait pas de cadeaux. Elle l'entrevoit là-bas, avec la comtesse de Noailles ; un sourire frise ses moustaches. Une seconde, ses yeux se penchent vers elle. Elle lit un message. « Ne te compare pas. Attention. La comtesse a de l'argent. Pas toi. »

Deux femmes artistes ! Mais il y a le dessus et le dessous — quelqu'un vient de lui écraser le pied. Et boiteuse avec ça — pauvre, bancale. Elle a vraiment mal à cette jambe. Avec lui, elle n'y pensait jamais. Non, ne pas penser à lui. Morhardt, elle ne l'a pas encore vu. Francis Jammes agite ses bras au-dessus d'un chapeau — mais quel chapeau ! « Ça pique, ça plume, ça dentelle ! » Monsieur Jammes essaie désespérément une danse codée autour de cette nature morte. Camille ne comprend pas. Alors il tente la tactique suprême : faire tourner la grosse dame en se confrontant avec elle. La technique des portes tournantes, vous connaissez ? Elle s'engouffre, pousse. Le mastodonte s'accroche.

« Ah ! monsieur Jammes, quelle joie ! Est-ce que... ? » Camille lui sourit. Il se penche, affable, vers la nature morte — « plumes, fruits... » Elle aime l'attention qu'il porte aux êtres. Son écoute, l'attention constante... Ceux qui savent écouter... quoi qu'il arrive.

« Je me réjouis de voir ces délicieux motifs de rêve intérieur qu'anime le génie de votre sœur. »

Cher Francis ! Cher Paul ! Ils avaient essayé de la défendre contre lui. Rodin venait encore d'attaquer. Ne pas penser à lui. Paul avait été dur en publiant son article : « ... carnaval de croupions... figures en bas comme si elles arrachaient les betteraves avec les dents. » Paul avait frappé fort. Il écrivait bien. Les images. Beaucoup se repassaient l'article en riant : « *Monsieur Rodin, la croupe braquée vers les astres sublimes !* »

On riait. Elle avait le cœur meurtri. Ce n'est pas contre lui, contre le maître qu'elle voulait s'affirmer. Mais pourquoi faisait-il la guerre à la grande sculpture du « Persée » ? Pourquoi avait-il gardé chez lui sa « Clotho » en marbre alors qu'elle et Morhardt s'étonnaient que le musée du Luxembourg ne l'eût toujours pas reçue ? Pourquoi ? Une sorte d'appel ? Vers elle. Il leur restait la haine. Implacable. Il était célèbre, adulé, entouré de femmes. Elle, mourait. Qui aurait pu dire lequel avait la

429

meilleure part ? Elle ne savait plus. Cher Francis ! Il avait compris leur acharnement. « Les coups d'un vaincu ne font pas mal. » Monsieur Rodin survivait. Elle agonisait.

« Cher Francis ! Vous étiez tout emplumé derrière cette dame. Un vrai mousquetaire.

— Camille, votre père est là. Sans cette dame. Il n'a... »

Elle le quitte, fend la foule. Elle se hâte. Le vieil homme de soixante-dix-neuf ans est venu. Son père.

Assis près de la porte, les yeux étoilés, le bleu des grandes rides, Louis-Prosper fume son cigare. Il l'attend, rêveur. Il est là-bas à Villeneuve, à l'aube — l'adolescente piaffante, énervée, la crinière de ses cheveux. Contre lui il la serre. Francis les laisse ensemble. Le vieillard retiré, un peu à l'écart, le front plus grand, les mains, dix fleurs diaphanes d'où s'échappent des volutes de fierté.

La haute silhouette qui s'enfonce peu à peu vers la trouée blanche. Les mots qu'on n'a pas dits. Il prend le chapeau, la canne. Le manteau. Plus voûté maintenant. Il n'a pas voulu qu'elle l'accompagne. Pudique. Papa ! retourne-toi. Une fois. Ils ne se sont pas embrassés. La neige qui s'engouffre. La porte que l'on retient. Papa ! Les scènes ! Les conflits ! Leurs deux navires lancés dans la même tempête. Non, pas encore ! Une voiture sombre qui s'arrête. Les chevaux funèbres. La fumée des naseaux. Il allume un nouveau cigare. Le vieux mâle. Les deux têtes dressées l'une contre l'autre. Claquement des bois. Papa. Il monte. Il laisse la place. Recul des chevaux. Le fouet. La neige plus dense. Elle ne lui a pas dit qu'elle l'aimait. La main qui passe. Un signe ? Non, le cigare qu'il secoue. La main qui reste, là. Grise, argentée, pommelée, blanche. Points lumineux de la neige. Noir.

« Vous allez prendre froid ! » Francis est là. Que fait-elle dehors ? Sur le trottoir.

« Venez. »

Le bras de Francis. Claude Debussy. La valse dans la neige. Elle ne cessait de les confondre. L'été dernier, Paul lui avait présenté le jeune poète avec qui il avait voyagé dans les Pyrénées. Et puis Francis s'était converti. Paul et Francis. Deux hommes de trente-sept ans. Dans la force de l'âge mais déracinés. En même temps. Pour, par une femme. Dieu, Orthez cet été !

« Cela ne va pas. »

La main de Francis. Elle les avait oubliés.

« Le grand magasin pittoresque. » Elle ne les supporte plus. Elle n'avait pas voulu les voir. Tout à l'heure elle attendait son père. Est-ce le froid de la nuit, le champagne qu'elle a bu — trop bu : dix verres ? deux verres ? elle ne sait plus ; quelqu'un lui passait une coupe, elle prenait. Ses pommettes sont violacées. Mélanie serait satisfaite. Elle a dit qu'elle passerait voir les pierres de Mademoiselle Flaubel. Les doigts de Francis. Sa vie à l'envers. Remonte Camille — « Pan ! Pan ! » Guignol. La grande salle surchauffée, leurs bras décuplés. Poupées javanaises. Le trépignement des ombres. La danse a commencé.

Honte ! Gifles ! Compromis.

Elle les avait supportés assez longtemps. Agnès de Frumerie, « sculptrice ! sculpteuse ! » avec ses cinq statuettes, des commères bavardes ! Elle se pavanait là-bas.

Henry Cochin ! L'évêque Conchon ! C'était facile. Elle savait. Un coup de champagne. « Je salue le talent de Mademoiselle Claudel. » « A la vôtre, Cochin. » « Monsieur Rodin absent d'ici et que je retrouve seulement en de nombreux imitateurs. »

De quoi se plaignait-elle ? Elle était la première du harem du maître ! La Favorite ! Et Henry Marcel : « Persée, son héros rachitique. Vulgarité d'un type de mégère. »

Regarde-toi, pérore, cacatoès ! Camille le fixe. « Vieil Iroquois dégarni, si tu te voyais — une tête de loup. Bonne à ramasser les ordures. Allez continue... »

431

« Je te l'avais dit. » Rotation de la grande furie
« Henry Marcel, vous voilà couronné. » *Vanitas Vanita-tum.*

« Et vous, cher Romain Rolland. Qu'est-ce que la lai-deur ? Une femme à genoux qui supplie qu'on ne la laisse
pas ? mon cœur pétrifié, humilié pour l'éternité ? Nue,
j'étais nue, monsieur Rolland. A genoux et nue. »

« Vous n'avez pas aimé *L'âge mûr,* c'est votre droit.
Mais épargnez-nous les procédés faciles. Un peu de
dignité vous aussi. Lorsque vous écrivez les critiques. "Un
goût vraiment trop décidé de la caricature du génie de
Rodin." Vous tirez bien, monsieur Rolland. A bout por-tant. »

Elle est allée vers lui. Elle a levé ses yeux clairs vers lui.
Elle lui a dit. A bout portant.

Eugène Blot l'entraîne déjà. « Pas de scandale. » C'est
vrai. C'est son exposition. Sa soirée à lui. Il va vendre,
n'est-ce pas, monsieur Blot ? Moi, c'est gratuit. Vous
m'avez déjà tout payé, en double, non ?

Monsieur Blot a peur. Elle est là, pommettes rouge vif,
yeux métalliques, teint altéré. Heureusement Jammes la
soutient. Paul va revenir.

Tout à l'heure elle ne les avait pas vus. L'enfer des
fourrures, les bêtes qui ricanent, s'enroulent aux épaules,
se lovent dans le cou, se frottent aux chevilles. Le four-reau du beau monde ! Mangé ! Mité ! Rongé !

Monsieur Blot la retient. Il est tard. Camille crie :
« Je vous invite tous chez moi. A l'atelier ! Pour finir la
soirée. J'ai du champagne. » Elle se tourne vers l'éditeur :
« J'ai demandé à Mélanie ! Juste avant de partir, qu'elle
achète à boire. Vous m'avez avancé de l'argent, vous vous
souvenez ! Pour mon exposition. Il faut fêter cela. Je vous
attends. »

Les gants ! La cape ! La capuche ! Francis la soutient.
Elle ne veut pas. Elle va bien. Eugène Blot l'accompagne

jusqu'à la voiture. La tempête a redoublé. « Dites à Paul qu'il nous rejoigne. Il a raccompagné notre père. »

Papa !

Elle respire.

Les deux hommes ont froid. Les chevaux attendent dans la tourmente. Le cocher emmitouflé n'a plus rien d'humain. Elle relit à voix haute le texte de l'affiche — « Grande Exposition Camille Claudel. Du 4 au 16 décembre 1905. »

Eugène Blot est satisfait. C'était une bonne idée. « Vous êtes heureuse ? » Camille contemple à ses pieds la gelée blanche.

« Trop tard, monsieur Blot. »

LETTRE DE L'ASILE

« ... Ce n'est pas ma place au milieu de tout cela, il faut me retirer de ce milieu ; après quatorze ans aujourd'hui d'une vie pareille, je réclame la liberté à grands cris... »

« Si encore tu avais tes jambes au complet !
— Vous m'aurez pour pas cher.
— Est-ce qu'il est à vendre pour de bon ?
— Il est à vendre, pourquoi pas ? »

Paul Claudel, Le soulier de satin.

« *J'aurais mieux fait de m'acheter des beaux chapeaux et des belles robes qui fassent ressortir mes qualités naturelles. Cet art malheureux est plutôt fait pour les vieilles barbes et les vilaines poires que pour une femme relativement bien partagée par la nature* [1]... »

Ici il n'y avait plus de décorations — plus de bustes à faire — plus de grands hommes — plus de dîners.
« — Je vais vers ma patrie terrestre
Avec ceux-là qui sont d'une même race que moi,
Mes frères, dans une nuit profonde...
— Ceux qui t'appellent sont fous [2]... »

---

1. Camille Claudel.
2. Paul Claudel, *Le pain dur.*

Le grand cirque est fini. Ils ne lui auraient même pas vendu une Légion d'honneur ! Même si elle avait eu de l'argent !

Camille à l'asile de Montdevergues.

Ici il n'y a pas de décorations. Seulement des numéros.

« *Quelque chose*
d'éternellement enfantin... »

> « Camille arborait les robes les plus extra-
> vagantes et surtout des coiffures faites de
> rubans et de plumes où se mariaient mille
> couleurs. Car il y avait dans cette artiste
> géniale une démesure, quelque chose d'éter-
> nellement enfantin... »

HENRY ASSELIN.

Les deux pièces du quai de Bourbon fument de tous ses
invités. A travers le nuage, Monsieur Asselin tente de
l'apercevoir. Il s'est replié sur un coin de divan, une
espèce de vieille charpente qui s'écroule — le matelas :
un ventre à l'air, éclaté. Monsieur Asselin tremble, son
cœur se lézarde de partout. Il restera jusqu'au bout. Il ne
peut rien pour elle. Il assiste. C'est tout.

Cette nuit, le printemps saute aux rythmes déchaînés du champagne. Asselin, tassé sur le lit — éventré —, regarde le vieux marbre, à côté de lui. Encore l'autre jour, elle avait passé sa main sur le bloc, et tendrement murmuré : « Pauvre vieux marbre ! Il est comme moi, Monsieur Asselin. Pouf ! »

Elle lui avait expliqué. Il y a les marbres « fiers » et les marbres « pouf ». Lorsqu'on les frappe avec un outil, les uns donnent une belle résonance, les autres disent tout simplement « pouf ! » : ils vont se fendre bientôt. Elle avait haussé ses épaules encore belles. « Ils sont pourris, quoi ! »

Au pied du lit elle a entassé de vieilles pierres. Ramassées ici ou là. Monsieur Asselin regarde le tas par terre. Il revoit la scène.

Une nuit comme celle-ci, il était resté avec les fêtards jusqu'à l'aube. Saccagée, revêtue de sa vieille blouse de sculpteur, elle lui avait dit : « Monsieur Asselin... Vous irez jusqu'au bout, n'est-ce pas ? Alors suivez-moi. »

Elle l'avait emmené aux fortifications. Elle se tenait la tête baissée près de la terre, près des pierres cassées. Elle pleurait. Une vieille femme dans un cimetière. Un enfant mort ? Il avait pensé cela. Au milieu des ordures, dans la brise du printemps, une aube sale, elle — ses yeux cernés, et lui à ses côtés silencieux — épouvanté par ce visage de vieille.

Elle marchait, sautait d'une jambe sur l'autre, vite, de plus en plus vite. Il avait du mal à la suivre. Pas un mot. Juste cette longue pause aux fortifications de Paris. Puis le retour. Sans explication. Quelques invités s'étaient assoupis là, par terre, des loques. Elle ne les avait même pas regardés. « A demain, Monsieur Asselin. Votre buste, il faut pourtant le finir. »

Cela avait commencé... le soir de l'Exposition Blot. Les

gens — amis, poètes, journalistes, femmes du monde — étaient venus chez elle. Asselin était là comme ce soir. Une soirée qui n'en finirait plus jamais. Le champagne coulait — « un buffet digne du seizième arrondissement ». Il s'était demandé comment elle avait fait. Blot lui avait prêté de l'argent. Mélanie servait. Puis on n'avait plus vu Mélanie. Juste deux jambes gainées et grasses qui s'agitaient. Quelques femmes du monde avaient protesté. Il fallait partir. « Déjà ! on ne connaissait plus tout le monde... » On se sentait mal à l'aise, on tâtait ses poches. D'autres serraient plus étroitement leurs sacs.

« Regardez. Leurs mains pleines de bagouzes ! et le cou qui perloutouze... » Elle avait surgi, dans le brouillard des cigares. Jamais Asselin n'oublierait ce qu'il avait vu, ce soir-là.

Dans une main elle tenait, comme sur un plateau instable, la robe bleue, la cape, les gants, jusqu'aux bottines qu'il avait lacées quelques heures avant. De l'autre, elle s'appuyait à un homme — non, une loque humaine de clochard, barbu, titubant, croûteux. Et elle, reine des Volsques que Virgile a bien décrite. Mais au lieu de l'arc d'or, de la dépouille du tigre jetée sur le dos, de la lance consacrée à Diane, c'est une bête barbare qui les fixe et ricane. Mots incompréhensibles.

Le silence. Chacun s'écarte. Gravement elle se dirige vers Eugène Blot, s'agenouille, lui remet solennellement les vêtements pliés, jusqu'au mouchoir qu'elle a tenté de nettoyer. Asselin a envie de hurler — comme eux tous. Paul. Le visage de Paul ! Asselin non plus ne l'oubliera pas. Il fait corps avec le mur. Le poète semble s'être fossilisé. Seul Francis Jammes s'approche, l'aide à se relever, lui caresse la joue, aux écoutes de cette âme qui se déchire sans grimace.

Cette nuit-là, ils avaient sonné l'hallali.

C'était le 4 décembre 1905.

Lorsqu'elle avait rendu avec cette cérémonie les vêtements à son éditeur, Asselin et Mirbeau avaient compris. Le couvent ou l'enfer. Depuis, il fallait aller vite. Elle activait le feu. Elle s'arrachait le cœur par lambeaux.

Ils étaient tous revenus, les gloutons, les bouffons.

« Monsieur Mirbeau, vous ne mangez rien ? Asselin non plus. Les deux fidèles — mes larrons ! » Quelques sanglots mêlés de rires. Elle pose sa tête sur l'épaule de l'écrivain. Les bras tremblent autour du cou fragile. Qui songe vraiment à elle ? Peut-être les clochards qu'elle ramasse le jour même, quelques heures avant la fête, ici ou là, durant ses marches hallucinées à travers la ville.

« Vous vous souvenez, Mirbeau, le dîner ?... Je ne vous l'ai jamais dit. Notre dîner. J'ai failli vous céder. Pauvre Mirbeau ! Voyez, vous avez échappé à temps. Mais vous étiez mon critique d'art. Je ne dors pas avec cette race-là. » Les yeux bleus rieurs dans ses yeux à lui.

« Dommage. J'aurais pu... » Elle est partie.

« Peut-être... »

Elle est là, lui effleure les lèvres. « Je vous estime. C'est encore plus difficile... »

Un souffle — est-ce qu'elle l'a embrassé ? Qu'a-t-elle voulu dire ?

Le premier, il avait écrit à son sujet le mot de génie. Il y avait eu le Salon du 12 mai 1895. Soudain il s'était trouvé en présence de quelque chose d'unique, une révolte de la nature : la femme de génie — *Les causeuses*. Il avait voulu la connaître. Une ou deux fois il l'avait entrevue en compagnie du Maître. Alors il l'avait invitée seule. D'ailleurs on disait qu'ils étaient séparés. Le dîner !

« Une révolte de la nature ! » Il l'avait écrit. Et voilà où elle était arrivée ! Une fabuleuse clocharde ! Des yeux dévastés, offrant leur misère au beau monde, « dilapidant » le peu d'argent « qu'on arrive à réunir pour elle et avec difficulté ! » — « Mais oui, cher monsieur Blot, elle a compris. L'aumône, elle n'en veut pas. C'est trop facile. Trois ateliers ! Le Pavillon de l'Alma ! Les commandes authentiques ! Offrez-lui cela. Mais pas la charité. Respectez-la encore. »

Mirbeau est adossé au mur, toujours immobile. Personne ne sait. Lui comprend à l'instant même pourquoi il a écrit l'article, il y a plus de dix ans !

Au ban de la société. Anarchique. Bientôt ils l'arrêteront, pourquoi pas ? Depuis des mois il s'y attend sans savoir exactement ce qu'il redoute.

Camille Claudel : un génie. Il a osé. « Aux côtés de Rodin. » Mirbeau passe la main devant ses yeux de voyant. « Monsieur Rodin est plus scandaleux mais Camille plus révolutionnaire. Elle remet en cause la société et... »

« Pardonnez-moi, cher Mirbeau, je suis très inquiet... Camille vient de s'enfuir, seule là dans la nuit et l'orage menace.

— Nous ne pouvons plus grand-chose, cher Asselin. Il faut la laisser suivre jusqu'au bout sa route. Libre. Si nous l'aimons... Un génie, Henry, vous savez ce que c'est ? Une divinité qui dans l'Antiquité présidait à la vie de chacun. C'est nous qui avons besoin d'elle, Henry. »

Mirbeau regarde les ébauches, les maquettes enveloppées de linge humide, le buste d'Asselin. Demain tout aura disparu. A chaque printemps, l'atelier se vide brusquement. Est-ce qu'elle vend ? Nul ne sait.

Passion

« Ni peinture ni sculpture ne sont plus capables d'apaiser
L'âme tournée vers cet amour divin
Qui ouvre, pour nous prendre, ses bras sur la croix. »

MICHEL-ANGE.

Alors pour elle commença la dernière nuit.

Elle avait eu quarante ans. 1905, 1906... J'ai quarante-deux ans, quarante-trois ans. J'ai quarante-cinq ans. Elle détale. Le ciel crève de larmes. Zigzags de la galopade. Folle ? Les rues. Tours et détours. Défaite. 27 novembre Camille à quatre heures du matin s'est sauvée de chez elle. 1909-1910-1911. On ne sait où elle est. Je cours. Je m'affole. La Ville aveugle de sa mémoire. Depuis combien de temps, la Ville engloutie. Mes pas. Où va-t-elle ? Arrêt. La borne grise, là, s'asseoir. Ma jambe. Cela

443

saigne maintenant. A perdre haleine. Je m'élance. La gorge. Souffrance. Elle n'en peut plus. Mal au cœur. Mon cœur. Monsieur Rodin ! Le trottoir. Le pavé plombé. Elle s'est assise. Elle l'appelle. Orages ! Nuit de feu. Réprouvée !

Et moi est-ce que je ne l'ai pas aimé
Est-ce que je n'ai pas à me plaindre aussi ?

Le ruisseau plus épais. Elle regarde le bouillonnement autour de la chaussette qui s'enfonce. *La petite fée des eaux*. 1890. « Tu te souviens, Monsieur Rodin ? » Elle soufflette l'eau souillée.

Elle voit le pantalon, les jambes. Il tremble. Il a froid lui aussi. Pourquoi sont-ils là tous les deux sous la pluie abjecte ? L'autre soir, non, l'année passée... La fenêtre allumée de l'hôtel Biron. Elle s'échappe. Elle veut encore le voir. Il vit maintenant à Paris, rue de Varenne. Le haut portail. Passer par-derrière. Escalader. Les flambeaux. Derrière la nuit glacée. Elle, tapie. Le phonographe, la musique qui glapit. Il est de dos. Camille pourrait le toucher, s'il n'y avait la vitre. Il dessine mais sa main tremble. 1910 ? Il n'est pas vieux. Camille s'avance pour lui prendre la main, la réchauffer comme avant... Du fond de la pièce, une vieille, poudrée, les cheveux oxygénés, agite deux bras maigres — clinquants de bijoux sonores.

« Regardez-la ! Madame est une vraie petite bacchante ! »

C'est un cauchemar. Camille l'aperçoit, pétrifiée d'horreur ; Roger Marx — Charles Morice. Mais qu'est-ce qu'ils font là ? Camille se retient. Elle va hurler.

Monsieur Rodin met un disque. Camille entend. Grincements. Boum ! Boum ! Une bougie maintenant. Elle se déshabille. Elle danse. Le maître crie : « La prodigieuse petite amie est conquérante comme la flamme. » Et

444

l'autre qui hoquette du croupion : « Je suis la réincarnation de votre sœur Maria. »

« Tout ce qu'il y a de sacré dans le geste de l'amour, Mademoiselle Claudel l'a mis dans cette œuvre magnifique, *Le Sakountala*. Charles, tu l'avais écrit — et regarde, entends ce qu'ils ont fait de moi. »

Camille est tombée. De toute la masse de son cœur trop lourd, pesant. Elle voit encore Charles Morice qui se lève. Charles qui ressemble à son père. Charles quitte la pièce et Rodin trépigne. « Partez — tous ! La duchesse et moi nous n'avons pas besoin de vous. »

Camille glisse à terre. Sa tête a fait un léger bruit, cristallin, ding ! sur la vitre. Monsieur Rodin se précipite. Il appuie son visage flétri sur la glace. Il a mal. La nuit est vide pour l'éternité. L'enfer même a un goût de cendre. Depuis qu'elle n'est plus là.

« Chassez ces gens qui n'en veulent qu'à votre argent. Prenez garde. Des jalouses rôdent dans le parc pour vous assassiner. » Rodin est tiré en arrière. La porte s'ouvre. Les invités s'en vont. Un par un. Silencieux.

La voix, une dernière fois, crépite : « Inutile de le déranger, puisque je suis là. Je m'occupe de tout. Monsieur Rodin c'est moi ! Moi, la duchesse de Choiseul. »

« Allez Dora, attaque ! »

Le vieil homme relève la femme. Aveugle, il a vu le corps couché dans le ruisseau. Quelqu'un souffrait, gémissait. Tout près. Camille caresse l'animal, se réchauffe un moment près du corps de la bête. « Merci, monsieur. Cela va aller maintenant. J'ai dû avoir un malaise. »

Cauchemar ! Honte ! Tout cela était la vérité. Ils l'avaient tous prévenue. Monsieur Rodin avait une muse, outrageuse, obscène, une vieille duchesse qui logeait avec lui à l'hôtel Biron — la Choiseul comme on l'appelait ! Monsieur Rodin ? Impossible !

« Il ne travaillait plus. » Camille souriait. Qu'ils inven-

tent autre chose ! L'épaule déchirée au petit matin
— visage terreux. Tout était vrai. Pourquoi Dora, la
chienne de la duchesse, ne l'avait-elle pas tuée ? Pourquoi ?

« La marque du plus grand amour c'est de donner sa
vie pour ceux qu'on aime. »

La Ville est muette. Un labyrinthe de larmes.

Celle qui reste attend
Que quelqu'un ouvre la porte et la pousse.
Personne n'est venu.

Camille se perd. Elle voudrait rentrer. Les pavés, elle
les compte et les recompte un à un. Les pierres dures... la
chaussette, elle l'a abandonnée. Elle tombe. Les mains
glissent sur la terre raboteuse. Livide et étendue.
Jésus tombe pour la première fois.

Et je suis sortie toute seule par les lieux
sauvages et arides, portant
Un vase plein avec moi, par le désert de sel.
Et il s'est brisé
Et l'eau des larmes s'est répandue en moi.

Le ciel violine. Flap ! Flap ! Flap ! Le château de
l'Islette. Le tombereau. Ils sont passés !

O mères, qui avez vu mourir le premier et l'unique
enfant... !
Adieu... ! adieu, ô chair de ma chair !

Camille est debout, n'avance pas ni ne recule. J'assiste.
J'attends. Il n'y a plus de pluie, il n'y a plus de vent
— seule une femme transpercée de part en part. Elle se
souvient qu'elle doit mourir.

L'heure s'arrête. Sang. Larmes. Crachats. Elle vient vers elle. Elle a fini de travailler. Les pauvres fleurs, elle les serre contre elle étroitement. Ce soir, ils n'ont presque rien acheté. Contre son cœur les roses s'effeuillent à chaque note. Elle s'est mise à chanter.

Et pleure, pleure...

Je l'entends qui s'approche.

> *... Désormais vouée aux sanglots*
> *Par ce nouveau crime des flots*
> *Qui tant la navre*
> *Entre la foudre et l'Océan*
> *Elle appelle dans le Néant*
> *Et pleure...*

Face à face. La chanteuse entrouvre son manteau. Il reste une fleur. La chemise sèche. Délicatement elle essuie le visage de Camille. Le tissu boueux, sale maintenant, d'où naît une seule fleur. La vieille chanteuse s'éloigne. Camille, la fleur entre ses doigts. Quelques gouttes encore... Elle s'élance.

Laissez-nous la regarder encore une fois. Sixième station.

> Riez de moi parce que je suis ivre et que je
> ne marche pas droit !
> Je suis perdue et je ne sais où je suis.

Elle tombe pour la deuxième fois. « Mon petit Colin-maillard. Paul ! Les petites mains avec Victoire. Ainsi font, font... »

A quatre pattes, arc-boutée, une louve, hérissée. Camille rauque, les babines sanglantes, recule. Devant la lumière qui l'accule. L'aube encore lointaine, elle la renifle. Affolée, elle cède, bat en retraite. Elle devient dangereuse. Ils lui laissent si peu d'espace. La porte cochère, cache-toi là. Camille, viens.

Qui est-ce qui tire mon chapeau par-derrière ?
I like some drink. Two little girls in blue...

Elle redevient sauvage. Plus de dompteur, monsieur Rodin ! Le ciel roule, injecté de sang.

« Je tiens maintenant le bout de l'oreille. Le gredin s'empare de toutes mes sculptures par différentes voies, il les donne à ses copains les artistes chic qui en échange lui distribuent ses décorations, ses ovations... Ma prétendue vocation lui en a rapporté ! »

Dans la Ville, une femme parle. Elle est seule. Elle marche. Elle cherche à rentrer chez elle. Elle s'explique à chacun. Quelques passants la croisent, indifférents. Elle est sale, seulement.

« Ils m'ont élevée exprès pour leur fournir des idées, connaissant la nullité de leur imagination. Je suis dans la position d'un chou qui est rongé par les chenilles ; à mesure que je pousse une feuille, elles la mangent... »

La pureté du visage : il glisse à travers l'aube, intact, presque transparent, dans le jour qui monte.

« Et son idée est seulement d'aller dormir
quelque part...
Mettez-moi un pavé sur le dos. »

« Note bien qu'en laissant celui-là sans punition. Cela encourage les autres. »
Neuvième station. Printemps 1913.

> « Une dernière fois vers nous ces yeux
> pleins de larmes et de sang.
> Qu'y pouvons-nous ? pas moyen de le gar-
> der avec nous plus longtemps...
> Et l'on voit la foule qui crie et le juge qui
> se lave les mains... »

PAUL CLAUDEL, *Le chemin de Croix*.

« Monsieur le Docteur,

« On a vu hier Monsieur le Directeur de l'asile de Ville-Evrard. Le certificat est parfaitement suffisant... Si cela était possible, on voudrait essayer et faire procéder à l'internement aujourd'hui même.

« Veuillez agréer, Monsieur le Docteur, avec... »

« Ce poème de *La vague,* je vois dans son atelier du quai de Bourbon sous l'ombre agitée des grands peupliers la solitaire en blouse blanche grain à grain qui l'use. Patiemment depuis le matin jusqu'au soir... Elle va s'abattre... »

449

Un coq chante. Camille à Montdevergues ne dort pas encore. Villeneuve se réveille aux cuivres du soleil.

« Je serais empêché de préciser la date exacte. La chose a-t-elle grande importance ? L'artiste est le contemporain de toute sa vie. Les événements dont il n'a pas le souvenir, il en a le pressentiment [1]... »

C'était la fin de l'année 1897.
Camille avait trente-trois ans.

------

1. Paul Claudel, *L'œil écoute,* « Camille Claudel ».

Quelqu'un Me livrera

« Quoi, c'est là votre Jésus ! il fait rire.
Il est plein de coups et d'immondices.
Il relève des aliénistes et de la police. »

PAUL CLAUDEL, *Le chemin de Croix*[1]

Derrière la porte, il y a un corps replié sous le vieux
manteau sombre.

Je suis tombé encore, et cette fois, c'est
la fin... Jésus tombe une troisième fois,
Mais c'est au sommet du Calvaire.

L'atelier. Ils sont tous partis. Elle entrevoit les sculptures dans leurs cocons sales. L'atroce pourriture qui gagne
la vieille rongeuse qu'elle entend travailler. Embryons —
et la mort nous quitte.

---

1 1911.

Six heures peut-être. Les moineaux picorent le printemps par petits cris. Elle va tuer. C'est la saison des
amours, la vie bourgeonne, malicieuse. L'époque des
départs vers la Touraine... Azay-le-Rideau... les promesses...

Les premiers bruits — « le poison de concierge qui
happe tout sur son passage ». Elle se précipite ferme les
persiennes. Vite ! Camille se dépêche, assujettit les volets.
Ferme tout. Que personne n'entre plus. Plus jamais.

Un soir, un papier fut glissé sous la porte. Elle devait
payer. Et puis on la condamna. Elle se débattit, elle cou-
rut chercher un sou, mille francs. Elle promit des sculptures. Son travail devint monnaie d'échange — promesses
vaines, retards...

Elle s'échappa dans le rire, la fête. N'importe où
pourvu qu'on ne la retrouve pas ! Sa robe était déchirée,
elle ne pouvait plus se présenter nulle part. Le corps usé,
elle s'arrêta de courir. Alors et alors seulement elle condamna toutes les issues.

Il lui restait à détruire ses dernières sculptures, le marbre fêlé et le tas de pierres près du lit éventré.

« *Votre buste a vécu ce que vivent les roses.* » Voilà,
elle l'a prévenu.

Monsieur Asselin, son dernier ami, elle le met en miettes, en pièces. Elle écrase le plâtre, tape, s'acharne. Sa
force est décuplée. Il est sept heures peut-être. Les voisins
entendent, mais font la sourde oreille. Ce sera bientôt
fini. Ils ont prévenu la famille, la police, on ne sait
jamais.

Demain le charretier viendra ramasser les débris. Il les
enterrera quelque part dans les fortifications. Comme
chaque printemps. Ce sont ses ordres. Elle le paie pour
ça.

Il ne reste plus qu'elle.

3 mars 1913. Un télégramme qu'ils ont glissé sous la porte. La lettre elle ne la lit pas. Sept jours, il reste sept jours. Il suffit.

> « En vérité, en vérité, je vous le dis,
> l'un de vous me livrera.
> — Serait-ce moi, Seigneur ? »

La nuit n'est pas encore achevée. Elle ne bouge pas. Pas un geste, pas un son. Elle sait. Elle attend l'aube. Elle les attend. Qui viendra ? Combien seront-ils ?

Depuis une semaine, elle n'est pas sortie. Pas de nourriture non plus. Pas de gestes inutiles. Nue. Pour mieux être prête, elle s'est dépouillée.

> On a tout pris, il ne reste plus rien pour se cacher
> Il n'a plus aucune défense, il est nu comme un ver
> Il est livré à tous les hommes et découvert.

L'atelier entier bascule vers elle. Dès qu'ils entreront, elle sera happée par le vide, déséquilibrée à tout jamais.

La nuit est claire. L'aube vient sans se presser. Un matin douceâtre. Goutte à goutte. Dans l'atelier il n'y a plus qu'une figure. Unique.

Elle est terrifiée. C'est pour cela qu'elle ne bouge plus. Les lèvres seules palpitent. Faiblement.

Elle agonise lentement et debout. Elle ne se défendra pas. Elle attend le glaive — la petite veine au bas du cou qui bat trop vite. La lame tranchera la douleur.

> « Mon âme est triste à mourir. »

Lui aussi l'a abandonnée. Même lui ! Les quatorze stations sont bien épinglées au mur. Découpées par elle dans le journal récent. Il est là muet sur sa croix. Imageries ! Et Paul ! Il avait écrit *La jeune fille Violaine* — « Il faut éviter le scandale » — « Infâme, réprouvée » — la lèpre. Paul ! la lèpre. Aucun tressaillement sur son visage. Pauvre Violaine !

Ses yeux — un peu plus grands encore. Là par terre, juste à ses pieds, furtivement, insidieusement, de grandes larmes blafardes, et cela avance, et cela rampe. Les volets s'éclairent. Elle sait, elle attend.

Aucun bruit, comme si le monde entier avait disparu. Elle va sortir. Il n'y aura plus rien — plus de Paris, plus de villes, plus de pays —, à l'infini, la lande immobile, un cloaque pétrifié !

Elle se tient là-haut, au bord de la falaise, arrivée la première au Géyn. Elle est arrivée la première. Il faut qu'elle se retourne. Quelqu'un va la pousser.

Chut !

O vous, ayez pitié. Elle appelle à l'aide. Ils ne vont pas l'abandonner. Elle va mourir. Cela fait si longtemps qu'ils l'ont oubliée là. Si longtemps.

Ils ont surgi, bottés, casqués. La porte enfoncée.

La meute en tas l'a prise à la gorge comme un cerf.

La voici frappée, jetée à terre. Elle ne dit pas un mot. Une femme nue, ce n'est pas supportable.

Elle se laisse emmener. Sans mot dire. Les ailes rognées. La camisole est usée.

Dehors l'ambulance attend. 10 mars 1913. Les deux chevaux hennissent sous le fouet. Grillages et cahots.

LETTRE DE L'ASILE

« ... Il y a aujourd'hui quatorze ans que j'eus la désa-
gréable surprise de voir entrer dans mon atelier deux sbi-
res armés de toutes pièces, casqués, bottés, menaçants en
tous points. Triste surprise pour une artiste ; au lieu
d'une récompense, voilà ce qui m'est arrivé ! c'est à moi
qu'il arrive des choses pareilles   »

LETTRE DE L'ASILE

« ... Je ne veux à aucun prix rester de première classe et je te prie à la réception de cette lettre de me faire remettre de troisième comme j'étais avant... »

« Une seule chose te manque : va ; tout ce
que tu possèdes, vends-le et donne-le aux
pauvres. Tu auras un trésor dans le ciel. Puis
viens et suis moi. »

Evangile selon saint Marc.

Elle est pauvre parmi les pauvres.
Camille ne veut même pas de la première classe.
Elle restera en troisième classe.
Au plus bas. Mon Paul, les derniers sont les premiers ?

« La consigne est de vivre.
— La mienne est de mourir.
Bassement, ignoblement, entre deux
employés mécontents de s'être levés de si bonne heure [1]. »

---

1. Paul Claudel, *Le pain dur*, 1913.

L'interdit

« Souvent, pour s'amuser les hommes
[d'équipage
Prennent des albatros, vastes oiseaux des
[mers... »

Mars 1913.

« Camille mise à Ville-Evrard le 10 au matin. J'ai été bien misérable toute cette semaine.

« Les folles à Ville-Evrard. La vieille gâteuse. Celle qui jasait continuellement en anglais d'une voix douce comme un pauvre sansonnet malade. Celles qui crient sans rien dire.

« Assise dans le corridor la tête dans la main. Affreuse tristesse de ces âmes... »

Paul Claudel, *Journal*

17 mars 1913.

« *Tu ne me reconnaîtrais pas, toi qui m'as vue si jeune et si brillante dans le salon de... J'attends ta visite avec impatience. Je ne suis pas rassurée. Je ne sais pas ce qui va m'arriver. Je crois que je suis en train de mal finir !!! Tout cela me semble louche ! Si tu étais à ma place tu verrais... Te rappelles-tu Monsieur le marquis, ton ex-voisin, il vient seulement de mourir après avoir été enfermé pendant trente ans. C'est affreux.* »

C'est pas des choses qui m'arriveraient.

A Paris, quelque part, Auguste Rodin est victime d'une hémiplégie.

« Rose Beuret me reconduisit : « Par moments, il ne me reconnaît pas. Il me dit : "Où est ma femme ?" Je lui réponds : "Je suis là, est-ce que je ne suis pas ta femme ? — Oui, mais ma femme qui est à Paris, est-ce qu'elle a de l'argent ?"...
[...]
Il se tient assis dans sa chambre, assis devant la fenêtre ouverte. Je lui parle doucement...
"Vous êtes bien ici, sous la protection de votre grand Christ.
— Ah, fit-il encore une fois, avec une expression d'humilité, lui, c'était un homme qui travaillait !" »

Judith Cladel.

Le 17 mars 1913 le médecin-chef de la maison d'aliénés de Ville-Evrard écrivait :
« Vous pourrez visiter Mademoiselle Claudel lors de

votre prochaine visite à Paris, sauf complication, d'ailleurs peu probable, dans son état mental : état de santé général assez bon. »

L'ordre formel de ne laisser visiter Mademoiselle Claudel et de ne pas donner de ses nouvelles n'a été donné que quelques jours après.

« ... Exilé sur le sol, au milieu des huées.
Ses ailes de géant l'empêchent de marcher. »

CHARLES BAUDELAIRE.

Je vous donne rendez-vous

> DON CAMILLE. – Et quelle est cette chose
> si précieuse que vous m'offrez ? Une place
> avec moi où il n'y ait absolument plus rien !
> nada ! rrac ! »
>
> PAUL CLAUDEL, *Le soulier de satin.*

« Monsieur l'Ambassadeur,

« La tombe est surmontée d'une croix portant les
numéros : 1943 - n° 392. Mademoiselle Claudel ne possé-
dait plus d'effets personnels au moment de son décès et
aucun papier de valeur, même à titre de souvenir, n'a été
retrouvé au dossier administratif. Veuillez agréer, Monsieur l'Ambassadeur... »

« Monsieur le Maire,

« La famille Paul Claudel a retrouvé dans les papiers du poète la lettre dont vous trouverez ci-joint la copie. Les membres de la famille de Paul Claudel seraient désireux de donner à Camille Claudel, la sœur aînée de Paul Claudel, une sépulture plus digne de la grande artiste qu'elle était. »

RÉPONSE DU BUREAU DES CIMETIERES :

« Monsieur,

« En réponse à votre lettre par laquelle vous exprimez le désir de transférer les restes mortels de Madame Camille Claudel, inhumée le 21 octobre 1943 au cimetière de Montfavet lans la partie réservée à l'hôpital de Montdevergues, j'ai le regret de vous faire connaître que le terrain en cause a été requis pour les besoins du service.

« La tombe a disparu. »

Jean-Louis Barrault

> « Le théâtre est la réflexion active de
> l'homme, sur lui-même, sur la folie, la
> chance, l'accident, la charte du monde. »

Novalis.

Le sac sur le dos, un jeune homme marche sur la route étroite qui monte vers Brangues. Six kilomètres à la rencontre du vieux poète qui l'accueille. Paul Claudel a près de soixante-quinze ans. Depuis presque vingt ans, son œuvre, la « somme de sa vie », *Le soulier de satin,* attend de rencontrer le théâtre.

Le jeune homme ose. Presque cinq heures de représentation à la Comédie-Française.

Mille neuf cent quarante-trois. Un mois avant la première, une femme de soixante-dix-neuf ans meurt, à l'hôpital de Montdevergues. Elle s'appelle Camille, comme son frère « Camille le Maure » qui chaque soir va surgir de son enfer de feu dès le premier acte du *Soulier de satin*.

« Délivrance aux âmes captives [1] »

« La séquestrée est sortie ! Elle est sortie de la cellule. Et ce qui émerge, radieux dans le soleil levant, ce n'est plus une folle, une vieillarde terrifiée... c'est cette figure sublime que l'Eternel avait posée à la rencontre de Ses yeux pour S'encourager à créer le monde [2] ! »

Est-ce là que mon histoire commence...

Une petite fille de six ans à peine par un après-midi de soleil mûr pénètre dans un jardin en Normandie. Le jeune homme est là. A côté de lui, une femme telle « l'ange au sourire » qu'il appelle Madeleine. Elle ne le quitte pas des yeux. Il a une Compagnie. Elle est comédienne.
Il met en scène Paul Claudel. Les années cinquante.
Est-ce là que tout a commencé...

A douze ans, on l'emmène pour la première fois de sa vie au théâtre. Elle retrouve le jardin ensoleillé. Elle les reconnaît. Jean-Louis Barrault a eu le courage de monter pour la première fois au monde *Tête d'Or*. Les années soixante.
Le poète vient de mourir. Elle ne le rencontrera pas.
Est-ce là que tout se déroula...

J'avais laissé définitivement mon cœur là-bas sous les arbres flamboyants : cette salle où *Tête d'Or* et la

---

1. Dernière réplique du *Soulier de satin* (Claudel ajoute : « Les instruments de l'orchestre se taisent un par un. »)
2. Paul Claudel, *Seigneur, apprenez-nous à prier*.

Princesse venaient d'achever leur premier dialogue d'amour. Plus jamais, je ne voudrais les quitter.

Quinze cent cinquante-sept. Un vieil homme est en train de mourir. Il a quatre-vingt-deux ans. L'âme du vieux maître est encore capable d'aimer. Elle s'appelle l'Anguissola. Elle n'a pas trente ans : une artiste, une « collègue », sa première et sa dernière élève. Michel-Ange lui envoie un de ses dessins « afin qu'elle le peigne à l'huile après l'avoir achevé de sa main ».

Elle s'attache à Buonarroti, plus connu encore sous le nom de Michel-Ange. Quelques années après, elle devient aveugle..., se retire avec ses enfants. Vénérée jusqu'à sa mort, soixante ans après, elle reçoit encore la visite de Van Dyck qui fait son portrait. Elle est presque centenaire.

Est-ce là que cette histoire surgit...

La Compagnie s'était créée. La mienne.

Une fin d'après-midi, je suis entrée dans l'atelier d'un sculpteur. Des cuivres, des bronzes, dans un coin un buste taillé dans la pierre. Tout cela m'a prise au cœur.

Des portes immenses attendaient de s'embarquer pour un autre continent. Travaillées dans un matériau que je ne connaissais pas encore, on eût dit qu'elles se transformaient sans cesse, changeant de lumière avec les nuages et le soleil qui se reflétaient en elles. Cela passait de la terre de Sienne au bleu glacé, des gris les plus divers aux couleurs — par moments éclatantes, comme une lame chauffée à blanc.

La sculpture devenait un théâtre prêt à accueillir les rêves des poètes.

Elle.

Elle surgissait partout. Cela commença par le texte dans *L'œil écoute*...

Peu à peu elle apparaissait dans telle ou telle réplique sans rien trahir ni de son mystère, ni des rêves du poète. Mon Paul !

Il y a neuf mois, la pièce *Une femme, Camille Claudel* donnait sa première représentation. Ils étaient tous là, ceux qui avaient travaillé avec moi. Jeanne Fayard — un été entier penchées sur les notes, textes, lettres, elle et moi essayant de rassembler ici ou là tous les renseignements, flairant des pistes. Camille que je poursuivais depuis plusieurs années, que je m'étais mise à aimer. Ceux dont j'avais eu la chance de croiser le chemin : Jacques Cassar qui se consacrait lui aussi à cette grande figure, scellée depuis tant de nuits et de jours ! Nous avions pu nous rencontrer plusieurs fois avant cette mort brutale qui l'arracha de son patient et colossal travail. D'autres encore surgissaient chaque soir, apportant un renseignement, une présence, une parenté. Je me souviens encore avec émotion de la visite de Jacques de Massary à la représentation. Peu à peu des liens se formaient — des détails par-ci, par-là. Le musée Rodin nous permit de voir les sculptures, de les photographier. Elle l'avait tant aimé « Monsieur Rodin » ! Un professeur de Londres arrivait là un soir, apportant un nouveau maillon dans la chaîne.

Depuis longtemps, les enfants directs du poète que nous aimions tant nous épaulaient malgré les difficultés.

A la suite de son père, Renée Nantet avait décidé de faire resurgir cette femme de génie. Henri l'avait vue à l'asile ; il accompagnait son père. Il me parla de ses mains à Elle toujours en mouvement. Dans le vide.

Est-ce ce jour-là que tout se délia pour elle... Camille.

12 novembre dix-huit cent quarante. Naissance d'Auguste Rodin.

8 décembre dix-huit cent soixante-quatre. Naissance de Camille Claudel.

La petite fille a douze ans et pétrit la glaise de Villeneuve.

« Vous avez pris des leçons avec Monsieur Rodin ? »

Est-ce que tout se joua ce jour-là...

Hier soir le jeune homme est revenu.

Jean-Louis Barrault nous accueille depuis plusieurs semaines. Le 28 avril 1982 a lieu la dernière de *Une femme, Camille Claudel* au théâtre du Rond-Point.

Je suis en train de terminer le livre.

Pour la dernière fois, nous redescendrons des cintres les photos de ses sculptures, encore dispersées et souvent cachées dans les musées du monde.

Nathalie Alexandre, Micheline Attal, Sylvie de Meurville, Pascaline Pointillart saluent. Les invités se pressent au « Festin de la Sagesse ». Camille Claudel éclate de rire. de son rire sonore, de ses yeux bleu foncé... Nous voudrions ne plus la quitter. Elle va rentrer dans la coulisse... Alors le jeune homme s'avance. Il lui tend ses deux bras. Voilà qu'il la retient encore.

Les représentations seront prolongées. Laissons-les tous les deux dialoguer. Elle l'attendait depuis si longtemps. Tu te souviens ? Octobre 1943 ! Est-ce que le vieux poète t'avait parlé d'elle un soir...

« Je me sépare de toi, sœur
Jadis d'un nom
Par moi nommé impie !
Allons !
J'ai fait ce qu'il m'a plu de faire, et je mourrai par moi. »

Il a vingt ans. Est-ce là que tout se déchira...

28 avril 1982.
Une histoire qui commence...
Déjà peut-être un enfant tire par la jupe cette femme.
Camille, allez viens ! Viens vers la lumière... »
D'autres chercheront, d'autres écriront, d'autres...

29 avril 1982.

ANNEXES

1. ARTICLE DE MATHIAS MORHARDT
paru dans le *Mercure de France*
en mars 1898 (Extrait)

... Or, selon la pensée de Mademoiselle Camille Claudel, que je voudrais pouvoir suivre et plus fidèlement interpréter, le mouvement est, en art, ce qu'il importe surtout de préciser [1]. Mais c'est aussi ce qu'il est le plus difficile d'expliquer. Dans tous les cas, il est certain que, depuis la Renaissance, c'est à peu près le moindre souci de tous les maîtres. Ce qu'ils s'efforcent de fixer, ce qui est l'objet de leurs préoccupations les plus constantes, c'est le morceau, c'est la belle main, bien posée, bien analysée, bien étudiée dans ses contrastes d'ombre et de lumière ; c'est la belle bête fortement charpentée, qui se déta che immobile sur le clair-obscur du fond ; c'est le nu patiemment, et parfois minutieusement observé dans la tranquillité de la pose obligée. Mais qui donc, parmi eux, s'occupe du

---

1. Je note ici que l'opinion de Rodin sur ce point diffère de celle de Mademoiselle Camille Claudel. Pour lui, le modelage, c'est presque toute la sculpture. Il n'attribue au mouvement qu'une importance secondaire.

mouvement ? Qui donc s'efforce de suivre les modifications de l'être humain soumis à une action énergique ? Qui donc a évoqué — ce que les Japonais, les Chinois, les Grecs ont fait avec tant de sagacité et tant de génie depuis le commencement des âges — l'idée du mouvement juste dans sa forme adéquate ? Car si une jambe qui est au repos et une jambe qui marche sont deux choses différentes, combien cette dernière est plus vivante et plus vraie ! Sans doute le mouvement déforme. Pour employer une comparaison qui est de Mademoiselle Camille Claudel elle-même, il y a entre la roue qui tourne rapidement et la roue qui est immobile une différence essentielle : la roue immobile est ronde et ses rayons sont également distants les uns des autres ; la roue qui tourne rapidement n'est plus ronde et n'a plus de rayons du tout. Le mouvement a, en quelque sorte, mangé l'anatomie, le squelette même de la roue. Et il en est ainsi du corps humain qu'il allonge ou qu'il rétrécit, dont il change les proportions, et dont il bouleverse l'équilibre. Dès lors, considérer l'anatomie d'un corps en marche comme s'il était au repos est une grossière erreur d'observation. Il y a dans le mouvement, en effet, un état de devenir. L'artiste ne peut s'arrêter entre ce qui a été et ce qui va être. Il doit choisir. Il faut que, dans ce qui a été, il ne conserve que ce qui est nécessaire pour expliquer ce qui va être. Les Grecs, qui ne se gênaient pas pour modifier leurs proportions, savaient les soumettre à cette impérieuse exigence. Les Chinois et les Japonais ont porté à un invraisemblable degré d'habileté l'art d'indiquer la mobilité des êtres et des choses. Du reste tous les peuples qui sont doués d'yeux et qui ont regardé la vie se sont exclusivement préoccupés de l'interpréter sous sa forme vivante, qui est celle de sa fugacité. Les bas-reliefs et les ciselures les plus rudimentaires des peuples primitifs prouvent ce même souci de la vérité, et attestent que seule notre civilisation moderne a dédaigné la plus haute, la plus pure expression possible de l'art, c'est-à-dire son expression dramatique. Alors que les sauvages de l'Amérique et les peuplades innommées de l'Afrique centrale sont aptes à susciter inoubliablement le trot d'un zèbre ou d'une antilope, nous constatons que nos plus experts artistes sont incapables de comprendre même le pas d'un cheval. C'est

474

là, c'est là seulement — Mademoiselle Camille Claudel en est
bien persuadée —, qu'il faut chercher l'explication de notre
décadence. Et c'est là qu'il faut chercher surtout la mystérieuse
raison qui sépare si nettement, à son propre préjudice, l'art
des Rembrandt et des Velasquez de l'art des Phidias et des
Hokusai.

*
* *

L'observation même respectueuse, même scrupuleuse de la
nature ne suffit donc pas pour réaliser des chefs-d'œuvre. Il y
faut une passion particulière. Il y faut un don spécial qui per-
mette de tirer de l'observation même de la vie ce qui constitue
le premier élément du chef-d'œuvre et qui est en quelque sorte
le témoignage de la vérité : le sens de la Beauté. Les Grecs,
comme du reste, tous les peuples artistes, ont eu ce don. Les
statuettes de Tanagra, ces prodigieux « instantanés » qui nous
ont à jamais restitué les incidents ordinaires de leur existence,
démontrent qu'ils savaient observer, et que leur observation
n'était ni banale ni sotte. Car il ne s'agit pas de copier. Il est
surtout essentiel que le copiste ait les yeux du poète. Il est surtout essentiel qu'il sache discerner le sens du spectacle qui est
devant lui. Quand M. Edouard Pailleron regarde la société
contemporaine, il écrit, très sincèrement je le crois, *Le monde
où l'on s'ennuie* ou *La souris*. Shakespeare, qui n'a que les
mêmes exemples, les mêmes hommes, les mêmes passions, et
qui n'entend que les mêmes drames, écrit *Coriolan* ou *La
Tempête*, *Hamlet* ou *Falstaff*, *Othello* ou *Macbeth*. Mademoiselle Camille Claudel est plus près de Shakespeare que de
M. Edouard Pailleron. La nature, vue par elle, expliquée par
son œuvre, a un immédiat caractère de grandeur, une véritable
souveraineté. Les petits groupes qui datent de l'époque où, de
sa fenêtre ouverte sur la « Cour des Miracles », elle assistait au
drame qui s'y joue quotidiennement — les enfants assis en
demi-cercle autour du musicien aveugle, les deux petits chan-
teurs qui, leur chapeau à la main et leur main dans le dos,
regardent les fenêtres fermées en haut, devant eux, et tant

475

d'autres que j'ignore encore — ont les signes sacrés des œuvres éternelles. *Le Peintre,* qu'elle a exécuté en 1894 à Guernesey, d'après des croquis qu'elle prenait tandis que M. Y... faisait des paysages, est de cet ordre [1].

Ce petit bronze qui représente l'artiste debout, le pinceau dans la main droite, la palette passée au pouce de la main gauche, solidement campé sur ses deux jambes et mêlant ses couleurs avec soin avant de brosser la toile ne recèle, assurément, aucun mystère : Mademoiselle Camille Claudel a pris des notes ; elle a copié des profils ; et, bientôt, elle a reconstitué son personnage d'après ces notes et d'après ces profils. Elle a modelé ainsi sa figurine du *Peintre* sans se douter qu'elle commençait de créer un art nouveau.

L'apparition du *Peintre* mérite d'être considérée comme une des dates importantes de sa carrière. C'est la première œuvre où elle a montré la puissance qu'elle a d'évoquer directement la vie. Et, dès cette première œuvre, elle a atteint la maîtrise : *Le Peintre,* avec sa tête un peu inclinée sur l'épaule, est, en effet, une œuvre de franchise et de force. Tout de suite l'accent de despotique sincérité qui en émane l'impose au respect attentif du passant. Nouveau ou ancien, l'art dont il procède est un art magnifique et vivant.

Mais aussitôt sur cette voie, Mademoiselle Camille Claudel nous apportait des preuves plus incontestables encore de son génie. De même que le peintre observé là-bas à Guernesey lui avait donné l'idée de la petite figurine que nous venons de voir de même quatre femmes assises les unes en face des autres dans l'étroit compartiment d'une voiture de chemin de fer et qui semblaient se confier on ne sait quel précieux secret devaient lui suggérer ce prodigieux chef-d'œuvre : *Les causeuses.*

Un coin intime, inexpliqué, indéterminé. Arbitrairement deux planchettes de plâtre placées en angle droit en constituent les parois délabrées. Au fond dans l'angle, une femme annonce, par le geste plein de menace et de précaution de sa

---

1. *Le Peintre,* petite statuette en bronze qui appartient à M. P..., a été exposée au Salon du Champ-de-Mars de 1897. Des exemplaires en plâtre se trouvent chez divers amateurs et chez M. Bing.

main droite levée près de sa bouche, qu'elle va parler. Et, autour d'elle et devant elle, les trois commères, exaspérées de curiosité, tendent vers la bouche entrouverte déjà et vers le geste révélateur leur visage gourmand de savoir, impatient de connaître et d'entendre. Toutes les têtes convergent vers le but unique, qui est le visage, qui est les lèvres elles-mêmes de celle qui va parler. Le dos, les épaules, le cou de chacune d'elles obéissent au même mouvement. Une même volonté les incline. Une même force les soumet. Un même frémissement, une même anxiété les pénètrent et les montrent rangées parallèlement sur deux bancs, identiques comme des sœurs.

Cependant, elles sont toutes dissemblables les unes des autres. L'une, assise en face de celle qui va parler, s'est presque recroquevillée sur elle-même. Le buste est soutenu par les deux bras qui s'appuient et se croisent sur les genoux. La tête, comme pour mieux voir sortir de face le précieux secret et comme aussi pour s'assurer d'une sorte de complicité dans la curiosité et dans la joie d'entendre, cherche la tête de la voisine la plus immédiate et mêle ses cheveux aux siens. Pour élever un peu ses genoux sur lesquels s'appuie le buste, et pour que les yeux soient mieux au niveau voulu, ses pieds se haussent sur leurs orteils. L'autre femme, afin de se pencher davantage, a posé sa main droite sur le banc. Elle s'y appuie fortement. Pourtant elle l'allège un peu en plaçant son pied gauche aussi loin que possible de manière à établir, par un mouvement gracieux et naturel, une sorte de contrepoids. La troisième commère, à côté de celle qui détient l'inestimable secret, s'est assise presque en diagonale. Elle s'appuie du bras gauche sur le banc et du bras droit sur son genou. Plus heureuse que ses deux voisines, elle a pu approcher son visage tout près de la Causeuse. Elle la regarde en face, les yeux dans les yeux, de toute la puissance de sa volonté, de toute l'anxiété qu'elle a de ne rien perdre, de ne rien ignorer du merveilleux secret. Et, dans l'effort qu'elle fait, son cou se gonfle, ses lèvres s'entrouvrent, son dos se voûte, tout son être témoigne de son extraordinaire passion.

Je crois ne pas me tromper en disant qu'il n'existe à peu près aucune œuvre moderne qui ait l'envergure des *Causeuses*. Il

me semble, du moins, que je n'en sais aucune où le drame se
développe avec autant de soudaineté, autant de simplicité,
autant de lucidité. Elle est, d'ailleurs, sans parenté précise
avec quoi que ce soit que nous connaissions. Elle a la provi-
dentielle clarté des créations qui ne procèdent pas d'une
création connue, qui ne nous confirment pas dans une habitude déjà prise, dont la mystérieuse filiation ne s'explique pas,
et qui, tout à coup, pourtant, selon l'inexplicable et l'imprévue
volonté du génie, *sont*. Et ces *Causeuses* « sont », en effet,
d'une façon définitive. Elles ne « sont » pas seulement en
vertu du caractère dramatique de leur expression. Elles
« sont » parce qu'une sorte de miraculeuse raison en gouverne
chaque partie en vue des fins de l'ensemble. Ici, chaque détail
participe de la beauté de l'œuvre et y contribue. Que les yeux
procèdent à sa lecture phrase par phrase, en s'enivrant de la
splendeur des mots, du glorieux caprice des propositions,
et de leurs harmonieuses combinaisons, ou que, du drame
qui les émeut, ils aillent inversement vers les éléments
qui le composent, partout et de toutes parts elle se défend, et
nul examen, si minutieux qu'il soit, ne triomphe du secret de sa
perfection.

Le poème est magnifiquement écrit. Car c'est un poème, en
effet, que ces quatre femmes, assises en cercle autour de l'idée
qui les domine, autour de la passion qui les inspire et les péné-
tre. C'est un poème dont ces cous tendus, dont ces têtes levées,
dont ces torses souples et lumineux constituent les strophes
splendides. C'est un poème où le sang circule, où quelque chose
palpite, où il y a des épaules que soulève une émotion intérieure, où il y a des poitrines qui respirent, où s'atteste enfin la
prodigieuse richesse de la vie. Mais aussi ce n'est qu'un coin de
nature ! Un incident quelconque, un hasard, un mouvement
observé en passant l'a révélé à Mademoiselle Camille Claudel.
Nul sortilège, nul effort, nulle recherche ne l'expliquent. Il est
doué d'une grâce souveraine qu'il ne tient que de sa propre
vertu. Il est vivant. Il vit en permanence. Le modelé et l'invention sont d'une invincible énergie. La fidélité même de l'artiste

et son respect de la forme humaine s'y manifestent avec une grandeur et une liberté inconnues. Vraiment, plus on le regarde plus on l'aime, plus on le comprend, plus on sent qu'il verse aux yeux émerveillés la véritable ivresse de la Beauté [1].

---

1. C'est au Salon du Champ-de-Mars de 1895 que *Les causeuses* parurent pour la première fois. Je n'ai pas besoin de rappeler que ce fut un événement. Encore qu'aucun titre et qu'aucune signature ne l'eussent désigné à la curiosité des passants, on comprit que, quel qu'il fût, l'auteur était désormais célèbre. On n'a pas oublié, d'ailleurs, l'enthousiaste article que lui consacra notre éminent confrère Octave Mirbeau et qui fut le premier rayon de soleil   le premier rayon de gloire !   qui pénétra dans la retraite de la grande artiste. Il existe des *Causeuses* plusieurs exemplaires en marbre, en plâtre ou en onyx. Le premier des exemplaires en marbre a été exécuté en 1896   non sans que des praticiens maladroits en aient anéanti auparavant plusieurs ébauches qui ne purent être achevées   pour le compte du peintre norvégien Fritz Thavlow. Il a été exposé au Salon du Champ-de-Mars de 1897. Un autre exemplaire en marbre, où se trouvent seules les quatre Causeuses sans la paroi qui les protège, a été sculpté pour M. Pontremoli. Un exemplaire en onyx vert qui a été exposé au Salon du Champ-de-Mars en 1897 appartient à M. P... Des exemplaires en plâtre, moulés à la gélatine sur le premier marbre, ont été acquis par le Musée de Genève   qui a relégué ce chef-d'œuvre dans le coin le plus obscur   et par MM. Rodin, Octave Mirbeau, Gustave Geffroy, Robert Godet, Maurice Reymond, Adrien Demacle, Z..., etc.

2 CHRONOLOGIE

ANNÉE	CAMILLE CLAUDEL	AUGUSTE RODIN
1862	3 février : mariage de Louis-Prosper Claudel et Louise-Athénaïse Cerveaux, à Villeneuve.	Mort de sa sœur Marie.
1863	1er août : décès de Henri, premier enfant des Claudel.	
1864	8 décembre : naissance de Camille Claudel.	Rencontre avec Rose Beuret. *L'homme au nez cassé* refusé au Salon.
1866	26 février : naissance de Louise, Jeanne Claudel.	Naissance d'Auguste-Eugène Beuret.
1868		
1869		
1870	Louis-Prosper Claudel nommé à Bar-le-Duc.	
1871		Réformé pour myopie. Il travaille pour le compte de Carrier-Belleuse en Belgique.
1873		
1874		
1876	Louis-Prosper Claudel nommé à Nogent-sur-Seine. Elle rencontre Alfred Boucher.	

PAUL CLAUDEL	ÉPOQUE
6 août : naissance de Paul, Louis Claudel.	
	J.-B. Carpeaux : *La danse*.
	19 juillet : déclaration de guerre de la France à la Prusse.
	Mars-mai 1871 : la Commune.
	Arthur Rimbaud : *Une saison en enfer*.
	Apparition du mot « impressionnisme ».

ANNÉE	CAMILLE CLAUDEL	AUGUSTE RODIN
1878		
1879	Louis-Prosper Claudel nommé à Wassy-sur-Blaise.	*L'âge d'airain.*
1880	Arrivée à Paris.	Commande des *Portes de l'Enfer.*
1881	Entrée à l'académie Colarossi. Atelier au 111, rue Notre-Dame-des-Champs.	
1882	Camille reçue par Paul Dubois, directeur de l'Ecole nationale des beaux-arts. Expose *Tête de vieille femme* ou *La vieille Hélène.*	Série de bustes, d'écrivains et d'artistes.
1883	Première rencontre avec Auguste Rodin. Portrait de Mme B. *Buste de Paul Claudel à 13 ans.*	26 octobre : mort de son père.
1884	Paul Claudel à 16 ans. *Buste de Louis-Prosper.* Portrait à l'huile de Mme Louis-Prosper Claudel. Travaille avec Rodin.	Commande des *Bourgeois de Calais.*
1885	Travaille avec Rodin. *Vieille Femme : Hélène* (terre cuite).	*L'Aurore.*
1886	Le Clos Payen-Folie Neubourg. *Paul Claudel à 18 ans. Buste Rodin* (terre cuite).	Loue le Clos Payen. *La pensée. Le baiser. Fugit Amor.*

PAUL CLAUDEL	ÉPOQUE
	Exposition Universelle à Paris.
Entrée au lycée Louis-le-Grand. Mort du grand-père Athanase Cerveaux.	
Ecrit *L'endormie*.	
	Mort de Wagner.
Lit Rimbaud.	Mort de Victor Hugo.
25 décembre : conversion de Paul Claudel à Notre-Dame.	

485

ANNÉE	CAMILLE CLAUDEL	AUGUSTE RODIN
1887	Est praticienne à l'atelier de Rodin, rue de l'Université. *Buste Jeune Fille Louise* (bronze). *Portrait de Rodin* (huile). *Torse de femme* (plâtre). *Le jeune Romain.*	Nommé chevalier de la Légion d'honneur.
1888	*Paul Claudel à 20 ans* (pastel). Sculptures de Ferdinand de Massary, *Louise de Massary* (pastel). *Buste de Rodin* (plâtre). *Sakountala* ou *L'abandon.* Salon des Champs-Elysées.	
1889	*La prière.* *Charles Lhermitte.* Monument de Villeneuve refusé.	Grande Exposition Rodin et Monet. Commande du *Victor Hugo.* *Saint Georges.* *L'éternelle idole.*
1890	Voyage en Touraine, Anjou. Château de l'Islette, Azay-le-Rideau.	Voyage Touraine Anjou.
1891	13 février : Claude Debussy : lettre d'adieu à l'inconnue.	Commande du *Balzac.*
1892	Nouvelle adresse : 113, boulevard d'Italie. *Buste de Rodin* (bronze).	Nommé officier de la Légion d'honneur. Inauguration du *Lorrain* à Nancy. *La convalescence.* *L'adieu.*

PAUL CLAUDEL	ÉPOQUE
Ecrit *Une mort prématurée.*	
Tête d'Or.	Exposition Universelle Paris. La Tour Eiffel.
La Ville.	
	Les Nymphéas.
La jeune fille Violaine.	

ANNÉE	CAMILLE CLAUDEL	AUGUSTE RODIN
1893	*La Valse* (plâtre). *Clotho* (plâtre). Salon du Champ-de-Mars. Articles de Geffroy et de Mirbeau dans la *Revue encyclopédique*. Camille seule à l'Islette.	Rodin succède à Dalou, président de la Société nationale des beaux-arts.
1894	Camille s'éloigne de Rodin ; *Le dieu envolé* (plâtre). Portrait de *La petite châtelaine*. Salon du Champ-de-Mars. Camille à Guernesey en été.	
1895	*Etude d'après un Japonais* (plâtre). *Jeanne enfant* (marbre). *Le peintre* (bronze). *Les bavardes, Causeuses* (plâtre). Etude. Article de Mirbeau en-enthousiaste. Mai : reprise des relations de Camille Claudel et Rodin. Groupe *Sakountala*. 10 octobre : don au musée de Châteauroux. Polémique autour du *Sakountala* (marbre).	3 juin : inauguration des *Bourgeois de Calais*. Rodin achète la Villa des Brillants à Meudon, le 19 décembre.
1896	Envoie 19 sculptures à l'Exposition de Genève.	

PAUL CLAUDEL	ÉPOQUE
Départ pour les Etats-Unis. *L'échange*.	
Départ pour la Chine.	

ANNÉE	CAMILLE CLAUDEL	AUGUSTE RODIN
1897	Commande du Monument à Daudet (ami de Paul Claudel) refusée. *Clotho* au musée du Luxembourg. *La Valse.* *Portrait de Mme D.* *Les Causeuses* (jade) en mai. Article de H. de Braisne. Devient sociétaire. Novembre : commande de dix bustes de Rodin en bronze. Camille est malade.	
1898	Quitte le bd d'Italie et s'installe au 63, rue de Turenne. *Hamadryade* (marbre et bronze). *Profonde pensée cheminée* (pour famille Peytel) *Buste de Mme X.* Rupture définitive avec Rodin, fin 1898.	*Le baiser.* *Balzac.* Exposition à la galerie des Machines.
1899	Changement d'adresse : 19, quai de Bourbon. (Janvier 1899.) *Portrait de M. le comte.* *Clotho* (marbre). *L'âge mûr* (plâtre). *Statue Persée, maquette.* Exposition Salon des beaux-Arts.	

PAUL CLAUDEL	ÉPOQUE
La Ville, deuxième version.	
Voyage en Chine, au Japon, en Syrie, en Palestine.	
	Affaire Dreyfus. Pierre et Marie Curie découvrent le radium.

ANNÉE	CAMILLE CLAUDEL	AUGUSTE RODIN
1899	*Les chemins de la vie.* Salon de la Nationale. Rencontre avec le général Tissier.	
1900	A envie de suivre Paul au consulat.	Pavillon Rodin à l'Alma.
1901	Article de C. Mauclair.	
1902	Tissier fait fondre le groupe des *Chemins de la vie.* *Persée* (marbre).	
1903	Article de Réval sur Camille. *L'âge mûr*, 2e projet (bronze). Lettres à E. Blot, son éditeur. *Abandon* (marbre). *Figure à genoux.* *Faunesse* (plâtre). *Sirène.* *Cheminée.* *Frileuse.* *Persée* (bronze). Elle rencontre Henry Asselin.	Nommé commandant de la Légion d'honneur. Isadora Duncan danse pour lui.
1904		Début de sa liaison avec la duchesse de Choiseul.
1905	Eté, séjour avec Paul dans les Pyrénées. *La Fortune* (bronze). *Portrait de Louis-Prosper Claudel* (crayon).	

PAUL CLAUDEL	ÉPOQUE
	Premières maisons en béton armé.
Séjour à Ligugé.	Exposition Universelle.
Départ pour la Chine.	
	Claude Debussy : *Pelléas et Mélisande*. Mort de Dalou.
Retour de Chine. *Partage de midi.* Epouse Reine Sainte-Marie-Perrin.	

ANNÉE	CAMILLE CLAUDEL	AUGUSTE RODIN
1905	*Paul Claudel à 37 ans* (bronze). *Vertumme et Pomone* (marbre). *L'Abandon.* *Femme se chauffant* (marbre). La sirène. Novembre : Camille tombe malade. 4 au 16 décembre : dernière grande Exposition Camille Claudel, chez Eugène Blot. 13 sculptures.	
1906	Commencement des fugues de Camille. Destruction de ses sculptures.	21 avril : inauguration du *Penseur* au Panthéon.
1908		Rodin à l'hôtel Biron (Musée Rodin).
1912		Rupture avec la duchesse de Choiseul.
1913	Mort de son père Louis-Prosper le 3 mars. Le 10 mars, arrestation et internement de Camille Claudel à Ville-Evrard. En juillet, internement à Montdevergues.	Rodin victime d'une attaque d'hémiplégie.
1914		

PAUL CLAUDEL	ÉPOQUE
Troisième départ en Chine.	
Retour en France.	Métropolitain.
Départ pour Prague.	
L'otage.	
Article sur Camille.	
Hambourg.	
Le pain dur	
	3 août : declaration de guerre.

ANNÉE	CAMILLE CLAUDEL	AUGUSTE RODIN
1917		14 février : mort de Rose Beuret. 19 novembre, mort d'Auguste Rodin.
1918		
1919		
1924		
1929		
1933		
1939		
1943	19 octobre, mort de Camille Claudel à l'asile de Montdevergues.	
1955		

PAUL CLAUDEL	ÉPOQUE
	6 mars : mort de Claude Debussy.
Le soulier de satin.	
Voyages.	
Mort de sa mère, Louise Athénaïse Cerveaux.	
1927-1933 : exégèse de la Bible.	
	Déclaration de guerre.
Première représentation du *Soulier de satin* à la Comédie-Française, mise en scène de J.-L. Barrault.	
23 février : mort de Paul Claudel.	

TABLE

Cet ouvrage a été composé par Facompo
et imprimé par la S.E.P.C. à Saint-Amand-Montrond (Cher)
pour le compte des éditions Presses de la Renaissance

Achevé d'imprimer en mai 1983

Dépôt légal : mai 1983.
N° d'impression : 925.
Imprimé en France